"一带一路"与政治地理学
博士生论坛纪实

刘云刚 主编

中山大学出版社
·广州·

版权所有　翻印必究

图书在版编目（CIP）数据

"一带一路"与政治地理学：博士生论坛纪实/刘云刚主编.—广州：中山大学出版社，2023.12

ISBN 978-7-306-07950-3

Ⅰ.①一… Ⅱ.①刘… Ⅲ.①"一带一路"—关系—政治地理学—研究生—自学参考资料　Ⅳ.①F125 ②K901.4

中国国家版本馆 CIP 数据核字（2023）第 210236 号

"YIDAIYILU" YU ZHENGZHI DILI XUE

出　版　人：	王天琪
策划编辑：	曾育林
责任编辑：	高　洵
封面设计：	曾　斌
责任校对：	潘惠虹
责任技编：	靳晓虹

出版发行：中山大学出版社
电　　话：编辑部 020-84110283，84113349，84111997，84110779，84110776
　　　　　发行部 020-84111998，84111981，84111160
地　　址：广州市新港西路135号
邮　　编：510275　　传　真：020-84036565
网　　址：http://www.zsup.com.cn　E-mail：zdcbs@mail.sysu.edu.cn
印　刷　者：广东虎彩云印刷有限公司
规　　格：787mm×1092mm　1/16　16印张　302千字
版次印次：2023年12月第1版　2023年12月第1次印刷
定　　价：68.00元

如发现本书因印装质量影响阅读，请与出版社发行部联系调换

目　录

前　言 ·· I

专家简介 ·· I

第一部分　政治地理学的理论与方法 ··· 1
　第一讲　政治地理学的研究方向 ·· 3
　第二讲　政治地理学的视角与方法 ·· 13
　第三讲　多元的世界，多元的政治地理学 ·································· 31
　第四讲　"一带一路"面面观
　　　　　——政治地理学视角 ·· 39
　第五讲　"一带一路"倡议中的地缘政治学 ································ 47

第二部分　政治地理学的前沿探索 ··· 55
　第六讲　地缘政治、生活空间与政治地理学 ···························· 57
　第七讲　超越人类的地理学
　　　　　——基于政治生态的考量 ·· 65
　第八讲　"一带一路"：基于地理学的思考 ································ 76
　第九讲　"一带一路"与新型城镇化发展 ···································· 84

第三部分　政治地理学的应用与实践 ··· 93
　第十讲　基于贸易关系的地缘风险探究 ······································ 95
　第十一讲　地缘环境与沿边发展
　　　　　　——以南亚、东南亚为例 ·· 111
　第十二讲　东盟地理与中国—东盟合作 ···································· 124
　第十三讲　进口石油对中国一级行政区经济的影响
　　　　　　——基于省级投入产出表的分析 ························ 133
　第十四讲　隔离与融合：云南边境城市的缅甸劳工与社会治理 ······ 146

第四部分　博士生论坛摘要集 ················· 157

一、全球化与"一带一路" ················· 159

1. The Belt and Road Initiative: China's Ambitions to Create a New Economic Order in Global Administrative Law ············ 159
2. The Belt and Road Initiative and China's Trade Considerations ······ 160
3. Visualization and Spatio-Temporal Analysis of Political Risks Along the Belt and Road ················· 160
4. 澳大利亚对中国加强与太平洋岛国关系的认知与反应 ····· 161
5. 基于恐袭数据的"一带一路"沿线国家安全态势时空演变分析 ························· 161
6. 空间现代性问题探索
    ——基于中国城乡发展的特殊语境 ············ 162
7. 澜湄合作智库网络建设进展与未来前景 ············ 162
8. 美国对"一带一路"倡议的认知及中国的应对 ········· 163
9. "一带一路"背景下斯里兰卡旅游业新现象探析 ········ 163
10. "一带一路"背景下研究生教育发展的战略思考
    ——基于宏观政策的视角 ··············· 164
11. "一带一路"背景下中国气候援助问题研究 ·········· 165
12. "一带一路"国家文化安全问题研究
    ——基于地缘政治学视野 ··············· 165
13. "一带一路"文化贸易网络结构特征研究 ·········· 166
14. 支点型战略功能区：政策链视角下的国家级新区功能定位 ························· 166
15. 知识贡献与路径支持：科技发展对中国参与北极治理的意义 ··························· 167
16. 中美两国在"一带一路"地区的贸易竞争力比较
    ——基于"钻石模型"的分析 ············· 167

二、地缘政治与生活空间 ················· 169

1. 朝鲜慈江道、两江道地名景观空间分布特征
    ——以日本统治时期地名为主 ············· 169
2. 第一岛链重点岛屿潜在威胁等级划分及空间分布 ······ 169
3. 共同崛起下的能源合作：中印战略互信的稳固板块 ····· 171
4. 贵州长寿人口分布特征研究 ··············· 171

5. 基于尺度政治视角下的旅游在国际冲突中的应用逻辑
　　——以中韩为例 ·································· 172
6. 联通、交汇与辐射：中巴经济走廊的地缘经济解读 ········ 172
7. 美国北极气候资源政策的转向 ························· 173
8. 双语种背景下中日地缘关系演变及影响因素分析
　　——基于事件分析法 ·································· 173
9. 乌克兰武装冲突时空分布特征及地缘解析 ··············· 174
10. 乡村振兴背景下农村整治规划实施对策
　　——以清远市铁坑村为例 ····························· 174
11. 选举参与的空间效应：基于香港2016年立法会选举的空间
　　计量研究 ··· 175
12. 中国海洋地缘环境系统脆弱性时空演化 ················ 175

三、边境管治与跨界发展 ······························· 176
1. 国外关于中缅泰老"黄金四角"跨境流域合作区研究进展
　及近今趋势 ··· 176
2. 基于共生理论的跨界协同发展管治策略研究
　　——以广西中越边境区域为例 ························· 176
3. 全球化背景下中国与邻国边境地区地缘经济变化及其地缘
　影响 ··· 177
4. 三阶段尺度政治理论模型视野下的粤港澳大湾区的融合与
　区隔 ··· 177
5. 我国边境地区非法入境问题研究：发生机制与治理框架 ··· 178
6. 现代皮影戏跨文化传播策略
　　——以唐山皮影为例 ································· 178
7. 中国边境地区外向型经济脆弱性时空分异及影响因素
　研究 ··· 179
8. 中蒙俄地缘经济关系发展研究 ························· 179

四、文化认同与移民社会 ······························· 181
1. 长白山地区地名文化景观研究
　　——以延边州白山市及通化市为例 ····················· 181
2. 大陆赴台游客的情感研究：边界、去边界与再边界 ······· 181
3. 基于国家认同的根祖文化空间建构 ····················· 182
4. 论迦摩缕波国及帕拉国对佛教传播的影响 ··············· 183
5. 美国党派政治和华人网络对中国对美直接投资的影响 ····· 183

6. 西南边疆地区山地多民族聚居区社会空间分异与演变研究
　　——基于桂西德峨镇的个案研究……………………………………184
7. 社区类型会影响居民之间的社会融合吗?……………………………184

第五部分　附录……………………………………………………………187
　　学员简介…………………………………………………………………189
　　采风集……………………………………………………………………210
　　学术考察…………………………………………………………………217
　　工作团队…………………………………………………………………225

后　记………………………………………………………………………236

前　言

为推动国内政治地理学科发展，促进各高校、研究院所的政治地理学者、青年研究人员的成长和交流，中山大学地理科学与规划学院于 2018 年 8 月 19 日至 8 月 22 日期间举办了"一带一路"与政治地理学博士生论坛。本次论坛聚集了国内外众多政治地理学者，就"一带一路"与政治地理学相关议题开展名家讲座、学术专场研讨、博士报告与专题考察，以期推动互动式、实践式和研究性学术研讨。这次活动是我们团队举办的政治地理学系列研讨会的一部分，在此之前曾分别于 2016 年 8 月举办了国际政治地理学前沿论坛、2017 年 8 月举办了"一带一路"与政治地理学研究生暑期学校等学术交流活动。本书是此次论坛讲义及摘要的汇总。由于目前国内这方面的成果还比较少，政治地理学术讨论弥足珍贵，因此我们决定整理出版。

政治地理研究工作目前在中国日益蓬勃开展，特别是许多青年学者对政治地理学领域的研究话题表现出极大的兴趣。本次博士生论坛主要面向全国各地高校和研究院所的青年学者和博、硕士研究生，由中山大学地理科学与规划学院、中山大学研究生院共同主办，中国地理学会人文地理专业委员会、中国地理学会政治地理与地缘关系专业委员会、中国地理学会世界地理专业委员会、中国地理学会文化地理专业委员会、中国地理学会青年工作委员会、北京师范大学中国周边地缘研究中心、中国西南地缘环境与边疆发展协同创新中心、华南师范大学文化产业与文化地理研究中心、广东创新发展研究院、广东省地理学会等多家单位给予支持。论坛共筛选录取了 73 位来自全国各地的优秀青年教师和博、硕士研究生代表参加论坛，根据论坛报告主题邀请了 12 位知名专家，包括美国俄勒冈大学 Alexander Murphy 教授、美国犹他州立大学 Colin Flint 教授、美国俄勒冈大学 Xiaobo Su（苏晓波）副教授、北京师范大学宋长青教授、中国科学院地理科学与资源研究所方创琳研究员、解放军信息工程大学刘建忠教授、北京师范大学周尚意教授、云南师范大学骆华松教授、华东师范大学杜德斌教授、广州地理研究所张虹鸥研究员、华南师范大学朱竑教授、中山大学刘云刚教授，各位专家举办讲座并进行研讨、点评，基于中西差异共同探讨中国政治地理学的发展前景。相信这次论坛对于拓宽青年学者的学术视野，启发其研究思路和提升他们的学术研究能力会起到重要的作用。

本次论坛分为四个部分：

（1）名家讲座。主题为"东西方政治地理学理论与实践"，邀请本领域国内外顶尖专家、学者担任主讲，主要介绍政治地理学的发展历史、学科前沿、主要内容和方法体系，促进学员对学科形成整体认识与完整的知识体系；并通过理论联系实际，培养学员运用理论工具分析解决实际问题的能力以及与西方政治地理研究对话的能力。

（2）学术专场。包括"全球化与'一带一路'""地缘政治与生活空间""边境管治与跨界发展""文化认同与移民社会"四个专场，各场邀请相关领域专家进行报告，与会者根据相关议题、结合论坛内容与个人研究，自由研讨，启迪思路，交流见解。

（3）博士报告。择取优秀博士生研究成果在四个专场进行学术报告。

（4）学术考察。选取南沙自贸区等广州市"一带一路"背景下的新兴发展区域作为考察地，配备专业团队进行学术讲解。

本书各章节主题明确、内容充实，涵盖了政治地理学思想及发展、中西差异与理论对话，以及地缘政治和社会经济的实证案例等，读者可根据兴趣分章节阅读。此外，结合 Colin Flint 教授编写的《政治地理学》教材阅读，有助于更加系统地认识不同主题的发展背景与研究方式。

最后，本次论坛得以圆满召开，要感谢国内外同行和相关机构的大力支持，感谢中山大学研究生院、中山大学地理科学与规划学院的资助，感谢带来学术讲座的所有专家学者的鼎力支持，也感谢所有报名和参与的青年学者们，特别要感谢本次博士生论坛所有工作人员的辛勤付出。最后，也要感谢中山大学出版社的曾育林编辑为本书出版付出的细致工作，在此表示诚挚的谢意！

刘云刚

2018 年 8 月

专家简介

亚历山大·B. 墨菲（Alexander B. Murphy）

美国俄勒冈大学地理系讲座教授，美国地理学家协会（Association of American Geographers，简称 AAG）前主席（2003—2004）。研究领域集中在政治与文化地理，研究兴趣包括法律和政治体系、地缘政治以及人地关系。已发表近100篇研究论文。现任美国地理学会健康委员会主席，美国地理学会（American Geographical Society，简称 AGS）副主席及执行委员，国际地理联合会政治地理委员会（The Commission on Political Geography of International Geographical Union，简称 IGU-CPG）联合主席。亚历山大·B. 墨菲教授曾于2008—2011年任美国科学院国家研究理事会地球科学与资源专业委员会主席，于2006—2007年任太平洋海岸地理学家协会主席。同时，他是多个杂志编辑委员会成员，包括《地学杂志》（Geojournal）、《政治地理学》（Political Geography）、《地理评论》（The Geographical Review）等，曾任《人文地理学进展》（Progress in Human Geography）、《欧亚地理和经济》（Eurasian Geography and Economics）编辑。基于他对地理学的杰出贡献，美国地理学会于2014年授予他终身成就奖。

科林·弗林特（Colin Flint）

美国犹他州立大学政治系教授。本科就读于英国纽卡斯尔大学地理系，师从皮特·泰勒（Peter Taylor）；1990年获得文学学士学位后赴美，就读于科罗拉多大学博尔德分校，师从约翰·奥洛林（John O'Loughlin），并先后于1992年和1995年获得文学硕士学位和博士学位。科林·弗林特教授曾先后于美国山姆·纳恩国际事务学院、美国宾夕法尼亚州立大学、美国伊利诺伊大学厄巴纳-香槟分校等教学研究机构任职。2013—2015年任美国犹他州立大学政治系研究生部主任，并于2015年起任国际关系专业主任，教授课程包括"国际研究导论""地缘政治学导论""政治地理学"等。他是《地缘政治》(Geopolitics)杂志的现任主编,1996—1997年曾是美国地理学会政治地理组别董事会成员,1999—2001年任美国地理学会政治地理学专业组别主席,2004—2006年任美国地理学会亚洲地理西南片区总监。主要研究领域是战争与和平地理学以及政治地理学思想史,关注国家等各尺度权力主体关系的网络结构要素(如对抗、联盟)对战争、冲突及其空间形式的作用。他在许

多重要地理学杂志共发表论文50多篇,并先后出版著作10余部,有的著作已被翻译为西班牙语、波兰语、韩语、汉语、日语和波斯语等,其中,《政治地理学:世界—经济、民族—国家与地方》(Political Geography:World-Economy,Nation-State and Locality,与皮特·泰勒合著)和《地缘政治学导论》(Introduction to Geopolitics)被公认为国际政治地理学界的经典教材。

苏晓波(Xiaobo Su)

美国俄勒冈大学地理系副教授。2000年本科毕业于东南大学建筑系,2000—2003年就读于中山大学地理科学与规划学院;2007年于新加坡国立大学地理系获博士学位。2007年至今任职于美国俄勒冈大学地理系,2014年后任副教授,是美国政治地理研究学者中少数华人学者之一,同时也是美国地理学会和亚洲研究学会成员,华南师范大学特聘教授。他长期关注中国、缅甸等亚洲国家,从人文地理的视角透视亚洲的城市、旅游以及边境发展。除在国

际学术期刊上发表论文外,还在《地理学报》《人文地理》等中文核心期刊上发表多篇论文,出版英文专著1部。主持和参与的项目包括2015年美国国家地理研究基金项目、2015年与华南师范大学旅游学院合作的中国国家自然科学基金海外合作基金项目,并于2015年获得俄勒冈大学社会女性研究中心项目资金支持。

宋长青

北京师范大学教授、地理科学学部执行部长。1998年毕业于北京大学地理系，获博士学位，1994—1998年担任中国科学院植物研究所副研究员，2015年起任北京师范大学教授。曾任中国地理学会副理事长和国家自然科学基金委员会地学部副主任。现任中国地理学会学术委员会主任、政治地理与地缘关系专业委员会主任。主要致力于地理学研究范式、地理学区域综合研究方法、土壤科学等方面的研究。出版《土壤科学30年：从经典到前沿》《土壤学若干前沿领域研究进展》等

地理学专著，在《地理学报》《地理科学进展》《土壤学报》等众多地理学重要期刊上发表大量论文。自2000年起，在全国各地理学相关科研机构、高校做过"地理学的区域集成研究""地理数据，问题与研究范式""地理问题与地理尺度""地理数据与地理思维""中国地缘政治的全球战略""地缘研究的主要问题及方法路径""土壤科学30年回顾与展望"等专题或学术报告近百场。

方创琳

中国科学院地理科学与资源研究所特聘二级研究员，国际欧亚科学院院士，长江学者特聘教授，国家万人计划科技创新领军人才，国家创新人才推进计划重点领域创新团队负责人，博士生导师。中国科学院区域可持续发展分析与模拟重点实验室副主任，中国科学院地理科学与资源研究所区域与城市规划设计研究中心主任，中国城市群与京津冀协同发展研究中心主任。兼任中国地理学会人文地理专业委员会主任、中国城市规划学会常务理事、中国城市经济学会常务理事等。1987年毕业

于西北师范大学，1990年获得西北师大的人文地理学硕士学位并留校任教，

1998年于中国科学院-国家计委地理研究所获得博士学位，2000年6月从北京大学城市与环境学系博士后流动站出站。主要从事城市地理与城市发展、城市群及城镇化的资源环境效应等方面的研究工作，主持完成国家自然科学基金重大项目、国家社科基金重大项目等项目110多项，主编出版学术专著25部，发表论文360余篇，其中SCI/SSCI收录80余篇，被中国共产党中央委员会办公厅、中华人民共和国国务院办公厅采用重要咨询建议报告53份，其中23份得到总书记、总理等党和国家领导人批示并落实。

刘建忠

解放军信息工程大学地理空间信息学院教授，郑州大学智慧城市研究院特聘教授，博士生导师。中国地理学会政治地理与地缘关系专业委员会副主任，教育部高等教育地理科学教学指导委员会委员。曾获省部级科技进步奖一等奖1项、二等奖3项、三等奖6项，出版著作7部、地图集2部。研究重点为地缘理论、地缘战略与大国兴衰、"一带一路"地缘环境、军事地理等。

周尚意

北京师范大学地理科学学部人文地理学研究所所长，教授，博士生导师，中国地理学会文化地理专业委员会主任委员，中国国土经济学会理事，中国地名学会常务理事，担任《世界地理研究》副主编，《人文地理》《地理科学》《地理研究》等期刊编委。研究方向为人文地理学、自然资源与环境经济学。主要研究成果集中在社会与文化地理学领域。出版《中国文化地理学概说》《文化与地方发展》《文化地理学》等专著和教材10余部，发表论文190余篇。目前主要担任"社会与文化地理学""文化地理学理论及应用"等本科与研究生课程的教学。

骆华松

湖南人，云南师范大学旅游与地理科学学院教授，院长，兼任云南师范大学艾滋病教育与研究中心副主任、云南省遥感应用技术学会副理事长等社会职务。曾获得云南省自然科学奖二等奖等奖励，主持美国国立卫生院（NIH）中美国际合作项目、国家自然科学基金项目等科研项目 10 余项。发表论文百余篇，出版《云南艾滋病防治政策研究》等著作。主要研究方向包括流动人口及艾滋病问题、区域合作与地缘经济、人地关系及旅游地质资源开发与保护。

杜德斌

华东师范大学城市与区域科学学院院长，地球科学部副主任，同时担任教育部战略研究基地科技创新与发展战略研究中心主任、上海市软科学研究基地美国创新与发展研究中心主任、中国地理学会世界地理专业委员会主任、中国区域科学协会城市管理专业委员会副主任、《世界地理研究》杂志主编。1984 年毕业于湖北大学地理系，1990 年于华东师范大学获区域地理硕士学位并留校任教，2000 年获人文地理学博士学位，

同年破格晋升教授。主要从事创新战略、科技政策、产业布局和世界经济地理等领域的研究和教学，是国内最早系统研究跨国公司 R&D 全球化问题的学者，长期关注跨国公司在华创新活动及其影响，近年来侧重于中国发展的国际地缘环境与地缘战略问题的研究。

张虹鸥

广州地理研究所所长、研究员，广东省遥感与地理信息系统应用重点实验室主任、广东省土地学会副理事长、广州市城市规划委员会环境艺术委员会委员、中国地理学会理事、中国地理学会经济地理专业委员会副主任、《经济地理》副主编、中共广东省委政策研究室特约研究员、中国科学院智库——国情与发展研究小组副组长。主要从事区域发展战略与城市规划、东南亚地理等相关研究。张虹鸥研究员对东南亚地理的研究，主要以中国与东盟之间的多式联运跨界协同、信息互联互通、机制建设与联动为研究导向，侧重于在"一带一路"的大背景下，探讨东盟内部城市地理、地缘政治、区域投资等相关议题。

朱竑

华南师范大学党委常委、副校长，人文地理学教授、博士生导师，澳门科技大学客座教授，兼任中国地理学会文化地理专业委员会副主任、旅游地理专业委员会秘书长、广东地理学会第十一届历史文化地理专业委员会主任委员等学术职务，同时还是《地理研究》《地理科学》《世界地理研究》《旅游学刊》等杂志编委，*Cities*、*Tourism Management*等杂志国际审稿人。2007年获评教育部新世纪人才，2014年获广东省教学成果一等奖，2015年获广东人文社科二等奖，2016年被评为"广东特支计划"百千万领军人才，2017年10月入选国家百千万人才工程，2017年"新文化地理学的理论与实践"获得高等学校科学研究优秀成果奖（科学技术）二等奖，2018年4月获得第二届吴传钧人文与经济地理优秀论文奖一等奖。近几年主要从事社会与文化地理学及其交叉学科方向的研究。

刘云刚

中山大学地理科学与规划学院教授、博士生导师。1995年本科毕业于内蒙古师范大学地理系，1998年及2002年相继获得东北师范大学城市与环境科学学院硕士学位和博士学位，2006年获得日本东京大学综合文化研究科广域科学博士学位。1998年就任东北师范大学助教、讲师，2006年调任中山大学工作。兼任中国地理学会副秘书长、广东省地理学会副秘书长、中国地理学会青年工作委员会主任、人文地理专业委员会副主任、政治地理与地缘关系专业委  员会副主任、城市地理专业委员会委员、中国资源学会资源型城市专业委员会副主任、中国城市规划学会城乡治理与政策研究学术委员会委员、国际地理联合会政治地理专业委员会委员等。主要从事城市地理学、政治地理学及地理学思想史的教学研究工作。研究领域涉及资源型城市发展、国际化城市与移民政策、中国城市化与城乡治理等，已发表中英文核心期刊论文80余篇，出版著作（含合著）6部。目前正在研究的课题包括国家自然科学基金项目"面向社会管理的政治地理学理论与实证研究""珠江三角洲的日资集聚与日本人移民社会的空间形成"，以及国家教育部人文社科研究项目"新移民理论与国际化城市的移民管治研究"、高校基本科研项目"政治地理学理论及其视角下的中国城市化问题研究"等。

第一部分　政治地理学的理论与方法

第一讲　政治地理学的研究方向

亚历山大·B. 墨菲（Alexander B. Murphy）　　美国俄勒冈大学

墨菲教授从历史维度出发，回顾了政治地理学的发展历程。在演讲中，墨菲教授分四个阶段介绍了过去一百多年间政治地理学的研究转变：第一阶段的政治地理学以自然主义视角及战略性研究为主，学者们主要从自然进化的角度理解不同民族的进化与扩张；第二阶段以描述性及功能性分析视角为主，主要关注单个国家的地理特性；第三阶段在系统性及理论性视角下，兴起了许多新课题，例如将单个国家放在世界体系中进行理解的世界体系理论与依附理论；近年来兴起的第四阶段则以自下而上与关系性视角为主要特征，这一阶段尝试从社区实践、女性主义等角度出发，强调自下而上地理解"国家"等宏观命题。

大家下午好，很高兴再次回到广州与你们相见。首先，我想对邀请我参加此次论坛的刘云刚教授表示衷心的感谢。其次，很抱歉我的讲座无法以中文的形式进行，但我会试着讲得慢一些、清楚一些。如果理解我的话有任何困难，请随时打断我。

这次论坛的主题同时包含了"一带一路"倡议与政治地理学，其他学者可能更多地将注意力集中在"一带一路"倡议上，但我的讲座更多关注后者，并将之视为一种理解框架。我认为，从政治地理学的角度思考"一带一路"倡议是很有帮助的，它为我们理解"一带一路"提供了一个有趣的窗口。

但要做到这一点，我们首先需要思考：政治地理学是什么？它试图达成什么？我们应当如何理解当前政治地理学的趋势？以及，政治地理学的当今趋势与它的历史发展之间存在着怎样的联系？在今天下午的讲座中，我希望让大家了解，至少在西方传统中，政治地理是值得研究的对象和课题。希望我的讲座对接下来的讨论有所助益。

如何做到从政治地理学的角度去思考问题？我认为，从某种意义上说，最直截了当的方式就是去思考和质疑政区，无论是实际上还是头脑中的政区。当我们频繁使用政治地图谈论世界时，常常忽略了关于这些地图本身的一些有趣的问题。当我们在地图上看到了某种空间模式，会谈论到在美国、俄罗斯、加纳或者在稍小的行政单元发生了某事。例如，当你询问在云南省或广东省发生了什么，你可以把尺度降到城市级别或是次城市级的空间单元，继续谈论某件事物。在这些场景中，政治空间模式就变成了一个背景，但我们没有认真思考过这个背景。打个比方，如果你看着中国人口分布地图，你会注意到，很多人住在中国东部，而在中国西部生活的人口要少得多。很自然地，你会提出问题：为什么会这样？有什么其他因素能够解释这种有趣的空间模式呢？但是面对政治地图，大家却很少发出这样的疑问。我们经常使用政治空间模式来框定我们的讨论，却没有尝试质疑特定的政治空间模式本身。

同样有趣的是政治地图的产生过程。无论在国家还是在其他尺度上，任何一个政治空间模式都不是天然存在的，或者说，任何一个政治空间模式的产生都不是必然的。这些模式在几百年前并不存在，在未来它们也很可能会改变。所以事实上，有很多有趣的问题值得我们关注，如空间的政治组织，以及我们看待空间政治组织的方式。只有通过政治地理的视角，这些问题才不至于被忽略。

下面我将从自己几年前的一些尝试开始，为大家讲解政治地理学的定义。我曾为政治地理学下过这样的定义：政治地理学探寻政治-领域的协定、实践和思想的本质和意义。我认为，政治地理学试图解释政治空间或关于空间的政治组织的观点：如何及为何会出现在特定地方，以及这些做法的意义；政治地理学的研究内容还包括特定空间结构或对空间结构的构想是如何反映或影响了地理环境及对地理环境的理解，以及实际的或意识形态上的挑战如何主导特定政治空间的协定，并尝试认识不同政治-领域协定、实践及思想间的紧张关系。

以上解释充满了复杂的专业词汇，每个短语都涉及很多含义。与其用这些复杂词汇来框定我的讨论，我更希望带领大家从历史的角度进行思考，为大家介绍西方传统下政治地理学的演变历程，以帮助我们更好地理解上述复杂词汇。我将试图把过去百年间的政治地理思想史划分为三个主要时期，这是一种对历史的简化，因此它们会有所重叠，中间也存在一些过渡期。除了三个主要时期，在讲座最后，我会介绍第四个时期。此外，我还会谈到每个时期的一些关键人物。

第一个时期从19世纪70年代开始，是政治地理学发展的早期阶段，自然主义和战略性思维共同主导了这一时期政治地理学者看待世界的方式。之后的一个时期从20世纪50年代到70年代末，甚至延续到80年代早期，我称之为关注政区的描述性及其功能性的时期。这是政治地理学相对不活跃的时期，只诞生了少量成果。第三个时期是最近一段时间政治地理学的复兴，源于对政治地理学进行系统性或是理论化的思考，政治地理学者开始试图从理论上解释政治空间模式的发展进程。最后是第四个时期。

第一个时期的代表人物是德国地理学家拉采尔（Friedrich Ratzel），他被尊为西方"政治地理学之父"。他深受达尔文（Charles Darwin）进化论思想的影响，认为在自然世界中，不同物种之间存在着竞争，而这种竞争会影响自然生物与自然系统的进化。同时，他试图把这种思想应用到政治世界，例如，从进化的角度解释美国领土从最初的北美东海岸小块区域逐渐扩大的过程。早期的政治地理学者比今天的学术圈更具有自然主义和环境主义倾向。英国政治地理学家哈尔福德·麦金德（Halford John Mackinder）与英国的外交政策机构合作，正是通过这种方式思考这个世界以解释国家的成长或萎缩，并寻找全球具有战略性和重要地位的地区。麦金德提出了"陆心说"，即"心脏地带"理论（heartland theory）或"枢纽地带"理论（pivot-area theory）。他认为，考虑到世界运作的方式、当时的技术以及环境条件，袭击心脏地带会十分艰难，因此这是地球上一个具有战略地位的地区。当然，当时也有一些地缘政治学者对他的想法提出异议，但这一时期的学者们仍然坚信应该对整个世界的战略地带进行思考，而非试图理解单个国家的个别情况。

第一次世界大战之后，尽管自然主义和战略性思维仍然存在，但政治地理学的重点已经转向对国家自身原则的描绘与理解，也就是说，政治地理学进入描述性或功能性时期（descriptive or functional period）。这一时期一直持续到 20 世纪 60 年代甚至更晚。这一时期的首要任务是研究如何在经历过冲突的地方划定良好、稳定的边界。鲍曼（Isaiah Bowman）是美国地理学会的执行理事，他在巴黎和会上担任美国总统威尔逊（Woodrow Wilson）的首席顾问，为"一战"后欧洲国家边界的重新划定出谋划策。鲍曼试图根据地形和环境找出一个在功能上有效的模式，以重绘欧洲版图。但事实上，地形与环境方面的考虑可能仅仅被看作背景，边界划定时赢家和输家的冲突与利益争论是无法避免的，所以鲍曼的很多建议并没有被采纳。而他的建议即使被采纳了，也仍需反映当时的权力政治。尽管鲍曼的目标是提出具有功能性的、有用的、持久的边界，但令人尴尬的是，从长远来看，当时提出的边界方案并不成功。

这一时期除了欧洲版图的重新绘制外，还有一个问题是思考单个国家的空间属性或地理属性。很多研究强调对国家大小、形状、状态的分析，或提出诸如内陆国家与沿海国家对比的问题。如果回顾写于 20 世纪 40 年代的政治地理教科书，它很可能在开头一两个章节列出一些一般性原则，然后开始谈论单个国家的大小、形状等情况。

之后的第三个时期称为系统性思考政治地理学的时期。这一时期，政治地理学主要尝试对世界政治的理论与概念进行系统性理解，同时探讨这些理论与概念如何塑造我们的空间政治组织方式。我认为，在经历了各种各样的尝试之后，这一时期的研究开始超越单个国家具体情况，转而思考世界不同地方的社会经济环境变化的整体性。

在 20 世纪 50 年代到 60 年代，当人们解释某一现象，如婴儿死亡率差异时，一度倾向于认为，各个国家处于同一发展轨迹上的不同阶段。根据国家在发展轨迹上所处的不同位置，我们可以对国家进行分类，如发达国家、欠发达或不发达的国家。这个观点认为，在看待每一个国家时，应将每个国家在发展轨迹上单独对待。这种看法产生了巨大的影响，也引来了强烈的反对。撒哈拉以南的一个非洲国家所要经历的发展轨迹与 19 世纪的法国完全不同。19 世纪的法国并不是在殖民统治下产生的，而被殖民国中的许多机构受到殖民体系的控制，殖民者与被殖民者间强烈的不平等关系构成了被殖民国经济转变的发生背景。在这种视角下，我们会看到，即使加纳和法国的发展轨迹相同，两个国家也存在于不同的相互关系之中。

系统政治地理学主要借鉴了依附理论（dependency theory）与世界体系理论（world systems theory），试图理解国家间权力关系的运作，同时关注各种各样的政治和经济关系如何随着时间的推移而演变。在这种视角下，实际考虑的是各个单元组成的整个系统。在某种程度上，这种系统化理解的转变可以追溯到法国政治地理学家戈特曼（Jean Gottmann）于1970年出版的著作《领域的意义》（*Significance of Territory*）。它和之前的政治地理著作有很大的不同。在这本书中，作者试图解释系统中单元间的关系，以及它们是如何影响事物的运作的，同时，作者也认识到随着时间的变化，系统也在不断地变化。

在接下来的几十年中，其他学者都尝试从概念上加强对政区特征的理解。这就意味着要在原有理论中加入新东西，例如，行为所带来的影响。罗伯特·萨克（Robert Sack）所著的《人文领域性》（*Human Territoriality*）有助于人们重新思考单个国家，他将国家理解为某类人群在历史上试图影响或控制特定地理区域的尝试与行为。以美国为例，美国的空间结构并非历史的必然。假设俄国人在美国之前进入了北美西部，继而开发了该地区并在那里建立了一个更加强大的领土政权；西班牙人在美国南部也同样占有了领土。那么，现在美国将发展成三个国家，而不是一个从大西洋横跨到太平洋的统一国家。从历史上看，这是完全可能发生的。这是否会带来不同的后果？这是一个很难回答的问题，但我认为答案应该肯定的。后面美国的发展会与现在有所不同。这鼓励我们去思考空间的政治组织方式是如何随着时间发展的。将同样的思考逻辑嫁接到系统的概念上，我们可以进一步思考：一个国家与其他地方的关系是如何影响它的发展的？

第三个时期的另一个趋势是，注重对国家的历史、社会和经济背景的研究。例如，当考虑东南亚的政区时，研究者可能会问，这种划分是如何在特定民族语言模式的背景下发展起来的？在东南亚主要河流流域，存在四个主要的语言群体，这和不同语言模式下发展起来的政区又有怎样的差别（如在被殖民的非洲，那里没有占主导的语言群体）？又如，欧洲国家是如何从一千年前迥异的政区演变而来的？

这一时期不再仅仅关注事物本身，而且关注人们对事物"应当如何"的看法，也就是说，关注政治空间的再现（representation）如何影响我们对世界的看法。"二战"后，以北极为中心的极地投影方法被美国频繁使用于地图制作中。其原因是，在冷战时期，越来越多的人开始关注美国和苏联之间的关系。在传统的地图中，美国和俄罗斯分居地图两侧，相隔甚远；而在极地投影地图中，美国与俄罗斯在距离上非常近，这种与俄罗斯的在地理上的接近带来了问题和挑战。这传达出一种信息，即我们正处在一个新时代，而美国与俄罗斯的关系是这个时代的一个关键问题。

这一时期还有一幅地图非常流行，这就是哈佛大学政治学家亨廷顿（Samuel P. Huntington）提出的《文明的冲突》（*The Clash of Civilizations*）地图。它用大片绿色空间表达了一个巨大的地缘政治集团，而其他的地缘政治集团必受其影响。这种看法非常有影响力，但这种思考世界的方式仍有待探究。

以上就是我努力刻画并梳理的政治地理学三个时期所探讨的不同主题。在这三个主要时期，某几个主题始终受到关注，尽管是以非常不同的方式。这些持续被讨论的主题包括空间的政治组织（political organization of space）、边界和边界实践（bordering and border practice），以及地缘政治（geopolitics）。

对比探讨不同主题在不同时期的研究是很有趣的。对于空间的政治组织主题，在传统时期，政治地理学者关注的是我们如何划定正确的边界，以及我们如何看待不同形状国家的优劣势。然而，如果现在探讨这个问题，你会开始思考不同的国家是如何产生的。以法国为例，在一千年前，比起在巴黎生活的人们，生活在法国南部的人们在文化和经济上与居住在西班牙东部部分地区的人们有更多共同之处，他们并不认为自己属于法国。但他们最终被纳入法国的领土范围。当代政治地理学者试图理解这种领土扩张如何发生、为何发生，以及为什么没有在其他地方发生，并用更现代的眼光去看待空间的政治组织意味着什么，或者说，为了构建出不同的政区，哪里因此爆发了运动。

在分析边界和边界实践时，传统的方法是将边界划分为不同的类型。它们中的一些已经存在很长时间，而另一些则反映出环境的变化情况，例如在新几内亚的边界是最近划定产生的结果。同时，像越南的一些边界现在已经消失了，但是如今原有边界对越南北部和南部仍然存在着影响。与这种传统分析思路相反，现代在思考边界和边界实践时，主要考虑边界对地球上某些地方环境的根本性影响以及边界的变化过程。也就是说，边境地区可以改变人们的生活方式和行为，而这种改变反过来又会改变我们对空间和政治的看法。

我的早期研究关注跨界领域，主要研究欧洲的跨界合作协议（cross-boundary cooperation agreement）。跨界意味着，人们在边境一侧生活，在另一侧工作，这改变了人们对空间和地点的看法。当然，在其他情况下，边界也给人们制造了困难，使人们很难流动。其他学者，如苏晓波长期研究各种不同的跨境实践如何改变和反作用于社会经济环境,也在文化和文化互动方面开展了一些新工作;Thongchai Winichakul 在《图绘暹罗》(*Siam Mapped*)一书中探讨了边界随时间演变而形成,同时分析了在泰国人们如何逐渐发展出他们认为正确和合法的边界,这与我刚才提到的历史环境塑造了我们对空间的政治组织的理解并无二致。

最后是地缘政治领域。即使在最近的几十年里,传统的地缘政治思维方式仍有很大的惯性,例如,Saul Cohen 一直在试图研究不同种类的破碎地带(shatter belt)。但是,地缘政治领域正在发生向系统性和理论性思考的重大转变,该领域的学者们试图理解地缘政治观念如何影响实践,同时如何影响不同地区对世界看法的差异性。这一研究领域的关键著作是 Gearóidó. Tuathail 写于 20 世纪 70 年代的《批判地缘政治学》(*Critical Geopolitics*)。他认为,需要理解政策制定者和政策精英们的地缘政治假设和观念,而不仅仅在地图上标出最具战略性的地点。同样,我们可以研究某个地区如何看待世界,并比较与其他地区看待世界的方式有何不同。在这类研究中,关注再现(representation)是理解地缘政治的有效方式。

试着去理解地缘政治再现从何而来,以及它们如何产生,具有非常重要的意义。回到那张《文明的冲突》地图,你需要问这样的问题:这张地图反映了怎样的观念和假设?事实上,这张地图背后是一些非常复杂的宗教、语言因素,但地图将其简化成一些地缘政治集团跨边界的竞争。对于在 15 年前传播这张地图的那些人来说,他们显然清楚这种假设和简化具有误导性。但这张地图的传播者仍然这样做了,遵循这种简化观念显然是一个更轻松简单的选择。

最后我想谈谈第四个时期。过去的 25—30 年可以看作第四个时期,它与第三个时期同时存在。这一时期的政治地理学注重自下而上,而非自上而下的研究方法,以人和社区作为研究起始点,并强调关系的视角。大家来思考一个看似简单的问题:国家是什么?经典的政治地理文献将国家定义为有边界的政治实体,国家拥有政府、人民、军队,同时,国家发行货币,签发护照等。你会得到一系列标准,用以定义国家。但这样定义的问题在于,它忽略了其他国家对构建一个国家的影响。世界上有一些地方具备这样的条件,但我们并不承认它们是国家。因为我们忽略了一些基本的东西,一个地方能否被称为一个国家,需要在某种场合中得到承认——一个只有从关系的视角才能理解的场合。一个国家必须是更大系统的一部分,如此才能被其他国家认可。因此,在政治中涉及关系问题的术语越来越多。这可以从帕西(Anssi Passi)对芬兰的研究中窥得一二。只有把芬兰放在其所隶属的欧洲关系中，我们才能真正理解芬兰。也有其他的研究试图阐述地方间相互联系如何带来对同一事物的不同理解。

这一时期的转变也与女性主义地理学和相关思潮的发展有关。需要注意的是，女性主义在鼓励政治地理学家缩小研究尺度方面起到了重要的作用，尽管许多次国家尺度的研究并非由女性主义理论主导。在女性主义学者的影响下，政治地理学者认识到，政治现象不仅仅与中央机构和重要人物相关。自下而上和自上而下的方式共同影响着当今世界的进程和我们的理解。两年前，我曾在"国际政治地理学前沿论坛"上建议中国学者可以开始进行一些较小尺度的研究。目前，我们可以观察到中国城市的一种现象，即城市的爆炸式增长与城市行政单元的覆盖面积不匹配。因此，我认为，中国的人文地理学者可以在小尺度将城市经济问题和政治问题结合起来讨论，这可能带来一系列非常有趣的研究成果。

几年前，我在美国俄勒冈州就曾参与一项类似的研究。我住在俄勒冈州的尤金市，这里最大的城市是波特兰，在河对岸是美国华盛顿州的温哥华市。波特兰由几个县组成，有人担心城市的扩张会蔓延到农村。如何控制城市扩张呢？波特兰所做的是，组建了一个新的机构，并将波特兰大都会区的主要机构置于新机构下。之后，波特兰划定了城市增长边界，以防止城市扩张，这使得在城市增长边界之外的发展变得非常困难。与之相反，温哥华并没有对城市扩张问题做出应对，也没有把温哥华地区的各个县整合在一起，其城市发展态势与波特兰形成了鲜明的对比。因此，政治地理的改变会对空间进程产生巨大的影响。

我们已经大致了解了政治地理学研究视角的演变过程。需要注意的是，政治地理学关注点的转变受到地理要素变化所驱动。下面我将谈到几个在当代正受到越来越多关注，并对政治地理学产生重大影响的问题：全球化、环境变化，以及地缘政治动荡。

首先，全球化导致政治格局与网络社会的紧张关系。我们不能简单认为，生活在网络世界中，领域不再重要。事实上，从边界到以领域为框架的思考事物的方式都在提醒我们，作为政治地理学者眼中的根本性元素，国家领土、领域仍是最重要的研究对象，尽管国家的地位有所动摇。目前，我们有一种被称为"去领域化"的潮流（deterritorial flows）。但是，国家力量在面对去领域化时，会尝试重建国家控制，有时甚至在以前不太关心的领土实行再领域化（reterritorialization）。例如，欧洲诸国现在非常关心地中海一带，它们会派遣主要舰队在地中海对移民进行管控。

其次，试图在一个政治上破碎的世界里解决环境变化问题，无疑是我们这个时代所面临的最重要政治地理问题之一。政治地理思维对于解决这一问题至关重要，我们不能用过于简单的方式来处理这些问题。正如政治地理学家约翰·奥洛林（John O'Laughlin）在一项研究中提出的，非洲大陆的冲突实际上受到当地经济条件、不同政治制度的影响，它们与环境问题同样重要。

最后，在地缘政治舞台上，全新的景观与人物正在涌现，它们出现在新的地方，这些新兴事物对我们理解和面对各种各样的地缘政治变化发起了挑战，例如"一带一路"倡议中的中亚。近年来，在美国和英国已经出现了很多批判地缘政治的文献，讨论某些学者和决策者如何将中亚构建成一个危险、不安全的区域，并由此认为这一地区需要某种干预。但是，这种建构往往会加强对该地区的特定印象甚至是误解，使该地区变得更容易去个性化（depersonalize），并使人们忽视当地的复杂性。此外，这种建构也忽视了在其他地方，如中国、俄罗斯、印度如何感知和再现中亚。

最后想做一个小的植入广告。我有一本书即将出版。它的英国版将于下周推出，而美国版将在几周后推出，并计划将其翻译成中文。这是由英国政治出版社（Polity Press）出版的一系列丛书中的一本，这一系列丛书的名称是"为什么它很重要？"（*Why It Matters?*）。其目的是说明为什么使用不同学科的方法很重要。每本书都很简短，是面向普通读者的，我写的是《地理：为什么它很重要？》（*Geography: Why It Matters?*）。我在书中用了今天和你们分享的一些例子来论述我的观点，并表明通过地理透镜来观察这个世界是非常重要的。希望今天的演讲向你们传达了一些我的想法。最后，非常感谢大家。

问答环节

刘云刚：非常感谢您的精彩演讲。我有一个问题，在您的演讲中没有讲到太多关于"尺度"的话题，您能谈谈这个话题吗？

墨菲：今天我对尺度的谈论确实比较少。不过，当我们使用系统理论来思考政治地理时，我们必然要谈论到尺度。例如在影响国家尺度的全球进程时，全球与国家尺度又会反过来影响次国家级尺度的情况。我认为，最近一项比较好的工作是自下而上的研究。例如周尚意老师将会谈论到与"一带一路"有关的省级问题，这个研究尝试从更小的尺度入手，并试图研究省级问题如何在更大尺度上产生影响。同时，女性主义的理论方法鼓励人们去挖掘探索更小的尺度，包括家庭、身体、社区等，并鼓励采用民族志的研究方法。这些都有助于我们理解作为地缘政治能动主体的人是如何思考的。

提问1：我有一个问题，在您的讲座中提到了鲍曼，您认为在过去一百年美国扩张的过程中，他扮演了什么样的角色？

墨菲：谢谢你的问题。有一本很好的书——Neil Smith 的《美利坚帝国》（*American Empire*）或许能够回答你的问题，你不妨读一读。但我不完全同意他书中的观点。我认为，在某种意义上，鲍曼重新绘制欧洲版图是那个时代外交政策的产物。我不认为对欧洲版图的重绘是美国霸权的关键步骤，欧洲版图的重绘是无论如何都会发生的事情。事实上，他的一些更好的想法被推到了一边。所以我不想完全否定鲍曼，他是美国外交政策机构的一部分。这类机构以一种特殊的方式看待世界，这种看待方式推动着美国走向世界。

提问2：谢谢教授。现在人们非常关注全球环境问题，例如极端天气和高温。我想知道，关于如何更好地解决这个问题，您是否有任何观点或看法？

墨菲：是的，这是一个很好也很大的问题。实际上，我并不想现在回答，这是我周二讲座的一部分，到时我们会谈到这个问题。所以，我将把回答推迟到周二晚上。

刘云刚：好的，非常感谢墨菲教授的演讲。他将在周二晚上给我们带来另外两个讲座。

第二讲　政治地理学的视角与方法

亚历山大·B. 墨菲（Alexander B. Murphy）　　美国俄勒冈大学

墨菲教授提出用批判性眼光看待空间的政治组织的意义与重要性。从三类研究议题入手，墨菲教授详细讨论了理解政治－地－人（politics-land-people）之间关系的方式方法：①从领域陷阱（territorial trap）角度出发，政治－领域协定会对人的思想、行为与身份认同产生影响；②习以为常的地缘政治概念会对我们感知实地环境（on-the-ground circumstances）产生影响；③从全球化与领域的复杂关系出发，现代政治－领域秩序面临着挑战与冲击。最后，墨菲教授将话题引向环境政治地理，指出环境研究与政治地理相结合的必要性，并对研究进行了展望。

墨菲：大家晚上好！在这堂课的最开始，我想让大家先看看一幅漫画（图1）。可能有些中国学生难以理解这幅漫画的含义，所以我让助教张丽屏用中文向大家解释一下。请开始。

图 1　漫画

图片来源：https://medium.com/@Agenov/beyond-research-silos-a-call-for-holistic-person-understanding-in-business-1f20e7888689。

张丽屏：漫画有一行英文："And now, Randy, by use of song, the male sparrow will stake out his territory... an instinct common in the lower animals."这是父亲对儿子说的一句话，翻译出来是："Randy，公麻雀通过歌唱争夺自己的地盘，这是低等动物的一种本能。"与此同时，父子俩是看着带篱笆的房子进行这场对话的。在这幅漫画中，父亲以为只有麻雀或低等动物才会争夺地盘，当父亲以高等动物的姿态谈论低等动物时，他忽略了人也是如此的。

墨菲：所以，我们人类常常觉得自己优于动物，但事实上并不是只有动物才会争夺地盘，我们人类也会。当漫画中的父亲跟儿子聊天时，他没有意识到人类也会争夺地盘，即使他们眼前的院落通过篱笆进行了分割。这幅漫画很好地将我们引入了政治地理学的讨论。我在两天前如何处理首次跟大家探讨政治地理时，已经提过研究政治地理的一个挑战在于，要批判性地看待空间的政治组织。所以，我希望大家在本次论坛过程中能够一直提出问题，而不是将现有的政治区域视为理所应当。

我今晚的讲座会用一系列例子向大家展示，政治地理研究将如何增强我们对世界上各种事物的理解能力。我将使用不同的例子来阐述我的观点。

我们常常未能对空间的政治组织进行批判性思考。当我们读报纸或听新闻时，最常听到的是在"这个国家"或是"那个国家"发生了什么，而很少会听到在某个河流流域或是某大洲的东半部发生了某个事件。新闻的报道是用"这个国家""那个国家"的方式对空间进行区分。甚至当我们需要绘制一些专题地图时，也常常对政治区域显示出一种未经深思的态度。我们常常能够见到以政治区域为底图的做法，但我们没有积极地去思考它、质疑它，也没有仔细讨论我们对政治领域结构（political territorial configuration）的看法。这与昨晚弗林特教授讨论的约翰·阿格纽（John Agnew）的"当代地缘政治想象"（modern geopolitical imagination）相关联，而这种现代地缘政治想象根植于一系列与现代国家体系（modern state system）兴起相关的政治-领域发展之中，这影响了我们看待政治-土地-人民之间关系的方式，即政治通过何种方式对土地与人民之间的关系进行定义。

有趣的是，我们如此习惯于使用现代政治地图来谈论这个世界，以至于我们常常忘记了这样一个事实：现代政治地图是近几百年才被创造出来的，而各种其他政治-领域结构或形式，如帝国、封建国家或其他介于两者之间的方式在前现代政治地图时期也是存在的。实际上，一千年前的世界政治地图与今天的政治地图完全不同。在帝国或封建体系里，政治、土地、人民之间的关系与它们在现代国家体系中的关系也是非常不同的。并且，随着现代国家体系发展而逐渐发展起来的政治关系,对我们理解政治运作的方式和地球上的政治地理都产生了深刻的影响。因此,了解现代国家体系的发展和意义,以及现代国家体系对我们思考世界的方式的影响,是非常重要的。如果不用政治地理学视角对这一问题进行思考,我们就会忽略一些非常重要的东西。

如果你想要理解形成在现代国家体系中政治－土地－人民关系的特定特征,那么,你必须要回到欧洲的中世纪或现代早期,因为自那时起,类似于今天的政治区域取得了发展,发展出了类似的政治－人民－土地关系。由于欧洲的殖民主义与帝国主义扩张,这种政治空间形式在全世界得到传播。

在欧洲中世纪晚期,我们可以看见封建主义的式微,而在特定领域内,国王的权力开始崛起,城镇开始发展与增长。同时,由于一系列的原因,我们开始看到有更大规模的领域单元(territorial unit)出现。在这一时期,早期资本主义的萌芽,促使特定地点的特定个人或组织开始积累大量的财富和权力;科技的进步也起到推动作用,例如来自中国的火药,让统治者有可能控制更大规模的领土。所以,到了16世纪,西欧开始变得有些像今天的世界,虽然并不完全一致。这部分的世界开始通过一种独特而有力的方式把政治、土地和人民相连接。这种连接方式起源于欧洲16世纪上半叶在很多小的领域单元间所发生的一次大冲突。30年间,他们相互斗争,但没有任何一方能够赢得这场战争。最终,这些领域单元于1648年签订了一个终结战争的协议——《威斯特伐利亚和约》(*Westphalian Agreement*)。和约规定,签订和约的各方都同意各个单元将有一个单元统治者,统治者能够决定这个单元内所信奉的宗教,其他人不得干涉这个决定。主权(sovereignty)这个概念基本上宣告诞生。一开始,欧洲大陆出现了一些形成中的领域单元,然后这些单元逐渐得到认可,主权以及一些混合概念逐渐产生。我曾写过一篇论文阐述这个观点,在许多有趣事物的共同作用下,这些自治的领域单元逐渐取得发展。之后发生了什么呢?各领域单元内创造出了更多的一致性,各单元间则创造出了更多的差异性。紧接着,人们开始从领域(领土)的角度思考自身的利益,领域概念在此过程中得到加强。如果你读莎士比亚这个时期的作品,里面有很多关于英格兰的激动人心的演讲,讨论它的荣光与国家领土。所有这些东西共同创造了离散的主权领域(discrete sovereign territories)的概念,与此同时,在这些事物的共同作用下,一部分人群产生了拥有共同文化、同属一个历史共同体的想法,这成为一个日益强化的概念,这是"nation"这个词语最初的含义。

"nation"一词在英文中是一个令人混淆的词语,因为它同时代表着几个相互排斥的意思。我们今天有时用这个词来表示国家,有时又用它来表示库尔德人(Kurdish Nation)或巴勒斯坦人(Palestinian Nation)这类人群,但库尔德人与巴勒斯坦人并没有自己的国家。所以,"nation"一词的这两种用法是相互排斥的。这两种令人混淆的用法是由前文所述的冲突所带来的。我们很少会仔细地区分这些差异,事实上,当我们用这个词语来表示库尔德人或巴勒斯坦人时,这个词的含义已超出其最初的含义。首先,我们有了民族的概念,然后发展出人民的概念之后又有了主权的概念,继而我们迎来了1789年的法国大革命(the French Revolution),革命发端于法国人民(或者说在一片领域内自视为拥有同样文化及历史的人群)的名义下。最终引发了民族国家(nation state)的观念,或者说诞生出民族国家的理想模型。当然有其他民族的人在法国居住,但这种理念的理想是,将法国人视为有史以来就居住在此地的一个群体,以此为基础给法国人创造一个国家,以法国人的名义创造一个国家。

但是,法国人指的是哪些人呢?就像地球上的任何种族或人民,如果回溯历史,你会发现总有其他种族的人混合其中。法国人也是如此,罗马人(Roman)来此定居,后来又来了哥特人(Goth)、东哥特人(Ostrogoths)与西哥特人(Visigoths)等。但由于领域结构(territorial structure)的存在,他们倾向于将自己看作一个独特的社群。至于民族国家这个概念,这是一个非常有力的概念,它很快传遍了欧洲大陆的大部分区域。在主权概念发展的同时,人们逐渐接纳了这种特定的政治-土地-人民关系。同时,民族国家使得这种被制造出的政治-土地-人民间的复杂关系被人们所忽视,被误认为是一个简单的关系。民族国家假设我们居住在一个由不同民族国家构成的世界里。在它的初始定义中,认为民族与国家一一对应。我能够列出非常多谈论民族国家的例子或著作,就好像世界地图上的每一个国家都是由特定民族构成的,就好像国家和民族是同一回事。有时我问我的学生:"你要如何描绘世界上的人民/民族呢?"然后我就会意识到我们是多么不重视人民/民族这个概念。假设用最简单的方式,我们将说同一种语言、信同一种宗教的人看作同一种人,将其分布绘制在世界地图上,再将国家加诸其上。然后,就将这样的地图称为由民族国家构成的世界地图。然而,大家知道,在现代世界中,我们可找到众多由多民族构成的国家(multinational state)。

我们常常忘了除民族国家这种方式外,人民跟领土可以通过许多其他方式相互联系。可以将法国的例子归为意图通过国家创造一个民族的例子,这是此类项目的本质。正如我前天讲座已经提到的那样,在一千年前,就文化和经济方面而言,相比于巴黎,生活在法国南部的人与生活在西班牙东部部分地区的人有更多共同之处，法国南部的居住者在这一时期并不认为自己属于法国。在创建国家的过程中，基础设施起到非常重要的作用，弗林特教授也谈论到基础设施在国家构建中的重要作用，而我在这里进一步强调的是国民感的建立。在某些情形下，创建国家的目的是创造特定的民族。在另一些情形下，如受到法国大革命影响的民族主义运动（nationalist movement），成功地让一个国家内的不同单元实现了统一。在这种情况下，民族的观念反过来创建了一个国家。我们很少去仔细地考虑这些问题。简单来说，只有当人们意识到国家的存在，国家的存在才有可能。我们也可以简单认为，无论是爱尔兰脱离英国，还是东欧诸国脱离土耳其帝国（Ottoman Empire）与奥匈帝国（Austro-Hungarian Empire），都是民族主义战胜了国家主义。

上述泛滥的民族国家理想模型所带来的第一个后果是，民族与国家之间的复杂关系被我们忽略了。第二个后果，我在前面已有所讨论，即我们总是假设我们居住在由单民族国家所构成的世界中，而忽略了世界上还有许多由多民族组成的国家，这类国家才是大多数国家的典型状态。这种假设对于世界运作方式，以及不同国家社会运动的目标，都具有深远的影响。

同时，概括来说，欧洲的民族国家模型带来了一系列关于世界政区的设想。但是请大家注意，这些设想并不基于现实，而是基于一些强有力的假设。第一个有力设想是，地球表面理应被离散的政治单元分割，这种设想是逐渐发展出来的。而我们也可以发现一些例外的情况，例如南极洲并不属于某个单一的国家。请大家想想这种设想的巨大影响力，例如在以色列和巴勒斯坦之间出现冲突时，没有人提出共有主权协议（joint sovereignty arrangements），例如一种共同拥有空间控制权（a joint control over space）或并行公民权的协议（parallel citizenship arrangement）。第二个有力设想是，国家应该反映民族的分布，这仅仅是人们的一种想象。但该设想认为，国家要么已经如此，要么将会如此。在这种逻辑下，出现了尼日利亚的领导人宣称其代表着尼日利亚人，而罔顾尼日利亚东部是使用不同语言的地区且分布着活跃的分裂运动团体，也罔顾尼日利亚南北的重大差异，并认为尼日利亚应当免受尼日利亚人以外其他民族的干扰。而在我看来，至少在国家尺度上，这些准则对世界的运行以及看待世界的方式都具有非常深刻的影响，甚至也影响着其他尺度。这种准则是由欧洲特定体系进化而来的结果，这套体系联结起了政治、土地与人民。之后，这套体系在全世界得到推广，并产生了巨大的影响。最终，欧洲人将其影响通过殖民的方式在全世界扩散，即使在有少数例外的情况下，这套民族国家体系仍然影响巨大。在欧洲殖民的时代，殖民者创造了安哥拉国（Angola）。尽管这里使用多种语言，但是殖民者假设，他们将带领被殖民者们进入现代社会，之后这里会进化出安哥拉民族。由此产生的协定给非洲带来了巨大的影响，如今天非洲联盟（African Union）所基于的根本准则即为此：各国接受已划定的领土。

想要理解我后面将要讲授的内容，以上背景非常重要。后面是我今天要讲的主要内容。下面，我想选择三类研究议题展开讨论。讨论完三类议题后，我将讨论环境变化这一日益重要的研究话题，希望从政治地理学角度帮助我们理解环境变化。环境变化是当前最重要的问题之一，有一位同学在开幕式的讲座上就问过我与此相关的问题，我也许无法很好地回答这一问题，因为它很难回答，但我会尽量去尝试解答。

这里列举的研究议题并没有穷尽所有研究题目，我仅选取了我认为较重要的且有启发性的议题。我把这些挑出来是因为我从事这些相关研究，我希望能够以我的一些研究为例进行阐述。第一类议题：政治－领域协定（political-territorial arrangements）（特别是与现代国家体系相关的）对于思想、行为与身份认同的影响。这种影响最明显地体现在 John Agnew 所提出的领域陷阱上，即国家地图对地缘政治想象产生影响。我在今晚讲座最开始提到的例子就很好地展现了这一点，接下来我将以多幅广为流传的地图为例来对此进行阐述。你在中学教室里的墙上或外交政策研究所的墙上都可以看到一类典型的世界地图，还有其他各种不同的地图，如人口分布图、植物地图、语言地图，但它们都以国家地图这种最受关注的地图为背景。

实际上，当发生灾难的时候，这种绘图方式会带来问题。如2004年的印度洋大海啸地震，震中接近苏门答腊岛的北部海岸，地震引发巨大的海啸席卷了印度洋沿岸地区。该事件在地图上的呈现方式，通常将整个印度都标记出来。事实上，北印度离海岸线很远，海啸对北印度并不会产生影响，但这种呈现方式确实反映了我们思考该事件的一种典型的默认方式。

即使是我们在讨论曾去过哪里旅游的时候，也常常延续这种思考方式。例如，你可以在旅游网站上的世界地图里点击你去过的国家，你只在俄罗斯的圣彼得堡待一天，就可以将整个俄罗斯标记起来，这是否很奇怪？但这是我们思考世界的方式。又如当我们谈论食物时，我们会说中国食物。什么是中国食物？中国食物的南北差异巨大，但这就是我们讨论世界的方式。

实际上，我们分析世界的方式通常受到这种思想的影响。以世界的耕地地图为例，这种图其实对我们理解耕地分布并没有多大帮助，它只是计算了每个国家的平均可耕种水平。当你在图上看中国的情况时，可能会觉得中国的耕地比重还不错，但实际上，中国东西部的耕地情况差异是很大的。当我们绘制地图的时候，往往缺失了一种本能，即反思我们所做的事情的本能，国家地图就是一个典型的例子，而这种"理所当然"的思想，是政治地理学者需要去挑战的。

接下来，我想用另一种例子来解释，领域如何影响学者评估地区发展时所用的分析尺度。在1995年，北欧就是否加入欧盟的决策进行了一场投票，多数分析这样描述：挪威表示不加入，瑞典和芬兰表示加入。为什么挪威不加入，而瑞典和芬兰加入呢？你可能会说，挪威能接触到北海的石油，而芬兰试图脱离苏联的阴影。这些解释是不全面的。如果你只是停留在这一层面来分析世界，就会忽略一些至关重要的内容，因为你仅从国家这一个尺度对事物进行解释。当我们稍微变换一下尺度，下推一个尺度，会得到不同的分析结果。如果对比各国内部投票结果分布及其人口密度，就可以从完全不同的角度来思考这个问题：为什么城区、人口密集区、经济发达区希望加入欧盟，而其他地区表示不希望加入呢？这非常有趣。当你做相关分析时，可以发现，表示加入的票数比例与人口密度之间存在显著正相关性。特别有趣的一点是，对于北欧的部分地区而言，如果选择加入欧盟，就有资格进入欧盟的发展体系。北欧的北部地区具有进入该体系的资格，南部地区则没有该资格。而投票表示不加入的主要分布于北部地区，他们的考虑并没有基于新古典主义经济的逻辑，他们的投票方式是完全不同的。当然，为了理解北部地区为什么以这种方式投票，可以这样认为：他们担心与欧盟的关系会让他们失去对当地的控制。

接下来，我想用自己早期研究的案例来阐述领域对于身份认同的影响，如果你不把领域等同于人的话，这一点是很好理解的。一幅比较典型的比利时地图现在是这样划分的：法兰德斯（Flanders）是比利时北部说荷兰语的地区，瓦隆（Wallonie）是比利时南部以法语为主要语言的地区，首都布鲁塞尔（Brussels）的官方语言则是荷兰语和法语双语，东部还有小部分说德语的地区，但我们现在暂不考虑后两个区域。有趣的点在于，当人们看到比利时现在的这幅地图时，会认为这就是政治地理，他们的思考方式就是将法兰德斯和瓦隆分开进行讨论。然而，法兰德斯和瓦隆最初为何决定成为一个国家？为什么说荷兰语的法兰德斯与说法语的瓦隆会在1830年成为一个统一的国家？

一位比利时的评论家明确指出，这并不是历史的偶然。如果我问你为什么决定冒着暴风雪前来听我的讲座——我假设现在外面下着雪，你可能会说："我并不在意这场雪，我就想来。"但是，为什么说荷兰语的法兰德斯与说法语的瓦隆会在1830年成为一个统一的国家，我们不能用"就想如此"的逻辑来回答这个问题。"瓦隆"一词在1830年甚至还不存在，"法兰德斯"一词在1830年指的是中世纪欧洲的领地。可见，我们只是简单默认领域的现状，而没有考虑它们在历史发展中所起到的积极作用。而从政治地理的视角出发，则要思考领域的政治组织形式是如何对其他事务产生影响的。由此，对这一案例进行分析后，你会得出一些很重要的结论。

当比利时在1830年宣布独立时，它分成了若干个省份，但这些省份并没有任何一个看起来像法兰德斯的。即使如此，在思考不同的领域单元为何实现统一的时候，我们依旧忽略了每个领域单元在身份认同建构中所扮演的角色，依旧没有深入思考背后的众多假设。很多政治科学中关于法兰德斯运动（Flemish Movement）的文献，对于法兰德斯和瓦隆的描述主要为，法兰德斯与瓦隆相比，城市化程度更低、教育程度更低、宗教保守程度更高。这种印象是正确的吗？对于城市化程度更低这一点，以1846年的农业劳动力比例为例，农业劳动力比例较高的省份两个在瓦隆，而另外两个在法兰德斯。对于教育程度更低这一论点，这类数据很难获得。通过对1846年应征入伍者中的文盲比例进行分析，结果发现，法兰德斯与瓦隆都有文盲比例较高的省份。对于宗教保守程度更高这一点，很难对其进行定义，我一开始用单位人口的教堂数量进行分析，但并没有得出有用的结果。随后，我发现了一些婚姻记录，其记录了居民与牧师的对应比例，以及离婚率，通过整理发现，法兰德斯与瓦隆都存在两种比例均较高的省份。

虽然比利时确实发生了割裂，但这是在近一百年间发生的进程。我今晚没有时间去讨论这一进程是如何发生的，它是逐渐展开的。这种割裂源于比利时政府针对非法语使用者的制度性歧视。法兰德斯运动中的具体行动主要发生在城市地区，而实际上，这场运动促成了比利时沿着语言分割线产生割裂。而这一区域形成过程并没有带来好的结果。区域的形成促成了法兰德斯人与瓦隆人身份认同的形成。这种区域划分意味着所有问题的处理都是基于南比利时与北比利时的认识，这反过来催生了"我们"和"他们"的话语体系。而在50年前并不是这样的情况。换句话说，基于两种语言的身份认同反而促成了比利时的割裂，因为这样的民族身份认同创造出一种政治领域结构，这种结构倾向于将所有问题两极化。事实上，并非所有的问题都是两极对立的。打个比方，如果一个国家像这样产生了割裂，即所有的问题都以南北而论，那么这个国家就无法像具有多种语言差异与宗教差异的瑞士那样去处理问题，也无法让说法语、德语的行政区，或信奉不同宗教的行政区共存。在这样的国家中，行政区将以不同的方式进行划分，语言、宗教等文化差异下的"我们"和"他们"的身份意识就不会持续地被强化。

上述的案例表明，领域本身对人们的思想、身份认同，以及政治体系的运作都具有重要影响。以上是讲座的上半部分，现在休息10分钟，然后进行下半部分。

（讲座中场休息10分钟）

休息的时候我想到几件事，为了确保大家都能明白我的意思，我需要花点时间说明一下。我们回过头来看这个案例，北部地区是农村地区，这些地区与南部地区联系度较低，人口密度也较低。其结果是挪威表示不加入，瑞典和芬兰表示加入。其原因是芬兰和瑞典的人口分布比较集中，都分布在像斯德哥尔摩这样的大城市周围或者瑞典的南部。但是挪威的人口分布相对较分散，所以差别不太明显。在比利时的案例中，我所讨论的是经过一百多年形成的语言区。需要注意的是，在19世纪中期，大多数人仅仅具有自己的本地身份，例如小尺度的"公社"（commune），或是稍大一点的"公国"（principality）这样的概念，这是大多数人对自己的认知，他们很少将自己看成法兰德斯人或瓦隆人。但当国家发生割裂时，各种事物随之产生，如南方和北方有不同的新闻报社、不同的教育机构、不同的大学、不同的律师协会等。实际上，这种南北分割不是一直如此，而是由政治领域方案（political territorial scheme）造成的。这就是我坚持认为政治-领域研究非常有趣的原因，政治地理不仅仅是一种描述事物方式，还积极参与了地球不断变化的各种进程。

地缘政治概念和实际环境是紧密相关的。我们经常在新闻媒体上看到学者和国家官员等各种各样的人，用各种不同的概念来描述世界是如何被地缘政治组织起来的。我认为，政治地理学家需要思考一个有趣而重要的研究问题，即这些概念是如何与实际事物相联系的，或者说是怎么与地面上的实际物质或环境联系的。如我在第一堂课上批判过的世界地图，但我们可以从地图的角度来讨论，地缘政治想象（geopolitical imagination）如何影响我们的世界观。我们很容易发现，这样的地图在"9·11"事件以后很有影响力。我希望政治地理学能以一种建设性的方式进行干预，而不是像弗林特教授说的那样，各国不断在历史中遵循它们的发展路径。

下面看看世界语言的分布情况，阿拉伯语涵盖了巨大的空间范围。然而，摩洛哥人用阿拉伯语和阿拉伯半岛的人进行交流是非常困难的，其困难程度就好比中国一个地区的人和另一个地区的人用各自的方言交流一样。这些地图中忽略的部分，正是政治地理学者认为非常重要的部分，或者说是需要我们关注的，例如这些地图忽略了宗教地区的内部割裂这样显而易见的现象。或者如叙利亚，这个国家（因为民族和宗教冲突）最近在新闻报道中频频出现，但叙利亚绝不是世界上民族和宗教最复杂的国家。下面再讲一个常见的社会经济分裂的例子。在阿联酋的商城里，你可以租一套滑雪装备，从雪坡上俯冲下来，在室外100华氏度（约38摄氏度）的温度下你甚至可以在商场里滑雪。而与此同时，在伊朗的一个农村地区，那里的生活依然贫困。这两处的居民虽然都是虔诚的宗教徒，却有着完全不同的生活。

当然，另一个被忽视的问题是，国家之间相互矛盾的利益也会反映在地图上。这不仅仅指单个国家试图巩固领土控制范围，还包括国家之间的领土冲突。当伊朗和伊拉克因边界问题而陷入长达八年的战争时，两国之间的地区成为地缘政治节点。在这场战争中，历史/文化渊源被忽略了，有各种各样的证据可以支撑这种历史渊源，例如地名。对于波斯湾（Persian Gulf）这片海域的称呼，我们会有伊朗版（波斯版）的命名即波斯湾，大多数地图上对这片海域的命名也是波斯湾，但是阿拉伯半岛（Arabian Peninsula）上制作的地图把这片海域称为阿拉伯湾（Arabian Gulf）。我们可以运用如上所述的地缘政治概念，去分析它如何对政策的制定产生影响。

目前，我们对大地缘政治区域或小地缘政治区域的看法，仍然根植于我在第一部分演讲中提到过的随现代国家体系发展起来的政治-土地-人民之间的关系上。我将用20世纪90年代南斯拉夫分裂的例子去说明这一点。前南斯拉夫中部的波斯尼亚是很多冲突的中心，因为该地区的种族构成最为复杂、最为多元。对于塞尔维亚人来说，他们试图把这片领土的一部分划入塞尔维亚的版图，而克罗地亚人想把一部分划到克罗地亚境内。这场冲突过于激烈，以至于域外国家，尤其是美国和英国也尝试干预，期待至少能达到促成停火和稳定的协议。

英美最终采取了分区的计划，该计划是由美国国务卿万斯（Cyrus Roberts Vance）和英国外交大臣欧文（Lord Owen）一起提出的，所以被称作"万斯-欧文计划"。他们提议将波斯尼亚分割成三块区域，即塞尔维亚、克罗地亚和穆斯林区。这样的划分是基于民族人口的数量占比，即该区域哪个民族的人口最多。但这个计划完全失败了。如果能运用我第一节课讲的政治-土地-人民的政治地理知识去看待这个问题，就不难理解这样简单的计划为何会失败。在民族国家理想模型下，人们会认为，如果地图显示这是一个克罗地亚地区，那么肯定有很多克罗地亚人在那里聚集。而实际上，三个民族都拒绝采纳这个计划。简单的政治地理分析可以解释其失败原因。如果看一下波斯尼亚的可耕地和这些郡县（county）的关系，就会发现，波斯尼亚穆斯林只分到了最贫瘠的土地。

以下研究是我和一个奥地利的地理学家一起做的。波斯尼亚各民族在战争爆发前夕，大多数人乘坐公交车出行。基于他们的日常活动范围，我们画出了宏观和中观功能区，这才是对居民重要的空间范围。很明显，我们绘制的功能区和万斯－欧文计划完全不一致，所以他们的计划肯定会失败。这个例子进一步说明了，使用在现代国家体系下形成的规范去思考政治对现实未必有所助益。我的这个研究引起了美国和英国一些部门的兴趣，美国国务院还成立了人文研究办公室。当然，这个办公室的成立不仅仅因为此事，还因为通过分析这些事件，他们希望理解为什么一件事情的发生会引发其他一连串的事件，同时，他们还强调不要采用简单的观点去看待事件。因此，以上案例至少说明了，政治地理研究不仅仅是像弗林特教授描述的那样，只是分析国家权力的一个宏大视角，从某种意义上，政治地理还能把一个国家变得更好。

我想谈的第三个主题是现代政治领域秩序（modernist political territory order）面临挑战的性质和意义。虽然我这里说的是"现代主义"，但是它实际上产生于几百年前。这三个主题，在某种程度上都和我在第一节课开始时讲述的背景相联系。利用政治地图依然是我们思考世界的默认方式，而且这样的情况还在增加。通过观察一个又一个的国家，你可以简单地了解世界，这一观点面临着越来越多的挑战，这是因为我们生活在一个日益增强的跨越国际边界的互联互通的时代。国家正扔掉主权的外衣，融入全球化的浪潮。科学技术的发展使之成为可能，我甚至可以在我尤金的办公室面对面似的和中国的刘教授进行交流。借助这些联系，我们正在经历"去领域化"（de-territorization）的过程，越来越少的人被组织和控制在传统的领域范围内。当然，同时也在发生着一些其他事情，因为各国并没有完全丧失控制各自领域的能力。我们明白，即使"去领域化"会让国家失去一些方面的影响力，但是国家也在构建"再领域化"（re-territorization）。

伦敦和纽约相隔万里，但是两个城市的众多商业交流甚至比其与各自周围城市更加紧密。因此，从某种意义上说，这两个城市实际上很近，这和我们六七十年前的传统距离感有所区别。以制造复杂的机器，如汽车为例。你在美国买的汽车，其零部件可能来自30多个不同的国家。它们有不同类型的所有权和承包形式，这些都是汽车制造过程的一部分。

很明显，交通运输，特别是长距离的交通运输的迅速发展可以让我们体验前所未有的出行方式。以前从美国来中国的学者寥寥无几，而现在从美国到中国的时间大大缩短，加上其他科技的发展，来中国的学者数量不断增加。科学技术可以帮助我们跨越边界，而国家则或多或少会对其进行控制，就像中国有防火墙一样。但是即便这样，科技都能以各种各样的方式将我们联系到一起。例如，科学界的相互合作与竞争，最近几年继续如火如荼地进行：美国的政治地理学家反对英国政治地理学家的观点，英国政治地理学家反对俄罗斯政治地理学家的观点，等等。

全球移民也是全球联系增加的一个例子。众多移民想逃离恶劣的、不稳定的环境，移居到其他国家，全球发生了空前的移民现象。还有因为非法交易而发展起来的全球现象，像毒品贸易。恐怕每年这样的贸易额都能达到几十亿美元。上面讲的所有的事情，共同挑战了以国家地图来看待世界的观点。

那么，现在我们面临的问题在于，我们如何对这种联系进行理解呢？我们又能做什么呢？我们政治地理学者要如何利用它呢？我认为，主要的挑战在于承认正在发生的事情的重要性，但是不要认为在某些情况下，我们真的已经抛弃了一个封闭的领域世界。一些学者，甚至是地理学家都进入了这样的误区。我们必须知道，仍然存在现代政治领域秩序，但是它们的作用已经被大大削弱了。这些人的支持者们却很少运用这个观点，因为该观点在现在的情况下很难付诸实践，这是我最近发表的文章中所关注的事情。

几年前我在 Annals of the Association of American Geographers 发表了一篇题为《领域的持续吸引力》（"Territory's Continuing Allure"）的论文，回应了我们正在进入一个由网络和流构成的世界这一观点。我试图论证，各类民族主义仍然很强大，国家在各方面仍影响巨大。如果你真的想了解当代世界，就不能只是说，因为全球化的现象是新的和闪耀的，所以我们就全盘接受。也许对一些人来说，他们确实希望如此，他们不喜欢国家的行为和动作，所以他们认为未来会往一个没有国家的方向发展。在那篇文章中我有更详细的讲解，今晚可能不会涉及，但仍希望你们能够了解世界的运作方式。

如果审视过去 15 年或 20 年的政治地理研究，你会发现"领域"（territory）对研究者仍然具有持续的吸引力。下面我将简要梳理三位重要学者的工作。两天前，我提到过 Robert Sack，他是领域研究真正的引路者。地理学者大多同意，Sack 与"将领域性视作一个过程"（thinking about territoriality as a process）的观念具有紧密的联系。他认为，领域性的倾向（tendency）产生了某些类型的结果。第二位是政治地理学家 Anssi Passi，他谈到了国家社会化（states socialization）的力量。第三位学者是 Jouni Häkli，他研究的是国家驱动的知识生产（state-driven knowledge production）的影响。以下分别进行简单介绍。

Sack 所说的人文领域性（human territoriality），指的是当我们用领域的方式组织事物，一些倾向会随之而来。Sack 举了一个例子，假设我在家里写手稿，我的孩子们到处跑来跑去，但我不希望孩子们弄乱手稿。Sack 说：

"我可以做两件事。一种可能是和孩子们说,'别碰爸爸的手稿,不要乱动与我工作有关的任何东西'。也就是告诉他们不要做什么。另一种可能是直接关上书房的门。"哪一种更有效?关门传达了非常清晰的信息,它实际上制造了一个障碍,传达了某种象征意义,且创造了一种很难反抗的秩序。即使是在这个充满网络的世界,即使是封闭的网络,领域也有它奇妙的作用。

Passi提出的国家社会化,这个术语表达的是,国家通过各种各样的项目积极整合国家领域,并建构对国家的认同。以下三个例子都反映了国家社会化。第一个例子是,20世纪50年代美国的州际公路法案,通过修建高速公路,在某种意义上将美国各州更紧密地联系起来。第二个例子是幅员辽阔的中国却只有一个时区,如果你去新疆,会经历奇妙的时间感。第三个例子是历史被教授的方式,历史几乎在任何地方都是以国家社会化的方式被教授。"法国"这个名称产生于一次重要的尝试之后,由"法兰克"(Frankreich)转变为"法兰西"(France),表达的是法兰西人的民族国家。以上就是国家的空间社会化。

下面谈谈国家驱动下的知识生产。国际组织,如世界卫生组织、世界贸易组织等,常常围绕国家来生产数据和信息,这甚至固化了学者的工作方式。20年前,我在欧洲做跨境合作协议研究时,获取边境地区的信息是非常困难的。我确实了解法国、德国的情况,以及这些国家内部次国家单元的情况,但是很难得到它们彼此之间如何联系的信息。我认为,有各种各样的证据证明,这些现代主义的领域准则(territorial norms)具有持久的力量。我还认为,可以在案例中看到对现代国家体系制度规范的挑战,如欧洲一体化项目。28年前,也就是1990年,欧洲面临着一个问题,即什么应该被放在优先地位?欧洲是一些国家聚集在一起,各个国家以各种方式拥有主权。看待欧洲的一种方式是,一些小的国家在这里集中,并有潜力产生出一个巨大的国家,以一种集权化的方式把欧洲组织起来。另一种方式是,整个欧洲一体化前所未有地把各个地方联系在一起,绕过了国家这种组织方式。这是两种看待欧洲的方式,一种符合现代政治领域的规范,另一种挑战这种规范。

最大的项目是在20世纪90年代早期启动的,即欧洲货币联盟(European Monetary Union),这很明显符合第一种方式。这是一个真正的集中化项目,也是一次非常大的冒险。它的出发点是,如果采用货币联盟,欧洲可以向前迈一大步。如果你将这视作推动欧洲前进的最好方式,那你很可能完全支持第一种方式。我希望在世界任何地方都不需要兑换货币,但鉴于当时欧洲的状况,想想为什么大家会支持欧元是一件有趣的事情。当时的欧洲货币联盟的拥护者们会说,如果欧洲能实现货币联盟,欧洲公民就会觉得他们之间更亲近了,欧元将是未来所有这些人融合的象征。但事实上,当欧元正式被启用时,欧元拥护者不得不做出这些声明,因为当时欧洲正在经历一段艰难的时期,失业率上升,经济情绪在20世纪90年代初开始下降,政治的参与度严重下降(如果用欧洲议会选举中的投票来衡量)。针对欧共体委员会所发布的这些规定,有很多批评。但拥护者认为,如果把欧洲变得更像一个国家,这里会变得更好。

我认为这个例子完美地体现了现代政治-领域权力继续将政治-土地-人民相联系。如果你想了解21世纪早期经济危机之前的状况,可以看欧元区民意调查结果。在对"仅认同自己是欧洲人,还是同时认同自己的国家身份?"的调查中,人们认为,相较于其他身份,更认同自己为欧洲人。从统计学上讲,金融危机前的变化是微不足道的。接下来是金融危机。我今晚没有时间来仔细讨论金融危机,但我确定你们都知道欧洲发生了一场大的金融危机。此后发生的事情与前面引用的 Jacques Santer 和 Wim Duisenberg 的预言正好相反,大家开始觉得欧洲并不是一个整体,德国似乎站在其他国家的对立面,每个国家都开始考虑自己的利益。人们开始觉得,你的国家将要这样发展,法国将要那样发展,一切都好像回到10年前一样。

如果你曾经用谷歌或者其他搜索引擎搜索欧洲一体化的图像,可能会发现,过去看到的多是较正面的图像,但现在有一半的图像比较负面,大多类似于轮子从卡车上脱落,如说"我的国家想找回我们的旗帜",或者"我的国家想支持美国"。与其说可以通过这些地图来理解欧洲,可以在不同的规划安排中审视跨界合作协议,不如说欧洲仍在那里。在某些方面欧洲仍然很重要,但在某种意义上来说,它也会被挑战。例如,它必须创建更多的中央框架和集中式程序,这使得它看起来像是特殊尺度的另一个国家。

接下来我会讲述很多国家一级,甚至是超国家尺度的案例,将会涉及地缘政治想象。但我在转向最后一个环境问题之前,想提醒大家,好的政治地理研究是可以在任何尺度进行的,无论是国家、省,还是城市,正如我刚刚所讨论的议题,以及比利时的例子所显示的。所以我们不必限制自己的研究,政治地理学的概念和想法可以在任何尺度上探讨。

近年来,我们的星球正在面临一些越来越显著的环境挑战。我认为,政治地理学家在这个话题上有发言权,我们不仅仅是强调环境的变化多端,而是能够做真正的关于环境变化的研究。各种各样的事情正在发生,环境挑战可能只是所有事务的一部分。弗林特教授和我昨天晚上吃饭时聊到,很难想象我们生活在一个不太有利于解决大尺度环境问题的系统中。世界体系被划分为190个单独的单元，每个单元声称可以控制它们自己的事务。但这样将产生一个我称之为空间不匹配的问题（the spatial mismatch problem）。这些环境地理问题在大多数情况下反映了政治地理。

破碎（fragmented）的政区不利于找到与所处理问题的空间性相一致的政策方法。当你谈论全球气候变化或地区性问题时，谈的是会影响整个星球的问题。当你谈到酸雨等事情时，要意识到，生产行业在一个国家，受灾地区可能会在另一个国家。不过，如果我们把事件放在完整的背景下看，会发现政治的破碎有时是有益的，有可能促进创新。有时非常大的单元不会采取一些措施，但个别较小的单元可能推动其他单元采取措施。以美国的汽车排放标准为例，几十年前，联邦政府不愿意采用更严格的标准。但加利福尼亚州采用了高于联邦标准的标准。而加州占有巨大的市场份额，这促使其他州采用相同的标准，因为汽车制造商无法忽视加州市场。这被称为"技术强制立法"。当时的汽车制造商声称他们做不到较高立法标准要求做的事情，但当加州采用较高标准时，他们想出了如何做到这一点的办法。重要的是，要考虑破碎模式如何起作用并促进某些类型事件的解决。

我认为，我们可以做出贡献的方法之一，就是认真思考并研究，破碎的政治区域如何影响我们对环境的理念、态度以及理解。现存的政治破碎模式很容易导致大家以孤立的视角看待问题。例如，我们对环境问题的理解常常过于简化，这让我们无法全面洞察正在发生的事情。有人认为，环境立法绝对是对特朗普如何管理美国的考验。我同意这个观点，但这件事并不像表面看起来的那么简单。因为在美国，很多事情发生在地方层面。例如，虽然洛杉矶不被认为是全国最环保的城市，但现在它有一整套公共服务部门在负责电动汽车的运行。在这些层面上发生的各种各样的事情，可能会减少争论的相关事件。

除了空间的政治组织，政治地理还有很多有趣的议题，它们甚至会影响环境信息的收集以及我们对地球的理解和认知。

我最后想和大家谈的是，如何考虑地缘政治与环境变化之间的联系。在这里，我只简单勾勒一些议题，我认为这个主题值得来自政治地理学界的思考。现在有很多关于气候变迁的讨论，如气候变迁可能将导致食物和水的战争等，其中存在一些重要的地缘政治维度。如果我们要切合实际地考虑这些问题，而不仅仅是危言耸听，就需要更好地去理解这些地缘政治维度。下面是一些相关议题，首先谈一下资源获取。2000年以来，北极气温显著上升，这对北极冰盖的大小有着巨大的影响。其次是新的航道，北极地区未来可能开辟新的"通航大道"，至少在一年中的某些月份，可以大大改变从横滨到鹿特丹的海上航行的长度，这具有重大的地缘政治影响。接下来是新的环境联盟，现在已经形成了类似于小岛屿国家联盟（alliance of small island states）等基于环境的联盟，这可能是你难以想象的某种地缘政治分组。虽然组织内部的政权可能非常不同，但它们有一些共同之处，即温室效应对参与各国的实际领域带来了威胁。当然还有环境移民问题，这不仅仅是你知道的发生在各个地方的移民故事的一部分，也是一种边境故事。印度的孟加拉国移民就与环境变化密切相关。最后，濒海居住地的问题不仅仅是地缘威胁，而且是一种地缘政治。国家领域的变化参数，如海平面的1米或1.5米的上升，已经在影响埃及和孟加拉国的海岸，这些国家被卷入这种地缘政治。我想表达的是，虽然政治地理学不能解决这些问题，但政治地理学可以对此做出重要贡献，无论是在使这些问题被人们关注方面，还是挑战简单化的理解方面（简单化的理解可能会削弱更积极的环境行动）。

几年前，我主持完成了一份报告——《理解正在变化的星球》（Understand the Changing Planet），已被翻译成中文。你们中的一些人可能已经看过这本书，它几乎在每个重大问题上都发展了各种不同议题，包括政治地理学。我们强调，环境维度跨越了所有子学科，甚至学科集群。

我有一点超时，但希望我所讲的内容能激发大家的灵感和想法。我非常乐意接受任何提问、评论或分歧，欢迎与我交流。

问答环节

提问1：您在讲座中提到欧盟，2016年英国就"是否脱离欧盟"进行公投，而在这之前，苏格兰地区在2014年就"苏格兰脱离英国独立"举行公投，公投结果为反对独立。同年，巴塞罗那的加泰罗尼亚地区也进行了独立公投，但后来西班牙中央政府宣布该公投无效。对此我有一个问题：人们在什么条件或情况下具有独立公投的权利？

墨菲：首先，对于是否给予人们投票权，国家显然具有很大的影响。因此，第一个前提条件是需要在一定的政治领域内，然后看该领域当局是否愿意给予投票权，或是否不足以抵制一场投票活动。第二，我有时候在课堂中会提到，任何区域主义都不能仅仅依靠反对而存活。把你的问题稍微转换一下，就是在什么情况下，独立公投更有可能会对现实状况带来一些改变。虽然带来改变的情况是相当稀少的，但在人们强烈不满的情况下，会导致一些变化或推进更多行动。从西班牙中央政府的立场来看，不管人们投票与否，加泰罗尼亚对于政权更替并不存在潜在的巨大威胁。因为居住在中心城区的大部分人都不是加泰罗尼亚人。因此，实际上，如果所有人都去投票，结果其实是对西班牙中央政府有利的。但中央政府并没有表现出一丝配合，而是试图去压制这次投票，这样的做法是进一步激化了矛盾。一个正面的案例则是荷兰的弗里斯人（Frisians），他们从20世纪早期开始在荷兰北部的格罗宁根进行抗争，要求有更多自主权，如在学校里使用自己的语言。荷兰政府对此的回应是："好的，我们有不同的民族，这是我们国家丰富多彩的文化的一部分。我们可以在这一地区建立小学，在阿姆斯特丹建立一个研究文化语言摩擦的研究院。"如今你不会听到关于这一地区的摩擦或分离的消息，因为这里认同荷兰的多样性，而不是将荷兰视为荷兰人的民族国家。希望以上回答对你的疑问有所帮助。

提问2：关于气候变化我有一个问题，全球变暖是一个全球问题，一些国家采取了积极的应对措施，如签署《哥本哈根协议》，还有一些国家则拒绝签署此类协议。有的发展中国家认为自己应该承担更少的责任，而发达国家不愿承担更多的责任。对此，您认为未来国家之间会如何对此进行协商，或者您认为有什么好办法来应对气候变化？

墨菲：我希望自己能有好的答案，你的问题是我们如何能够建立一个有效的国际关系协议，来切实地改变我们现在的气候问题。我认为，第一个挑战在于提高人们对这一问题紧迫性与重要性的认识，这对当局而言会有很多方面的压力。其次，对于政府来说，需要试图寻找双赢的方式，或者至少不要损失很多，比如在其中能够获得一些其他利益。一些国家可能会觉得，加入这种世界体系后，它们将遭受一些经济损失，那需要给予它们一些补偿——不一定是财政上的。但我觉得我们还不够创新。我们面临的问题是：如果一个国家一定要经受一些经济损失的话，有什么类型的帮助是可以提供给该国家的，由此来达成一种有效的协议？关于这一点，国际社会还不够有创意。其他人可能对此有更好的想法，我可能不能这么说，但从这一点可以看出，这个世界上的政治组织是当今世界中最有问题的。

提问3：墨菲教授，您好！我有一个问题。中国政府已经启动了粤港澳大湾区的建设，并期望可以把它建设为高新技术产业中心，也就是中国的"硅谷"。因为欧盟可以算是全球跨边界合作最成功的案例，所以我想知道欧盟是不是也有这样的跨边界创新中心。谢谢。

墨菲：我去年12月在广州做过有关这个话题的报告，我讲了有关欧盟经验的机遇和挑战。的确，欧洲有很多很成功的跨边界合作的案例，它们促进了欧洲经济的发展。但是也有很多没有被看到的阻碍，其中一个就是只关注经济发展而不考虑社会后果，从而产生了很多不良影响。但值得肯定的是，欧洲内部的跨边界合作中，影响最深远的是《申根协议》（*Schengen Agreement*）的签订。该协议取消了边界管制，因为对一个社会经济高度融合的地区来说，边界管制是很难存在的。有的文章中也提到过，欧洲跨边界合作的成功，前提是需要各方的人、政府和组织进行具体事务的合作。

提问4：我有个问题，您提到过，任何尺度都可做出好的政治地理学研究，然后给我们展示了三张地图。但是您后面讲到的主要是大尺度的例子。我认为，当我们想要做政治地理学研究时，可能会想知道，我能不能使用一些关键的概念或理论，如领域、尺度、权力来解释或理解在较小尺度内发生的事情，比如城市。您有什么建议或者评论吗？

墨菲：我认为，今晚提出的关于更大尺度研究的几种方法是适用的。其中一个方法是，不能简单地把一个小尺度的区域视为理所当然，认为这是在广东发生的，或者这是在广州发生的，以这种方式提出问题。你可能遗漏了一些我的演讲内容。我演讲中的第一张地图——《1997年冬天冷气团的显著分布》是以州为概括单元的，我们做研究的一种方法是就数据来概括问题，如果从政治单元出发，虽然能够揭示一些问题，但必然隐藏了其他的问题。它究竟隐藏的是什么？在不同空间框架下看这个问题，可能有不同的理解。

另一种思考方式是我两天前提到的一个有趣的问题，在中国，城市的扩张超出了正式的大都市政府区域。可以试着考虑下改变政治领域参数，看看是否有助于政府以更有效的方式来解决无序扩展问题。你也可以思考，各级政策如何促进更多的整合或更少的整合，或成为特定单元的一部分，或不成为特定单元的一部分，所有这些例子都可以用刚刚我一直在谈论的内容来解释。

第三讲 多元的世界，多元的政治地理学

科林·弗林特（Colin Flint）　美国犹他州立大学

科林·弗林特教授首先回顾了（西方）政治地理学的发展史，他援引麦金德（Mackinder）、马汉（Mahan）以及豪斯霍费尔（Haushofer）等古典地缘政治学家的著作和观点，说明作为一门独立学科存在的政治地理学起初具有鲜明的国家中心主义倾向，它是为国家的霸权竞争和帝国主义扩张服务的。"二战"后，古典地缘政治研究在学术界很快衰落，但在政策界仍相当活跃。然而，古典地缘政治以地理环境决定论为基础，试图粉饰军国主义和帝国主义的行为以区别正当性目的，因此在理论上是非常匮乏和落后的。这就引发了一批学者的如下思考：我们是否可以抛开自己的国籍身份？我们是否需要以国家利益为中心，以国家战略或政策制定为己任？由此，一系列"新"政治地理学，包括马克思主义政治地理学、批判地缘政治学和女性主义地缘政治学等应运而生，它们挑战了传统政治地理学作为国家政策科学的定位。但"新"政治地理学者超出学科范畴之外的贡献仍然有限。最后，科林·弗林特教授提出，我们有必要考虑学术研究的服务对象是谁，思考作为政治地理学者的责任和任务，而不仅仅是面向学者进行研究。

我知道今天的论坛议程非常充实，感谢大家能够到场，那我就开始了。做一名学生是很容易的，你们只需要了解一系列理论，阅读一系列文献，掌握一系列方法。但是今天我想要大家考虑的，是更难的、需要我们认真思考的事情，一些包括我在内的导师们也在努力尝试的事情，那就是如何做一名地理学者。

首先我想问大家，谁是我们的受众？我们在为谁进行政治地理学研究？我们想要自己的研究发挥作用，被听取，被执行，而不是发表论文后被忽

略,被遗忘。关键在于,在政治地理学的发展历程中,明确我们研究的特定的受众和我们想要产生的特定的社会效果是联系在一起的。

刘云刚教授在之前的讲座中提到了政治地理学的发展历程,今天讲座的第一部分我想继续讨论这个话题。首先,我们可以这样想,如果我们能够创造出有用的政治地理学知识,产生一定的社会作用,那么,人们自然会想了解我们的研究。古典地缘政治便是如此,它一直根植于特定的政府背景,为特定的国家议程出谋划策。但如果我们不延续古典地缘政治的服务于特定政府的发展轨迹,那么会怎样呢?虽然现在我的听众是中国的学生,但我所说的这种局限于国家背景的历史发展阶段,以及当今政治地理学仍然存在的这种向国家诉说的趋势,并不仅仅针对中国的政治地理学者,对全球所有的政治地理学者都是适用的。

我们先来看看西方政治地理学,乃至人文地理学学科是如何诞生的。归结起来,战争是人文地理学得以创立的核心驱动力。例如法德战争中,德国政治地理学家研究如何在与法国和其他国家的竞争中受益,如何训练人民进行战争,如何成为一个帝国等。中国历史上,在处理与其他欧洲国家的关系、应对欧洲国家的全球帝国主义进程等问题上,政治地理学也发挥了重要作用。帝国的霸权争夺推动了整个学科的构建,这是政治地理学作为一门学科存在的至关重要的背景。

所以在那时,政治地理学者的任务就是推动国家竞争,就是创造使一个国家的军事实力更为强大的相关知识，这是这门学科的历史。我们可以客观地陈述事实吗？我们可以批判性地分析政治过程以及政治过程与地理之间的关系吗？你能说你的研究处于超越你的国籍、身份乃至人生轨迹的地理学层面吗？其实很难。即使一个人了解了什么是民族主义、它的运行机制，及如何使国家中的个人产生一些特定的行为，但作为国家的一员，他还是无法脱离国家背景来进行政治地理研究。其实，不仅德国、英国、美国等霸权国家，所有国家都在培养那些既将自己视为学术界的地理学家，又将自己视为政策制定者的人才。他们认为，创造能够促进他们国家利益的政治地理知识是他们职责的一部分。典型的例子如哈尔福德·麦金德（Halford John Mackinder）的"陆心说"，以及阿尔弗雷德·赛耶·马汉（Alfred Thayer Mahan）写作的 *The Influence of Sea Power upon History*（《海权论》）。麦金德是非常受人尊敬的著名学者，他既作为一名学者在牛津大学任职，也作为一名政治家在政府供职。马汉亦是如此。

他们会这样说："我有一个关于世界的观点。我知道世界的客观历史是怎样的。我可以告诉你世界是如何运作的。"比如麦金德，他可能会说："世界的历史就是陆权与海权之间冲突和斗争的历史，这是我对历史的解读。我是一名学者，听我的准没错。"大家会觉得，太棒了，这个人知道历史是怎样的，他能够提出一个理论。但紧接着他就会说，基于他的理论，世界将会发生这样那样的事情。这样，他的研究就从客观的，或者至少他声称是客观的、普遍的历史，变为有利于特定国家的特定政策。他会下结论说："因此，这就是英国应该采取的行动。"他不是一位客观的学者，他提出的历史规律仅仅是为了证明特定政策的正确性，但他在讲普遍的历史规律时掩饰了这一点。而实际上，这些古典地缘政治家在完成他们著作的时候，都掺杂了很多政策制定的因素。

马汉的研究大致说的是如果你想成为世界大国，你需要有强大的海军。马汉在政府任职，是美国海军事务委员会的主席，他的学术成就与他的政府成员身份是分不开的。他将他的工作定位为研究世界普遍的客观历史规律，然后得到了这一特定的政策方案。事实上，他真正的出发点正是希望美国在18世纪后期能够达成他著作中的目标——拥有一支强大的海军，成为全球大国，挑战全世界。为此，他创造出这样的历史规律，以证明或推广他的想法。他们理解国家的需求，并为此著书以提供论据。

这种古典地缘政治研究被政治地理学者约翰·阿格纽（John Agnew）称为"当代地缘政治想象"（modern geopolitical imagination，MGI），即思考世界的运行规律，它关注的是国家，侧重于政治竞争。尤其在西方人与中国听众的对话中,这是一个有争议性的术语,是一种西方中心论或者话语霸权。在之后的讲座中,我会更多地讨论霸权的学术内涵。

另外,这些古典地缘政治学家对自己国家的政策制定影响甚广。正如墨菲教授在介绍古典地缘政治的发展阶段和类型时所讲的,这些学者借鉴达尔文的进化论,把优胜劣汰的思想应用到政治和国家竞争的领域。因此,他们的理论是基于有问题的思想推导出来的,即环境决定论与地理决定论的方法论。由于环境的本质,人们会以特定的方式行事,这是一种为西方帝国主义辩护的种族主义意识形态,是政治地理学初创时期的理论基础,种族主义对世界的理解被用来为西方帝国主义辩护。地理决定论也是同样的观点,认为国家或人的行为是由地理要素驱动的。例如,我们回到麦金德的理论,为什么俄罗斯会有这样的行为?因为它处于亚欧大陆这块巨大的陆地之上,这是地理决定的。现在我们已经不再相信这两种方法论了,但正是这些贫瘠的理论主导着国家议程。

再来看看德国政治地理学家卡尔·豪斯霍费尔(Karl Haushofer),他曾在"一战"中服役,是鲁道夫·赫斯(Rudolf Hess)[①]的老师。豪斯霍费尔与纳粹党有着紧密的联系。纳粹党成立早期曾试图通过政变获得权力,但失败了,阿道夫·希特勒(Adolf Hitler)等人因此入狱。那时,豪斯霍费尔去狱中探望老朋友赫斯,从而与希特勒建立了联系。后来希特勒出狱并成为德国总理,纳粹党的再度崛起成为豪斯霍费尔传播自己名声的好时机。值得注意的是,希特勒的政治地理/地缘政治观点与豪斯霍费尔截然不同。希特勒的观点更多地受种族主义影响,而豪斯霍费尔企图在世界上获得更大的影响力,因此他将自己的观点与德国的军国主义扩张结合到一起。"二战"时期,包括美国、中国在内的同盟国制作的宣传电影都将豪斯霍费尔视为一个疯狂而邪恶的科学家的头领,他协助希特勒、协助德国人征服并掌控整个世界。假如你是一名"二战"时期的美国公民,每当你走进电影院,你所观看的电影开始之前都会放映一段这样的宣传电影。这些电影没有任何意义,只是政治宣传口号而已。"二战"后,豪斯霍费尔接受审讯,并在审讯后自杀。

有一个问题值得我们考虑:我们是否仅仅因为一个人的观点就断定他是战犯?这是一个非常有趣、非常复杂的问题,我暂且不展开讨论。但我们需要指出这样一个事实,正是由于豪斯霍费尔,地缘政治学的概念在西方变得

[①] 鲁道夫·赫斯(Rudolf Hess)是纳粹德国政治人物,在"一战"后成为纳粹党的副元首,是希特勒的亲信。

人人皆知，并与纳粹紧密联系到了一起。政治地理学因此被等同于地缘政治学，被等同于纳粹的罪恶行径。其后果是，"二战"以后，"地缘政治学"一词变得极其臭名昭著。因此，正如墨菲教授提到的，"二战"后，"学院派"的政治地理学几乎完全消失了，没有人愿意从事地缘政治学研究，地缘政治学被视为只有跟纳粹一样邪恶的人才会感兴趣的东西。即便你是一位政治地理学者，你也发现政治地理学变得毫无生气可言，变成了一潭死水；此外，你也极力否认你是地缘政治学者。豪斯霍费尔摧毁了地缘政治学，使其不再是一门学术科目。

回到我在讲座开头提到的问题：政治地理学者需要肩负什么责任？政治地理学者应该为谁服务？豪斯霍费尔的经历似乎意味着，我们不应与国家过于紧密地联系到一起。但这有些不太公平。没有人批判同样为国家服务的艾赛亚·鲍曼（Isaiah Bowman）、麦金德或马汉，仅仅因为他们所支持的国家都是历史的赢家。我想强调的是，豪斯霍费尔的经历更像是一个警世故事，它引发我们思考政治地理学者是否应该坚持国家利益至上。

上面说到，"二战"后，"学院派"政治地理学者不再从事地缘政治研究，类似于麦金德这样能产生广泛影响的人物也不复出现，而政治地理学也退化为大学学科中非常弱小的分支。为了回避那段臭名昭著的历史，政治地理学者远离了全球尺度的研究。但事实上，地缘政治研究仍在进行，政府部门乃至西方一些畅销书作家代替了"学院派"的政治地理学者，成为研究的主体，他们仍然以地缘政治的思维，以国家为中心认知和思考世界。因此，尽管古典地缘政治学已经恶名昭彰，但事实上，它仍然表现出顽强的生命力。罗伯特·卡普兰（Robert Kaplan）的著作便是当下古典地缘政治研究的典型例子，这些书里充斥着地理决定论、环境决定论的观点。他们的观点非常流行，影响甚广，这是"学院派"政治地理学者难以做到的。

我们应该如何看待罗伯特·卡普兰这类学者的研究？"学院派"政治地理学者应该如同古典地缘政治学者一样，将视野放宽至全球。然而，一旦我们开始思考全球问题，又似乎总会不可避免地陷入国家中心主义的桎梏中，从而回到麦金德、马汉以及豪斯霍费尔的观点上去。这就是政治地理学者所面临的困境。我们需要挑战卡普兰的观点，他有可能将世界带入危险的境地，但我们同时也需要转变我们的研究方式。当前政治地理学界对卡普兰颇有微词，每年的 AAG 年会都会针对卡普兰进行专门研讨，学者普遍认为有必要批判他的观点。然而，这些观点仅仅在面向政治地理学者自己的学术期刊上发表，卡普兰的观点依然盛行于普罗大众之中。我们急需提出一种古典地缘政治的替代方案，以与卡普兰的观点正面抗衡。

但是，古典地缘政治的影响力太强大了，我们很难完全消除它的遗留影响，它至今仍然对我们的研究造成限制。大多数西方政治地理学者担心一旦他们开始进行地缘政治研究，又会沦为国家政治议程的工具，因此，他们并不愿意从事全球尺度的研究。民族主义是一股非常强大的力量，它限制了我们的行为，限制了我们的思想，使我们无法完全摆脱国家的限制，无法摆脱国家中心主义的桎梏，无法完全抛开国家身份进行思考、写作和行动。

古典地缘政治留给我们最困惑的问题就是政治地理学研究的意义。这就回到了为谁服务的问题上。如果政治地理学不再为国家服务，那么它存在的意义又是什么？一位政治地理学者可能非常成功，他（她）当上了教授，观点广为其他政治地理学者所认可和继承，发表了一系列文章，并被其他人阅读、喜爱和引用。但我在此强调的是政治地理学者在学科外的影响力。某些政治地理学者，如都市政治地理学者，在这方面大有作为，他们影响着城市的规划和决策。然而，一旦上升到全球尺度，情况却大相径庭，古典地缘政治学糟糕且不光彩的历史迫使政治地理学者一直试图回避这一问题，这极大地限制了政治地理学的学术输出。

尽管古典地缘政治的影响仍然挥之不去，近年来我们仍然见证了一系列新地缘政治学的诞生，包括马克思主义政治地理学、批判地缘政治学和女性主义地缘政治学。这些研究者都在努力寻找政治地理学为国家机构服务之外的学术意义。政治地理学扩大学术影响的关键在于与其他社会科学的理论建立联系，包括政治科学、人类学、经济学等。而在古典地缘政治学以外的、不同形式的地缘政治学的出现则为此提供了契机。

那么，政治地理学能否成为一门政策科学？有些人可能会说不能，我们不能再次回到豪斯霍费尔、麦金德的古典地缘政治时代。但在事实上，政治地理学已经是一门政策科学了。在西方，政府开始招聘大学毕业的地理学者，如果他们掌握地理信息系统（GIS）技术，就更容易被军队和情报机构聘用。通过分析卫星图像，他们可以对巡航导弹的前端进行编程，使其能够从两侧的地形跟踪目标。这同以前分析国家应该做什么的政治地理学并不相同，但无疑也会产生深刻的政治影响。情报机构则通常聘请地理学者为区域分析师。政治地理学的意义一度是保证国家在战争中获胜，而现在看来，我们似乎并未摆脱这一传统。

那么，政治地理学能否成为一门非国家中心主义的政策科学呢？我们正在努力避免政治地理学成为一门促进国家间相互竞争并最终引发战争的政策科学，但是否会带来另一种结果呢？我不能确定。一门非国家的乃至国际的政策科学究竟会是什么样子，现在还没有明确的答案。当我们提到"政策"

一词，仍会首先联想到国家政策。

如前所述，西方政治地理学界已经发展出一系列新的分支。政治地理学可以进行分析性的研究，你可以成为区域分析师，或者对巡航导弹进行编程；政治地理学也可以进行规范性的研究，你可以成为批判地缘政治学者，不热衷于谈论国家权力，并希望打破地理和战争之间的联系；你也可以成为女性主义地缘政治学者，强调弱者和边缘化群体的需求。然而，政治地理学是否需要关注现实议题？其超出学科范畴的学科贡献又在哪里？政治地理学是否应该致力于构建和平的地方、区域和国家间关系？这是你我都需要思考的问题。我们有必要考虑学术研究的服务对象是谁，而不仅仅是面向学者进行研究。我们需要将研究成果与服务对象的需求充分结合起来，这样才可能走出古典地缘政治给政治地理学带来的阴影。

以上便是我试图提出的研究框架，这并非唯一的框架，仅供大家参考借鉴。谢谢！

问答环节

提问1：首先感谢弗林特教授。我对您提到的西方对政治地理学的观点有些疑问，为什么他们认为政治地理学是消极的。诚然，在人类历史上确实存在一些罪恶，像是德国的卡尔·豪斯霍费尔利用地缘政治学给世界带来灾难。但是我认为学科及学科的知识是中立的，政治地理学也同样。我不明白，地理学家会因为规划导弹袭击事件而受到指责，但是我们都知道，化学或者物理学知识被用来制造武器，造成大量死伤，却没有人批评化学家或者物理学家。

弗林特：好的，非常好的问题，谢谢。事实上，有些科学家像物理学家或化学家同样对学科在武器制造中的作用持批评态度。但他们是少数，因为很多研究都是受到国防相关资金驱动的，大部分学者从中受益。一个重要的原因当然是（人文）地理学是一门社会科学，也会随着时代的变化而变化，正如社会科学思维的变化一样。在19世纪晚期到20世纪早期，也就是古典地缘政治时期，几乎所有的社会科学都被地理决定论的观点所驱动。因此，不仅是地理学，其他所有社会科学基本都受到了批评。卡尔·豪斯霍费尔的著作在改变西方社会学、思考地理问题上确实产生过非常重要的影响，但为什么恰恰是政治地理学/地缘政治学受到了最多指责？我认为这与"二战"的宣传电影不无关系。这并不公平，因为"二战"后，人们事实上还在研究地缘政治，有政治地理研究背景的人仍在为政府工作，尽管他们在名义上并不是政治地理学者。为政府工作并不意味着他们是战争机器的一部分或者实际上是在推广战争机器。关键是，古典地缘政治学者与他们并无二致，他们的确向政府部门传授政治地理知识，但并没有直接干预政策制定。当然，如今全球政治的巨大变化正在破除这种关于政治地理的陈旧观念，这是一个好的趋势。

提问2：我有一个问题，您怎么看待中美贸易摩擦，里面是不是包含政治地理的因素？

弗林特：当然是的，明天我会详细谈到这一问题。我看待世界的方式把经济和政治联系在了一起，世界的运作方式更像是一个政治－经济框架，政策很大程度上是建立在经济实力的基础上的。美国如此行动的动机便在于中国是一个特殊的制造大国，在不久的将来会向高端产品制造转型。

提问3：在讲座中您提到，在分析问题时我们需要忽略自己的国家身份，那么，在这种情况下，我们要怎么看待国家行动呢？尤其是当一些国家的行为有明确的政治目的时候？

弗林特：让我提醒一下，我在开头说过，这是一个全球性的问题，也是一个历史性的问题。政治地理学者传统的思维方式便是国家本位的，在讲座中我也提到，我们想要彻底摆脱"国家中心主义"的限制几乎是不可能的。但我们不应回避这一问题，现在需要思考的是，一个国家对另一个国家采取行动的多重意义，同一政治行为对不同行动主体会带来何种不同的影响。我们应该思考作为不同身份承担的不同角色。

提问4：您刚才提到很多政治地理思想对政府决策有很大的影响，那么，它们如何才能影响决策呢？

弗林特：在古典地缘政治时期，政治地理学家的一些重要观点一度成为决定国家政策的关键要素。后来它们遭到唾弃，消失在国际政治的舞台。如今尽管"新"政治地理学有所发展，但始终没有直面政策应用的问题，而诸如罗伯特·卡普兰这样的学者使我们又回到了古典地缘政治的一些旧观点。政治地理学必须提出某种替代古典地缘政治理论的理论，才有可能破除这样的困境。

第四讲 "一带一路"面面观
——政治地理学视角

科林·弗林特（Colin Flint） 美国犹他州立大学

科林·弗林特教授详细阐述了不同政治地理学者看待"一带一路"倡议的差异。他首先列举了不同学者观察和研究世界的多种不同方式，包括不同的地理尺度、不同的空间要素、不同的空间相互作用过程、看待自然与社会的不同观点以及不同的研究目的等，并辅以一系列生动的实例，以加深对其的理解。在此基础上，弗林特教授划分出当代地缘政治想象、马克思主义政治地理、批判政治地理、女性主义政治地理等几种各异的政治地理视角，并对其各自的思想观点展开了简要的评述。这些研究视角具有一个共同特征，即都关注政治与空间的相互建构过程。据此，弗林特教授全面审视了不同类型政治地理学者眼中"一带一路"倡议的本质，进而指出政治地理视角下研究议题的多样性，"一带一路"的发展过程中可能会面临国家间竞争、地理不均衡发展、自然环境变迁等丰富的政治地理话题，为政治地理学带来广阔的发展空间。

非常感谢墨菲教授，也非常感谢刘云刚教授再次邀请我来到广州，这是我三年来第三次来到中山大学。回到这里，我看到了许多熟悉的面孔，感受到了你们的热情，这是非常美妙的经历。首先我想赞扬你们的勇气。其一，你们勇于选择政治地理学这样一个很具挑战性的研究课题；其二，政治地理学是一个政治意味很强的研究课题，当你选择研究政治地理学，也就意味着你踏入了政治领域，这是一个勇敢的举动。在明天晚上的讲座中，我会更多地谈及政治地理研究中的政治话题。接下来，我将在一定程度上回应墨菲教授刚刚讲授的内容，与大家一起认识什么是政治地理学，以及如何将政治地理学的知识应用到"一带一路"的研究中。换句话说，我将分析如何从不

同的政治地理学视角，如政治与经济的联系、人与自然的关系来认识、思考"一带一路"倡议，并提出一些问题和思考的方向。在深入探讨之前，我们需要明确，"一带一路"究竟是不是一个政治地理课题。在我看来，"一带一路"倡议包含了政治和经济的相互交织，以及由经济流、经济网络带来各种各样的领域效应（territorial impacts）；此外，地区力量平衡与全球力量平衡之间也存在一定的联系。因此，"一带一路"是一个政治地理/地缘政治课题。

现在你已决心成为一名政治地理学者，下一步你需要思考，你要成为什么样的政治地理学者，以及你打算以什么样的方式去探索这个世界。墨菲教授提到，在过去，对某个问题的研究往往只有一种居于主导地位的方法或角度。如果你是一名政治地理学者，你会感到非常无趣和沮丧，因为大家都在用非常相似的思路和方法研究政治地理，所有人的观点如出一辙。但如今政治地理学正向多元化发展，政治地理学者们能够运用多种多样的角度思考问题。

那么，什么叫作"看待世界"？比如现在，我可以说我太高，也可以说这个麦克风太矮，这就是看待同一件事情的两种不同方式。它太小了或者我太大了，这是两种不同的方式。我想表达的是，以不同的方式看待世界，意味着采用不同的理论框架去探究现实世界中的各种变化。这是非常重要的，因为不同的理论框架会决定你开展研究的分析单元，从而对政治行为的动机做出不同的假设，这些单元包括个体、城市、省（州）乃至国家。

如果你是墨菲教授提到的那种传统的地缘政治学者，那么你会从国家视角来看待政治行为，你会发现国家与国家间存在竞争。但如果你从经济的视角以城市为单位研究问题，你看到的世界将是合作的而非竞争的。城市渴望互动，渴望便捷的高铁、航空等交通联系。这个友好合作的世界，与刚刚提到的竞争的世界，其实是同一个世界。但正因为你选取的研究理论框架不同，你所看到的人们的行为动机也不相同，你对世界的认知也会不同。基于你选择的研究框架与看待世界的方式，你会提出不同形式的政治研究课题，例如国家间的军事斗争，人们在信仰、性别、种族、宗教等方面的社会行为等。尽管这限制了你的研究范围，但我们做研究的目的正是为了简化这个世界，我们不可能将世界上发生的所有细枝末节都展现出来。在给定的时间里，我们只能在特定框架下展开研究，这样才能得出有意义的结论。

首先我们来看不同的研究尺度。我的导师、知名政治地理学家皮特·泰勒（Peter Taylor）在写作 *Political Geography：World-Economy，Nation-State，and Locality*（《政治地理学：世界—经济、民族—国家与地方》）时，运用的理论框架就是"尺度"。跨尺度分析很好地解释了为什么人们的生活条件不同，为什么有的人很富裕而有的人很贫穷。泰勒把这个问题与世界经济、国家和地方的角色联系起来。他的论述大大激发了我的研究兴趣，促使我成为一名政治地理学者。但就像墨菲教授提到的，到目前为止，政治地理学者的视角主要集中在小尺度而非大尺度上，尤其是个体的尺度，如女性主义地缘政治学等。然而，把这些尺度串联起来是很有意义的。想想当下，我们生活在如此现代化的时代，有手机，可以轻松飞越太平洋，能收看NBA赛事，但当今世界仍有奴隶贸易存在。试着思考"奴隶"这个话题，根据你看待这个话题的方式，你有可能会重点关注与个体相关的问题：对一个不幸被奴役的人而言，这一切意味着什么？他们所遭受的奴役与身体伤害、迫不得已的奴隶身份，以及其他种种暴力，对他们来说这些都意味着什么？这是看待奴隶问题的一种视角。换个视角也可以认为，这反映了现代世界中严重的不平等问题，反映了富人和穷人间严重不平等的现象，这种观察是基于全球尺度的。你既可以关注国家，也可以关注奴隶运输所依托的地方网络，而你所关注的特定尺度决定了你如何看待这个世界。需要重申的是，看待世界的方式不存在对错。但有一点要记住：不同的尺度是相互关联的。

看待世界的方式也可以取决于你想要强调的空间特性。有人更关注世界的领域性、地方的边界如何划分；也有人更关注人类活动中的联系与网络；也许还有人更关注相关联的尺度，居住在广州的城市社区与城中村社区的人们，他们同时也身处"一带一路"倡议的进程中，为中国、为世界带来变革。看待世界的方式还可以从某个特定的改变世界的进程切入，比如经济进程、政治进程、文化进程，或是环境进程等。这些都是你将面临的选择，你需要"有所取"：我该关注什么？也需要"有所舍"：我不去关注什么？

当你还是一名学生时，你会咨询你的导师，无论你在世界上哪一所高校，无论你处于哪个时代，无论你在哪一个国家，无论你学习哪一个学科，情况都是类似的。第一种情况通常是好事。你的导师可能会说，我非常高兴你对这一话题产生兴趣，但这个话题太大了，你想做的太多了。在完成如此宏大的目标之前，我希望你就一个小得多的问题展开你的论文。为了得到问题的答案，我们需要从某个更小的角度观察世界，因而不得不将某些其他要素排除在外。另一种情况经常发生在论文写作过程中，你可能发现其他人已经做过类似的工作。但不必担忧，你总会找到一种方式展开你的研究，使其有异于前人所做的研究。

以上都是我们看待世界的各种视角，包括不同的尺度、不同的进程……此外，我们看待自然的不同观点也深刻影响着我们看待世界的方式。人们一度认为自然世界独立于人类活动而存在，但如今地理学以及其他社会科学领域的"自然"概念已经发生了极大的改变。在地缘政治学发展的第一阶段，也就是墨菲教授提到的自然主义阶段，自然被视作固定不变的，带有明确的决定论色彩：自然环境决定了人类的政治行为。如今的政治地理学者已不再固守这一成见，而将自然环境视作社会建构的产物。"一带一路"倡议便是很好的例子，它深刻改变着自然世界对人类活动的限制。今年夏季，我带着我的学生从美国犹他州来到中国云南省昆明市，考察了这里的基础设施建设。这里有世界上跨度最大的单跨悬索桥，我们行走在这条跨越深谷的桥梁上，切身体验到人类活动对自然带来的改变。随着基础设施的发展，自然环境对人类活动的限制发生了彻底的转变。

接下来这个问题有些棘手，但非常重要。前面我已经说过，你们决心研究政治是非常勇敢的。那么，作为政治地理学者，你们肩负着怎样的责任呢？你可能会说，我只是为了得到一份工作。然而，你们看待世界的方式、分析世界的范式，以及展开论述的形式，乃至你的研究所服务的对象，都具有深刻的政治意味。因此，我们必须思考身为政治地理学者的责任。我的下一个讲座将会进一步论述政治地理学的过去，正是由于缺乏对上述问题的考虑，政治地理学的发展才遇到了诸多瓶颈。迄今为止，大部分政治地理研究都属于规范性（normative）研究，究竟是好是坏，留待稍后讨论。我在这里强调的是这些政治地理学者的研究方式,他们(先验性地)① 相信世界应当呈现出与当下不同的秩序,一种他们认为理所应当的秩序,譬如希望美国变得更加强大,保持世界霸主地位,等等。他们观察世界的方式引导了其研究取向。除此之外,边界安全和难民、经济移民的迁移也是政治地理学的研究议题。许多学者不满于边界对难民迁移造成的限制,并认为有必要促成更大规模的难民迁移。但他们并没有对这一行为的正负面作用展开充分的讨论,因而这类研究属于规范性研究。

那么,政治地理学能否进行分析性(analytical)研究呢?一些学者认为,尽管做到完全客观是不可能的,但政治地理学者可以试图尽量以客观的眼光看待世界。化学家的工作方式是,站在实验台前,将两种化学物质放到一起观察会发生何种反应。我们会认为他正在进行客观的研究。政治地理学者也需要如此。这是否可能,留待以后讨论。

第三种研究取向认为,我们可以根据具体的地理条件提出有针对性的政策建议,这类研究是诊断性(prescriptive)研究。一些学者会认为,只要经过仔细的探索和检验,研究者做到足够客观,一项研究就可以被认为是好的研究,而从事这一研究的学者就可以成为该领域的专家。如果人们听从学者们的建议,世界将变得更加美好,因为他们有能力做出切实可行的政策指导。之后的讲座,我会继续讨论政治地理学能否成为诊断性科学。

到目前为止,我们探讨的都是不同的空间观念,这也是地理学者最为熟悉和擅长的。然而,我们身处不断变化的世界中,尤其是我们将要探讨的"一带一路"倡议,它是一项转变性的工程(a transformative project),因而时间也是我们不得不考虑的要素。作为地理学者,我们会对空间单元进行仔细的思考和分析,考虑究竟在地方尺度、区域尺度还是其他尺度进行研究,进而观察其时序变化。但我们通常不会对时间单位进行考察。我们不仅仅有"客观"的历法,也存在"美国世纪""中国世纪"的说法,因此,时间仍然是人工建构的产物。如何选定研究的时间跨度,是一个具有挑战性也非常有趣的问题。

接下来我们来看看人们如何看待"一带一路"倡议的内涵和意图。之前我同我的好友兼同事张晓通教授共同发表了一篇文章,全面综述了国际学界对"一带一路"倡议的看法。大多数西方评论家是透过当代地缘政治想象(modern geopolitical imagination,MGI)来观察"一带一路"倡议的。他们多是古典地缘政治学者,诸如罗伯特·卡普兰(Robert Kaplan)等。他们

---

① 编译者加。

采用现实主义研究路径，视（主权）国家为世界的基本组成的单位，认为国家之间是相互竞争的关系。由于这种根深蒂固的当代地缘政治想象，他们通常将"一带一路"倡议视作一种威胁，认为其代表了国家间的竞争行为。但也有政治地理学者试图摆脱当代地缘政治想象，挑战以上主流观点，并希望提供不同的观察视角。

我将这些异于主流认知的观点大致分解为三个基本类型，分别是马克思主义、批判主义和女性主义。它们可以对应到墨菲教授提到的政治地理学发展的第三个乃至第四个时期。

地理学界目前存在两种马克思主义方法，其中一种关注资本主义如何带来了空间差异，以及资本运作中地方或区域的建构、发展和衰落的过程，这一研究领域由戴维·哈维（David Harvey）领衔。戴维·哈维是一位非常重要且具有广泛影响力的地理学家。他追随卡尔·马克思的脚步，强调地理因素在资本流动中的重要性。资本家投资并生产商品以获取收益。在这一过程中，他们将空间生产塑造为独特的地方。眼下，广州便是这样一种地方。在特定时间内，资本家将资本固定在广州，这有利于其收益的最大化。但问题是，地方并不具备以利润最大化的方式固定资本的能力。这就是当下广州与底特律的不同之处。作为举世闻名的"汽车城"，底特律也曾高度发达，是资本高度集聚地，但它最终面临破产的厄运。一旦地方发生改变，繁荣也将不复存在。第二种马克思主义地理学方法是世界体系分析方法，这也是我目前从事的工作。世界体系分析仍然讨论资本运作，但上升到全球层面，强调富裕地区与贫穷地区之间具有紧密的全球联系。只有将广州与全球性的资本主义世界经济联系起来，才能理解广州当前的经济增长；只有将不同富裕程度的地区联系到一起，才能理解为何某些地区摆脱了贫穷。上述两种马克思主义地理学方法具有千丝万缕的联系，但遗憾的是两者严重缺乏交流。

第二种类型是批判地缘政治学。正如墨菲教授提到的，批判地缘政治学是政治地理学的一个新兴分支，它脱胎于社会科学的后现代主义和后结构主义传统，重视对话语和表征进行解构。它不将各种表征视为理所当然，而是不断质疑和挑战它们。这种方法认为特定的表征都隐含了特定的权力关系，同时，事物的表征都体现了特定的政治目的。譬如，美国新保守主义政治家会根据其政治目的去建构特定的伊斯兰、伊朗表征。不仅话语背后隐含了政治，话语的运用本身也是政治性的。基于此，杰森·迪特默（Jason Dittmer）① 开拓了流行地缘政治的研究领域。一旦你成为一名政治地理学者，你会发现生活中政治地理无处不在。每当你打开电视机或者去电影院观看电影，无论你是享受它还是批判它，都会自觉不自觉地进行政治评判，因为你在消费着地缘政治表征。

第三种类型是女性主义地缘政治学。正如墨菲教授所言，相较于我所从事的自上而下的世界体系分析，女性主义地缘政治学深入个人尺度，它构建了一种自下而上的世界观，非常有趣，但也更为错综复杂。自上而下的分析方法会首先建构一个理论模型，因此，会事先对特定地方、特定人群的特征进行假设，最后通过事实检验其是否符合理论模型。但女性主义学者通常直接从特定人群入手。女性主义地缘政治学包含多种多样的议题，包括性别、种族、宗教等；且不仅仅关怀女性，而是包括各种边缘化群体。女性主义学者通常会和这些人群共同生活一段时间，通过观察乃至亲身体验他们的生活经历，理解其身处的权力关系网络，从而增进对事物的理解。不论批判地缘政治学还是女性主义地缘政治学，两者都深受米歇尔·福柯（Michel Foucault）著作的影响，都对不同的政治过程如何将不同人群塑造为不同主体这一问题进行探讨。米歇尔·福柯引导我们思考，什么样的特质才会在政治过程（即主体化过程）中被定义为好的特质（如好的战士、好的公民），而我们又应该为谁的政治利益服务。

通过以上分析可知，政治地理学者包含多种多样的类型，但他们仍具备一个共同特征，即都关注政治与空间的相互建构过程。政治地理学者笃信，如果不认真研究空间，就无法理解政治，因为特定的政治过程由特定的空间塑造；同样，如果不将特定空间视作特定政治过程的产物，也无法真正理解空间。比如说，要研究民族主义政治，我们就需要将其与领域国家的空间联系起来。

那么，不同的政治地理学者如何理解"一带一路"倡议中空间与政治的相互建构过程呢？如果从人地（人类-自然）关系的视角看待"一带一路"倡议，你会看到"一带一路"沿线的基础设施建设也会改变当地的自

---

① 杰森·迪特默（Jason Dittmer），英国伦敦大学学院教授，现担任 Social & Cultural Geography 书评版面主编，Political Geography、Professional Geographer、The Comics Grid: Journal of Comics Scholarship、Turkish Journal of Human Geography 编委会成员。杰森·迪特默曾就读于杰克逊维尔大学政治科学与国际研究学专业、佛罗里达州立大学国际关系学专业。他的研究兴趣集中在两个方面：一是不同国家间的物质联系，二是从流行地缘政治角度考察与军事和核试验有关的遗迹。他早期的研究成果在美国地理学家协会会刊、英国皇家地理协会会刊、人文地理研究进展等顶级期刊发表，受到英国外交和联邦事务部（FCO）、联合国教科文组织（UNESCO）等机构的重视。

然环境。如果你是一位女性主义地缘政治学者，你会更加关注"一带一路"倡议对个人带来的影响。中国主导的贸易网络如今已经延伸到偏远的非洲国家，它将如何改变一位非洲农民的女儿的生活，这便是你面临的研究问题。

总结来说，从不同的视角出发，政治地理学者的责任是多种多样的。你可以从全球地缘政治出发，探讨经济竞争中的赢家和输家；也可以从个人身份出发，关注"一带一路"倡议给一位非洲农民的女儿所带来的发展机遇；甚至可以从人地关系出发，探讨穿越喜马拉雅山脉同时穿越中亚的基础设施工程带来的自然环境变迁。总之，政治地理学包含丰富的研究问题，具有广阔的发展空间。

问答环节

提问：非常感谢弗林特教授的精彩演讲。我是来自剑桥大学的肖超伟。我有两个问题。第一个问题是，您在讲座中提到地缘政治学和政治地理学两个概念，那么，两者的区别在哪里？第二个问题是，我们知道，许多政治学系的学者也在谈论和研究地缘政治和政治地理，那么，政治学者和地理学者眼中的地缘政治/政治地理又有哪些不同之处？

弗林特：非常好的问题，我认为这两个问题非常相似。几年前我同亚历山大·墨菲教授一起造访伊朗，当地的博士生也通过邮件询问过我同样的问题，引发了我的持续思考。后来，我在当地学术会议的主旨报告便以此为主题。这个问题非常难以回答，乍一看地缘政治学和政治地理学似乎没有什么区别，两者研究的都是空间和政治的相互建构。政治地理学研究我们如何创造空间，以实现政治目的。那么，地缘政治学呢？带着这个问题，我写了一本名为 *Introduction to Geopolitics*（《地缘政治学概论》）的教材。尽管这本教材仍然没有给出地缘政治的确切定义，但明确了如下观点：地缘政治学关注的是国际尺度的社会与空间的相互建构过程。也就是说，地缘政治学和政治地理学的区别在于研究的尺度。但这并不意味着地缘政治学完全不关注个人、地方尺度的政治，世界体系分析方法关注的就是不同尺度共同组成的整体体系。然而，地缘政治时常被出版物、媒体误用，被当作国际政治的代名词。因此，当我们使用"地缘政治"一词时，我们一定要仔细思考它究竟意味着什么，因为站在不同的观察视角，其强调的方面也有所不同。这也使得这一问题变得更加错综复杂。

第五讲 "一带一路"倡议中的地缘政治学

科林·弗林特（Colin Flint） 美国犹他州立大学

弗林特教授首先回顾了地缘政治学曾经的狂热发展阶段。在对比几个经典解释后，他提出了自己对地缘政治的定义，即：在国际或全球层面上争夺对地理实体的控制权，以及利用这些地理实体谋求政治利益。他指出，地缘政治包含了两层含义，一是空间和政治的相互建构，二是从自然地理实体到社会建构的实体。弗林特教授认为，很多地缘政治学家忽视了学科中"地"（geo-）的部分，并指出在地缘政治学中存在六个"地"要素（6 geo's），即地缘结构（geostructural）、地缘战略（geostrategic）、地理环境（geophysical）、地缘制度（geoinstitutional）、地缘尺度（geoscalar）和地缘呈现（georepresentations）。接下来，弗林特教授将这六个要素置于世界体系的大背景中，与"一带一路"倡议结合讨论。他认为，"一带一路"倡议与地缘政治学息息相关。在"一带一路"的议题上，我们应该从不同的角度看待权力这一概念，多尺度地看待领域化问题。同时，在权力更迭的进程的大背景下，结合核心—边缘理论，我们可以更好地认识与理解"一带一路"倡议。最后，弗林特教授提到，中国在近几十年来发展迅猛，经济增长迅速，这些变化也往往容易带来冲突，"一带一路"倡议在促进融合的同时也面临着挑战。

大家好，很荣幸为大家带来这场讲座。在这场讲座中，与其介绍一些其他人都讲过的内容，或者是政治地理学的研究方法，我更愿意来谈谈自己独特的研究框架。我并不是要否定这些已有的研究，而是想向你们展示我理解世界的独特的方式。我想强调的是，研究政治地理学有很多不同的思路，也就是说，可以从不同的视角去审视世界。在讲座间歇，我和墨菲教授交流时说到，在上一场讲座中我选择讨论这个话题的原因之一是，我希望可以立足

全球进行思考。当你们开始研究时会发现，由于各地区的差异，思考全球化下的地缘政治是一件非常困难的事情。这对我来说也是一项挑战。所以，我应该如何去做呢？我真正在试图去做的是，提供一种启发性的方式去思考全球化、国际政治，人们在对竞争的现代想象的驱使下所形成的有关冲突的主导言论，以及哪些冲突无法避免。

地缘政治这个概念在学术界之外从未得到定义。我们经常可以看到，媒体往往会用"地缘政治"的概念去解释市场中的油价上升。这些话语表达了什么？常见的情况是，这产生于一种非常古老的地理思维，即认为地理是如山川、大海等永久不变的事物。昨天我提到，我们需要在对"政治地理学是什么"有更广义理解的基础上去理解政治。政治地理学现在被理解为一种政治和空间的相互建构，或者说是政治在单元空间的建构，即任何政治活动都会创造出特定的空间，创造出特定空间是一种政治行为。美国在太平洋上行使海权也是一种政治和空间的相互建构。因此，我们需要去挑战这种观念，用不同的方式去理解地缘政治。

对我来说，"一带一路"倡议是地缘政治的一种形式，因为其包含了不同的空间和政治建构。我们可以将"一带一路"倡议视为一种非常有趣的政治地理形式，因为其关注中国和泰国、英国以及捷克共和国等世界各国之间特定的领域空间，这是其中一种地理形式。当然，同时其也是政治在空间中建构的网络形式，具体可以体现在道路网络、管道网络、计算机网络和照明网络等上。研究这些领域和网络的相互作用是一个非常有趣的政治地理议题。还有一种空间政治形式是尺度。昆明位于中国的云南省境内,在"一带一路"倡议中作为连接东南亚国家的中心,形成一个更大的类似于湄公河三角洲的区域,并对印度洋区域乃至全球产生影响。

研究"一带一路"倡议中的基础设施是非常重要的。基础设施一般被认为是经济地理学家的关注对象,但其同样具有跨越边界、连接甚至忽视某些国家的特征,这是非常典型的政治地理学议题。许多古典地缘政治学的理论都是关于基础设施的,比如麦金德(Mackinder)的"心脏地带理论"、马汉(Mahan)的"海权论"、杜黑(Douhet)的"空权论"等。麦金德的理论尽管根植于地理决定论,但其实强调的是社会建构,他考虑的是基础设施建设可以连接内陆(或者说"陆权")和海洋,即是说,动态的社会变化和基础设施的建设发展会促使地缘关系发生改变。和过去一样,当前基础设施的发展重新引起了政治地理学者的广泛关注。然而,古典地缘政治学一度助推了第二次世界大战。因此,地缘政治学在全球的回暖虽然让我开心,但也让我感到忧虑。

那么,什么是地缘政治?索尔·科恩(Saul Cohen)将其定义为:潜在(underlying)于国际关系中引导(guiding)政治交往的地理因素。他在这里用了"潜在"和"引导"来形容地理因素,试图强调地理是重要的,同时不是决定性的。杰奥夫雷·帕克(Geoffrey Parker)说:"从空间或地理中心的视角进行的国际问题研究……对整体的理解是其最终目标和理由。"其有趣之处在于从整体进行理解。在某种程度上,地缘政治需要提供的是一个更大的视角,一个全球视角。

接下来是我对地缘政治的定义,这又回到了你们昨天的问题。区分地缘政治学(geopolitics)和所谓的政治地理学(political geography)的确非常困难,在此我不打算进行明确区分。我将其理解为空间,或者说地理实体(geographical entities)与政治的互相建构。我这里的地理实体不仅仅指领域,还包括尺度和网络。对这些实体的控制与否形成了政治?当然,我在政治地理学研究中引入了全球尺度,为了将其和类似于"政治地理学就是西方民主选举地理的研究"那种定义区分开。这种研究经常被认为是政治地理学而非地缘政治学,因为它的研究范围在一个国家内部,而不是国际尺度。又比如说城市发展的政治学可能被视为政治地理学,而不是地缘政治学。但我们不可能只在国家尺度内讨论城镇化、城镇化率,这不仅仅是发生在国家内部的事情,而且受全球经济发展驱动的影响。如你所见,我们越来越难定义什么是"国际"的,什么不是。

现在大部分政治地理学家是如何看待世界的？在西方的政治地理学界，"或然性"（contingent）和"具体性"（specific）是两个非常常见的词。就像墨菲教授昨天提到的那样，在政治地理学的研究中，即使是一个国家，也会被视为或然的。例如朝鲜，我们不能将南北朝鲜视为一个固定或永久的事物，其有可能会重新合并，是人们和各种制度"创造"或使其"成为"（南北）朝鲜。我的研究视角想要反抗这种主流的或然性和具体性。因此，我想要着眼大局，就像杰奥夫雷·帕克的定义中说的，"全局"（whole）或者说"国际视野"（international scene）。当然，这又回到了我们之前说到的话题。因为之前的古典地缘政治学都"关注全局"，所以现在想要这么做，会面临一些问题。我必须努力建立框架去解释什么是全球尺度下的地缘政治学，同时，要避免被认为是麦金德的翻版。这无疑是一个挑战。另一个挑战是，由于地理决定论和环境决定论的负面形象，已有的政治地理学家提出的全球框架常常会"忘了"地理。现在的很多地理学者在某些程度上是很糟糕的，因为他们不了解世界基本的地理概况。

那么，我们应该如何让地理要素回归呢？这个世界上有很多物质形态，比如山脉、河流和大海。我们的确需要解释社会是如何运转的，但也需要将地理因素纳入其中。我在此提出地缘政治中的六个"地缘"（geo-）要素。这六个要素是你们在认识地缘政治学时要考虑的内容，它们分别是地缘结构（geostructural）、地缘战略（geostrategic）、地理环境（geophysical）、地缘制度（geoinstitutional）、地缘尺度（geoscalar）和地缘再现（georepresentations）。

我看待这个世界的方式在很大程度上和世界经济体系，或者说经济全球化联系在一起。全球化的形成可以追溯到 14 世纪 50 年代，它建立在原本相对平等的全球经济基础上，并逐渐加大了这个体系中财富的不均等。因此，如果想理解政治，必须在全球经济的背景下进行考虑。但是我们不要忘了地缘政治的根源——国家战略。如前所述，一些政府官员可能是训练有素的政治地理学家，因为他们需要进行军事、政治方面的考虑，考虑不同领域之间的关系，识别危险或者通过控制领域来应对威胁。我们同样需要认识到地理环境的存在，它们可以是制约，可以用来产生阻碍。事实上，"一带一路"倡议所做的，就是打破原本巨大的地理障碍，以建立或利用已有的连接，如高速公路、湄公河通道等。

我们尝试控制空间，控制地理要素，控制地理实体，建立各种机构来实现控制，建立各种各样的权力关系。北大西洋公约组织在大西洋地区建立了某种形式的军事力量，旨在抗衡某种政治权力。全球形势会对特定的人产生强烈的影响，让部分人富裕且富有权力，也让部分人贫穷而弱势。这些全球图景的大格局是如何形成的呢？它们不是凭空产生的，而是来自一些政治行为。那么，谁是这些行为的主导者呢？是人。人们通过分裂运动（separatist movements）建立新的国家，通过成为良好公民来维持国家的存在。所以我们必须考虑不同的尺度，大至全球尺度，小至个人尺度。另一方面，从批判地缘政治的角度，世界是通过一系列地缘再现而形成的，谁是我们的朋友？谁又是我们的敌人？会出现什么样的风险？和平地区也好，危险地区也罢，种种这些都是地缘再现的形式，都属于地缘政治的要素，它们聚集在一起。我的大局视野建立在我昨天所讲内容的基础之上，它与世界体系分析相联系。这些观点主要是由社会学家伊曼纽尔·沃勒斯坦（Immanuel Wallerstein）提出，可以追溯到杰奥夫雷·帕克关于"什么是政治地理"的言论，他希望看到全局的大图景。那么，什么是全局？学者安德烈·冈德·弗兰克（Andre Gunder Frank）曾说，我们要分析整体，而不是其各部分的加总，以解释其任何一部分的发展。如果我们想要理解中国的贸易政策，或认识中美之间基于贸易政策所产生的摩擦，那么我们必须将中国的经济政策放在全球经济的大格局中来理解，必须从中国在世界经济中的地位和变化轨迹的关系出发来看待这些问题。

那么，世界体系分析由哪些内容构成？这是一个不平等的世界。资本主义世界经济包含一系列核心过程，即通过生产商品、提供服务等方式创造高额利润的经济活动，比如国际银行、高端制造业等。另外也包括边缘过程，一些不会产生大量利润的经济活动。这些经济活动发生在各种不同的地方。比如在中国，你可以在城市地区看到这些核心过程的运作，例如北京核心金融区、广州商务区等；也可以在中国的其他地方看到一些边缘过程。这是遍布世界各地的、全球性的地理现象。这就是地缘政治，它同时与政治和经济产生关系。因为这些过程发生在特定的地方，聚集在特定的国家，所以各个国家都希望同中国一样做出改变，以使其大部分的经济过程都纳入这些利润很高的核心过程之中。

地缘政治中的权力，包括领域权力和经济权力两种形式。谁控制了领域，谁就有能力控制西太平洋；经济权力与这些不平等息息相关。这两种权力会随时间而产生变化，与强权政治有关。这就提到了"霸权"（hegemony）一词。我知道在中国人的理解中，这个词有非常不一样的含义，但在西方学术界的理解中，尤其是在世界体系的理解中，霸权力量是最强大的力量。霸权国家是走在发展前沿，掌握经济核心过程的国家。这些国家通过制造业发展壮大，从而在贸易中占据主导地位；且由于这样的贸易角色，其货币流通也在全球占据主导地位。因此，在世界体系分析中，"霸权"主要指代一种经济权力。这一观点最终指向的是,通过掌控这些经济活动,一些权力主体会不断发展变得强大,但也会逐渐衰退。在19世纪,掌控核心过程最成功的国家是英国,它达到了权力的鼎盛,但后来,它失去了这种权力,最终引发了一场漫长的全球战争。那也是古典地缘政治学最流行、影响力最大的时期。

那么,我们应该如何从地缘政治学的视角理解"一带一路"倡议?回顾基础设施在过去地缘政治变革中扮演的角色,我不禁思考,在这样一个——用学术概念来表达的话——霸权更迭的时代,"一带一路"倡议究竟会带来什么?为什么美国会如此害怕?因为美国正在失去"二战"后所掌握的经济权。世界处于变化之中,很多人在变化中迷失自己,所以他们抗拒改变。于我而言,"一带一路"倡议最有趣的部分在于,其如何将一些特定的地方连接起来,这些地方都是核心过程的发生场所,开展高端经济活动并产生高额利润。"一带一路"倡议是中国西部大开发战略延伸的一部分,也是其国际合作拓展的一方面。例如,现在我们可以通过输油管将石油从印度洋经过缅甸运输到其他地方,也可以在中国吃到来自缅甸的水果,这使得核心与边缘之间建立了联系。美国学术界认为,"一带一路"倡议会形成一个经济发展模式,并且其他国家会跟随效仿。它推出了一个新做法,发展了一套新制度,展示了互动的新模式。我想要强调的是,我们能否在"一带一路"倡议中看到这些不同的地缘因素?如果能,那能否就此认为"一带一路"倡议就是一个地缘政治的课题?答案当然是肯定的。

在我看来,经济发展不均衡也是"一带一路"的一部分。缅甸是世界上贫穷的国家,必须大量出口石油和天然气(以赚取外汇),为其他类型的经济发展(比如目前的中国经济)提供能源支持。谈到地缘战略,《金融时报》评论道,这些管道大大降低了中国对从中东和非洲出发、经过马六甲海峡远航的油轮的依赖性。关于地理环境,澳大利亚政治学学者大卫·布鲁斯特(David Brewster)提出了一个新颖的观点。他认为,"一带一路"倡议是非常具有变革性的,因为在这个区域,由于喜马拉雅山脉的物理阻挡,亚欧大陆(东部)地区与印度洋地区曾经确实是隔离的,而"一带一路"首次将这两个不同的战略区域联系起来。尽管这个说法我暂时还不完全认同,但这仍体现出自然地理也是可以富有变革力的,具有丰富的战略意义。

再来看地缘制度方面,"一带一路"倡议正在建立各种不同的制度。亚洲基础设施投资银行(The Asian Infrastructure Investment Bank,AIIB)就是一个很好的例子。你将不仅仅是一位中国公民,还会是"一带一路"背景下整个系统的组成部分,你所拥有的机会、进行互动的方式,个体的行为将大大改变你和其他个体,将很可能对整个"一带一路"沿线地区产生影响。毫无疑问,这样的行为、这样的形式就是政治地理,任何事物都可以成为"一带一路"倡议的一部分,它正在改变我们的行为方式。

当然,"一带一路"倡议有多种地缘再现,其中许多是经济项目,如关于经济的互动与合作、南南合作互惠等。通过理解这六个不同的地缘要素,我们可以重新思考"地理",从宏观的角度来思考全球地缘政治,而非陷入古典地缘政治的窠臼中。在这里,我们可以抛开民族主义的视角,来构建一个分析框架。

最后,如果你仍旧怀有"'一带一路'倡议与地缘政治无关"的想法,那么我建议你看看这句话。这句话出自墨菲教授昨天提到的地理学者艾赛亚·鲍曼(Isaiah Bowman)的书 *The New World: Problems in Political Geography*(《新世界:政治地理学的研究问题》)中的第一段文字。当你阅读这句话的时候,我希望你这么做:当你看到"农业"这个词时,一律把它替换成"制造业";当读到"美国"这个词时,一律把它换成"中国"。原话是:"随着美国农业生产和城市人口的快速增长,美国的对外贸易已达到惊人的规模。这一过程虽然不是刚刚出现,但近年来明显加快。'一战'以来,美国的对外投资增加了四倍,对外贸易翻了一番,并成为十六个欧洲国家的债权国。"在书里,鲍曼看到了一个变革中的美国。当时,美国的生产规模如此之大,需要全球参与合作才能维持生产正常运作,美国国内消费力并不足以满足和推动美国的经济活动正常运行,所以美国需要实现全球化,将商品销售至全球。在这个过程中,美国不仅成为世界生产中心,还成为贸易大国,甚至成为欧洲国家的债权国。这有没有让你联想起什么?这是否令你对当今世界正在发生的一些事情产生熟悉感?中国的制造业正在推动世界发展,正在促进中国的贸易,正在促使中国成为债权国。这些改变一定推动了你们生活质量和发展机遇的提升。

问答环节

提问1:我想问个问题。有学者认为每个国家都应该以自身利益为先,但当代政治地理学的发展使我们看到应该具有国际视野,不应固守民族主义。如果我们从传统政治地理学的观点来看,"一带一路"倡议会让中国受益;而从当代西方政治地理学的观点来看,"一带一路"加剧了国家间的竞争。您认为是否如此?

弗林特:如果我们通过历史发展的脉络进行梳理,会得出一个令人悲哀的结论：国家权力更替往往意味着全球冲突的到来。19世纪末，随着英国经济实力的弱化和德国、日本、美国的崛起，这些后起大国的国际交往不断加强，经济贸易不断扩大，构成全球经济高度互动的时期。然而，随之而来的便是全球冲突的时期。"一战"后的国家经济权力重组重蹈覆辙，非但没有带来真正的和平，反而为"二战"埋下了祸端。

这是一个非常重要的警示，当前中国也处在一个类似的时期，我们必须小心谨慎。中国处于上升的阶段，而西方国家的处境似乎开始变得艰难，这样中国与西方对话难免会发生冲突。如果我们意识到这段历史，我们就可以尝试更多有效的对话。当然，我认为我在政治上看到了很多变化，在中国仍有很多前景值得期待。

提问2：我有一个问题。数百年来，似乎形成了一种模式，世界权力中心从发达国家向发展中国家传递。是否有方法破除这种从北到南的规律？

弗林特：这个问题很好。有两点使我对"一带一路"倡议产生兴趣。第一个是遗留问题：国家竞争会产生怎样的后果？就像我们过去看到的，可能会导致战争。第二点就是你刚刚提出的，很高兴你可以提出来。回到我采用的世界体系分析框架，我们生活在这个资本主义世界经济体系中，这必然是不平等的，这种结构上的地理关系还会继续存在。在某种程度上，资本主义世界经济体系的内在特性将保持不变。

我对"一带一路"的倡议第一反应是，一些国家有可能受到市场波动的影响。诚如我们所见，土耳其已经发生了货币危机并可能蔓延到其他国家。我担心如果这种情况真的发生了，这些新兴市场国家真的遭受了损失，这将证明世界体系分析的观点是正确的。当然，如果这些情况能够避免，新的贸易关系能够得以建立，"一带一路"或许会带来理论的革新，但现在论之还为时尚早。

第二部分 政治地理学的前沿探索

第六讲　地缘政治、生活空间与政治地理学

刘云刚　中山大学

　　刘云刚教授的讲座题为"地缘政治、生活空间与政治地理学"。通过梳理西方政治地理学发展谱系，刘教授提出西方政治地理学研究尺度走向复合化、研究视角和方法走向多元化、研究主题转向人文化，而研究目的也更加学术化，即由面向政策应用转变为面向知识贡献。他进一步提出应对中国政治地理学的外生性特征进行反思，在此基础上加强对中国古代传统政治地理思想及西方政治地理学理论源头的梳理，以增强国内研究的内生性。最后，刘教授构建出中国政治地理学研究的议题框架，涵盖地缘政治、新世界秩序、政区地理、移民政治和都市政治等方面。

刘建忠：下面由刘云刚教授为我们带来报告。刘云刚教授是我国政治地理学研究和地缘关系研究的青年才俊，在我国政治地理学的发展中起了重要作用。此次论坛作为系列活动的第三届，对推动学科建设产生了积极的影响。刘云刚教授带来的报告题为"地缘政治、生活空间与政治地理学"。大家欢迎。

刘云刚：首先再次欢迎各位老师、各位同学的到来。我今天的报告题目是对本专场的一个回应。之前的题目不是这个，但后来发现没有专家系统阐述地缘关系、生活空间与政治地理学的关系，所以想将我自己的研究和感受与大家分享。

首先，下图是2009年我在《人文地理》杂志上发表的一篇文章中对西方政治地理学脉络谱系的梳理。

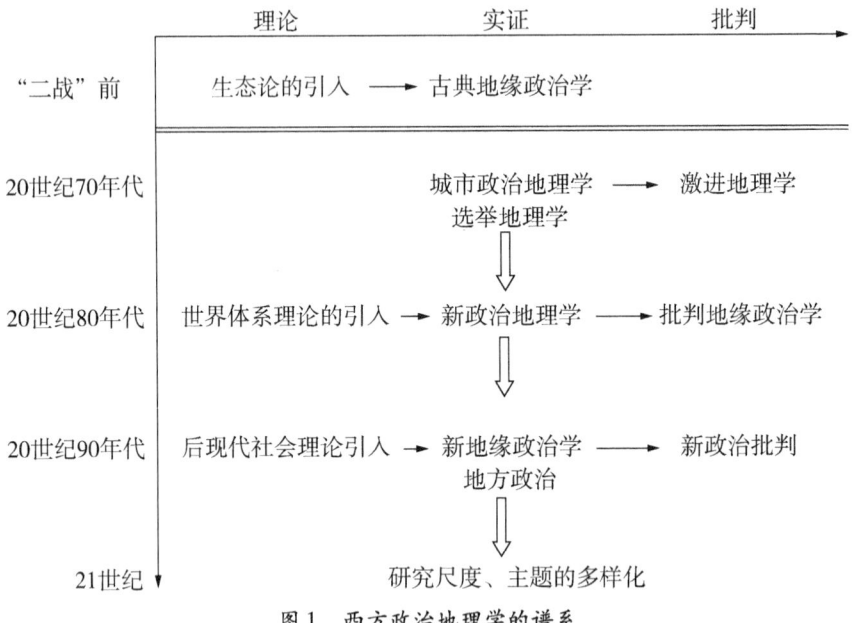

图1 西方政治地理学的谱系

来源：刘云刚. 中国政治地理学研究展望 [J]. 人文地理，2009，24（2）：12-16，28.

墨菲教授前面讲了整个政治地理学发展的脉络。20世纪初拉采尔写了《人文地理学》之后，又写了《政治地理学》一书，首次提出了"政治地理学"的概念。这一概念被契伦借用并形成了"地缘政治"的概念。此后，"地缘政治"概念开始流行，并将达尔文进化论中提到的"物竞天择，适者生存"的理念应用到国家层面，形成了古典地缘政治学科，直到"二战"德国战败，它都是当时影响非常大的应用领域。可见，古典地缘政治源于政治地理。

"二战"之后,"地缘政治"成为一个反动词汇,被称为"恶学",所以相关领域的研究者改变了自己的研究尺度,集中于城市等小尺度的研究。当时正值美越战争,在美国国内、欧洲内部都有大量民权运动。这种状态使得当时的城市政治地理、选举地理在比较安全的小尺度范围内得以萌芽、发展。现在看来,这其实是当时从事地缘政治研究的学者迫不得已的转型。当时,伴随着社会运动和马克思主义的流行,出现了激进学派,部分政治地理学者参与其中。而古典地缘政治学由于被禁止,其成果几近销匿。20世纪60年代,美国地理学会主席哈特形容政治地理学为"一潭死水"。他们通过计量地理学的方式做了诸如国力分析等,尝试去引导政治地理学的发展,但学界反响平平。

1982年,在牛津大学执教的教师中,以皮特·泰勒(Peter Taylor)为首成立了一个叫作"世界政治地图专业委员会"的组织。第二年创立了如今的 *Political Geography* 期刊。那时,传统政治地理学者皆已年迈,而年轻的学者多数并不专门从事此项研究。皮特·泰勒创造性地使用了沃勒斯坦的"世界体系"理论,即只有一个真实的世界,它并不是划分为中国、美国、德国等个体的,而是一个整体的世界,每个人都受到国家意识形态的影响,世界由此形成多尺度的空间结构。个人意识与国家意识会影响你对世界的判断,形成了三个圈层的世界认知,即世界经济是真实的,世界体系是真实运行的。这样,任何一个现象其实都可以解读为多尺度的,由此形成了新政治地理学,它将之前的古典地缘政治研究和城市政治地理学都统一到一个框架下,研究是相通的,只是各个分支的研究出发点不同。1982年出版了《政治地理学》第一版教材,这本教材存在的一个很大难题就是如何说明原来的地缘政治内容。后来,由奥利克林创造了"批判地缘政治"的新说法,将原来的地缘政治研究主题以批判的视角重新拉回政治地理研究框架下。

20世纪90年代之后,后现代社会理论开始引入地理学,相关研究迎来社会学转向。地缘政治研究也出现了转变,研究不再聚焦于如何应用地缘政治理论服务于国家、战争等,而是更多地与权力结合在一起,用来揭示知识的生产、知识背后的权力支配,揭示空间背后的权力运作原理。基于此形成了一批新的建构性研究,如美国的霸权主义、地图的研究,就像我们以前认为地图是客观的,但现在很多研究说明地图中蕴含了主观导向等。在这诸多的新研究领域中,滋生出三个重要分支:女性主义地缘政治、环境地缘政治以及地方政治。后者认为每个地方的地方特性会形成一定的权力,多应用于新区域地理学的研究中,比如英国对老工业基地衰退的研究,它提出衰退背后不仅有经济、自然的原因，还有很多政治的原因等。至此，形成了现在的政治地理学的内容。事实上，很多研究是割裂的，很多欧美的政治地理学者不愿意提及古典地缘政治的概念。

经过与西方学者的几次交流，我发现他们对中国学者提及地缘政治时的态度很是吃惊，他们认为当提到这个词时应该有种历史罪恶感。今年 IGU 政治地理学会议的主题叫"建设面向和平的政治地理学"，可见欧美政治地理学者们在极力推动这个学科的转变。所以，我们在之后的交流中应该注意，尽量少提这个词或用其他词代替，理解西方学者对古典地缘政治的批判。从个人的角度看，我是希望学者的研究能够尽量客观，尽量与战争分隔开，不然，即使像豪斯霍费尔那样在地缘政治史上留名了，也要背负沉重的历史罪名。通过梳理可以发现这一学科的复杂性，出身很辉煌但名声也很不好。当我们回顾历史，能够很容易地发现政治地理与地缘政治的区别，但事实上又很难定义，这就要求我们从中国的视角认识它、解读它。

以上是西方政治地理学的脉络，对应地，中国政治地理的发展也有一个脉络。首先，我们从西方政治地理学中学到很多思想、方法和理论。最早在 20 世纪二三十年代就有很多海外归来的学者翻译了西方地缘政治的著作。20 世纪 50 年代至 80 年代出现一个断层，20 世纪 80 年代之后又开始引进著作。50 年代之后，中国的研究基本与西方世界的研究脱节了，当时的西方学界已经与传统的地缘政治分道扬镳了。传统地缘政治研究中面向政策的部分由高校转移到了政策机构，即部分为政府提供政策咨询的机构仍沿用传统的地缘政治研究方法的成果，而学术研究已经剥离了这部分主题。所以，我们在 2000 年左右引入的部分地缘政治研究的成果其实主要内容还是以"二战"前或 20 世纪 70 年代前的地缘政治研究成果为主，还有一些做地缘政治咨询的"智库"成果的翻译，而不是高校中的学术研究部分。这部分内容近年来十分红火，涌现出大量翻译作品。

其次是地缘经济分析，其中把地缘政治作为一个影响因素来分析。事实上，很多论文研究的是国家之间的地理环境、地理条件对国家之间的影响，其实也就是地缘政治分析，或可称之为"地缘政治经济研究"，这部分有大量基于调查的实证研究。

第三部分是新政治地理学，这是一个新创的名词。近年来西方研究的最新潮流开始被引入国内，许多年轻学者开始探讨西方成果与中国应用之间的辩证关系。由于研究者并没有完全的政治地理研究背景，而多是以文化地理、经济地理、行政管理等学科为基础，因此成果内容比较杂烩。

总的来说，中国政治地理学研究成果可以分为两类，一是外文翻译，二是其他领域相关成果的衍生，散布于各个专业的讨论之中而没有被放到统一的政治地理学研究框架下。我这几年的努力就是试图将这些看似零散的研究放到一起并提供一个讨论的平台。随着我们政治地理学系列活动的持续举办，相信能够对我国开展相关研究的学者们产生积极影响。

通过对西方政治地理学的发展进行总结，可以发现它的四大特点。

第一，研究尺度的多元化和复合化，由单尺度向多尺度、复合尺度研究发展。这个特征在世界体系形成之后越来越明显。之后的研究多引用这种跨尺度的方式，虽然国家仍是诸多研究的主体，但研究对象可以小到教室中的人，甚至可以是身体（body）。

第二，研究视角和方法的多元化，由单一的经验式研究、单一的科学实证向主观和客观相结合、实证与批判相结合的综合方法转变。"破与立"的方法还是很有趣的。

第三，研究主题的人文化，由主要关注自然因素的影响（生态论）向主要关注人文因素的影响（批判社会理论）转变。

第四，研究目的的学术化，由主要面向政策应用（外交军事政策、城市政策）向面向知识贡献（现象解释）转变。这一点上，西方学术界努力与政策划清界线，而中国学术界则积极为国家政策建言献策，这种差别还是很明显的。

这其中，研究尺度的多元化是最显著的一个特点，也是政治地理学区别于其他分支学科的主要特征。

通过对中国政治地理学发展的反思可以发现，在我国，古典地缘政治和地缘经济的研究形成了目前大家认为的地缘政治研究的主流，还有部分对西方新政治地理研究的引入，可以称之为"新政治地理学"。此外，还有一部分我们实际开展的政治地理学研究，但这部分研究的话语体系与政治地理学的话语体系难以融合，造成论文的发表、认可都比较受限。实际上，我们中国有一套自己的政治地理话语体系，包括现当代的思想，如农村包围城市、三个世界、"一带一路"倡议等，这部分研究的理论化是不足的。所以总体来看，当下中国的政治地理学研究是外源性、古典地缘政治主导的。

过分依赖外源理论会产生两大方面的问题：

第一，延续古典地缘政治思维解决国家间政治问题，片面强调本国利益，强化零和博弈的思维。比如，西方古典地缘政治词汇多是与带血的历史联系起来的，当我们用西方的词汇来阐述中国的社会时，就容易产生曲解与误会，被认为中国正在走向新帝国主义，企图掠夺全球资源。因为西方学者无法理解中国思想中的"心怀天下苍生"的想法，我们用的是他们的概念，他们自然而然地将我们的想法通过类比和想象带入西方情境中。

第二，由于社会和制度结构差异，过分依赖外源理论会导致西方政治地理议题"水土不服"，特别是实证做得比较深的城市地理学方面。我自己也用过一些企业主义、城市政体、增长政治等理论来解释中国发展中的现象，后来发现很多理论是有预设"政府是恶的"，政府不应该参与到发展过程中。所以为了发表论文，我们会提到政府参与导致的诸多问题。但实际上，在现实中，各国政府参与都是非常正常的事。

那么，如何引导之后的政治地理学走向良好的发展方向呢？一是要和内生的政治地理研究结合起来；二是要回归政治地理的源头，理解政治地理研究最主要的内核，而不要被之后政治地理的各种波动现象所迷惑。

解决之道一：挖掘内生概念和思想。内生思想包括历史记载的中国传统政治地理思想，以及现当代国家领导人或决策者的政治地理（地缘政治）实践。内生思想以东方传统易学为哲学基础，与西方达尔文主义不同，它强调二元关系的转化、相生相依，认为所有东西都是不断转化的，你中有我，我中有你，处于不断循环之中。而西方以生态论和环境决定论为基础，你就是你，我就是我，强调生存竞争、资源争夺和零和博弈。这是东西方思维的差异，如孙中山先生提到过"西方讲霸道，东方讲王道"，西方讲治，东方讲和，东方讲和治天下，边界是不清晰的，西方讲划界，领土界线一定要清晰。所以，第一步，我们可以将这些内生概念导入现有的政治地理知识体系中，这样我们未来的研究成果会更加接地气，比如华夷之辨与西方的民族主义比较，中国的地方区划与西方选举地理的比较，中国对国力、户籍与西方普查的比较，这些思想如果能够相互融合，那么学术思想将会得到进一步提升。

中国的内生政治地理思想值得借鉴，但一直面临两个尚待攻破的难题。

一是理论化难题。几千年来，政治地理思想家和学者主要为皇帝或国家提供决策咨询，是依赖于特定历史时期和特殊历史事实的、高度具体和实用的"方略"，理论化水平较低。如苏秦、张仪"合纵连横"之说，往往只告诉你应该怎么做，而不说明这样做的背后原理。受限于历史、地理条件，古代思想家经常会出现意见相左的观点，受史料的限制，后世也难以考证，成为难以证伪的命题。

二是学术话语霸权困境。一方面，东西方对治国安邦理政本身存在认知差异，使东西方的学术议题难以对接；另一方面，学术领域存在学术霸权，如东方主义或西方主义。因此，"一带一路"想要走向世界，就必须结合西方学术体系，自说自话是不行的。解决这些问题是比较难的，但是也有迹可循，比如中国的"户口""单位"等不再使用翻译，而是原原本本转化过去，这样反而更容易让西方学者理解。基于此，政治地理学的主要议题可以从以下方面着手。一是地缘政治，权力空间的国家视角，东西方对国家领土、边界等概念的认知差别，需要建立新的地缘政治的理念，西方的新地缘政治学、批判地缘政治也需要学习；二是新世界秩序，权力空间的多维视角需要理解新的世界秩序，包括世界城市体系、能源政治、气候变化、新地缘经济等；三是政区地理，中央—地方关系的地理视角，这一部分我们有丰富的历史经验和基础，比如定都问题、区划调整问题，像雄安新区；四是移民政治，流动性与属地性研究越来越多、越来越重要，存在一个资源属地性与人口流动性的矛盾，进而产生民主、公民、移民、公民权、民族主义等多方面研究，比如广州的黑人群体，这是一个跨尺度的、多国界的治理议题；五是都市政治，社会治理的地理视角，包括都市政治、选举地理、基层治理等，是20世纪70年代研究的延伸；六是政治地理学研究前沿的理论、方法与课题，比如恐怖主义、大数据等。

　　解决之道二：回归学科研究最核心的概念。这个概念是什么呢？我认为是生活空间，从源头接轨来解决理论对接的问题。根据自身特征，重新认识政治地理学的属性、领域，确立学科的基本概念和方法，进而建立可与西方政治地理学比较对话的研究体系。拉采尔在《政治地理学》中提到人类在不断的迁徙过程中如何立足，在不断流动、竞争、冲突的过程中形成了自己的"生存空间"，德文是Lebensraum，如果将人类看作自然界的一部分，人类在自然界的生存、定居、迁徙（移动）过程，必将投射于大地之上，形成人类的（不同尺度的）生存空间（生活空间）。生活空间论因为在"二战"中被作为纳粹侵略战争的依据（地缘政治学），在战后被遗弃。"二战"后，这一概念发生了转化，"生活空间"的概念在日本得到提倡，是指人们生活的空间及其扩展范围，在规划上则使用"生活圈"的概念。这一概念对应的就是中文中的"地盘"，因而地盘应该成为政治地理研究的核心概念，而不是国家，国家只是地盘在一种尺度上的表现。生活空间是人类在地球上维持正常生活的基本空间，是人权的空间投影。生活空间是有边界、有范围的，是人类个体和集体之间相互协调作用下的空间划分结果。生活空间是地理的、历史的、动态的，也是文化的，是一个个体和一个民族用来书写历史的基础。对接到西方政治地理的理论中，生活空间/地盘的分割产生"领域"（territory），生活空间/地盘的认同产生"地方"（place）。人类大地因此就是不同尺度生活空间/地盘的马赛克，是生活空间/地盘的集合。

问答环节

刘建忠：感谢刘老师的报告，针对这几天我们的疑问进行了回应，使我们了解为什么这些概念会有不同，以及其发展的特定历史背景是怎样的。另一方面，政治地理学具有一定的社会属性，西方理论的演变脉络是非常有趣的，比如自由主义、新自由主义、批判自由主义，在纯汉语的语境下是很难适应的，但在英语语境下就非常容易理解了。类似地，政治地理学、新政治地理学、批判地缘政治学等，在中文语境下也是比较难理解的，需要将它放到学科体系发展的历史中。下面看一下大家有什么问题。

提问1：老师您好！我是来自云南大学的学生，之前的研究是历史方向的，现在是国际关系方向，主要在做"一带一路"与南亚国际关系的研究。涉及话语体系是比较困难的，很多概念我们以为提出是没有问题的，现在一看，在东西方理解上还是存在很多差异的。想问老师，您有没有什么想法能合理宣传"一带一路"呢？

刘云刚：这个说来话长。我去年和今年做过两次"一带一路"倡议与政治地理学的报告，我的想法是，"一带一路"倡议为中国重新构建政治地理学，为学科应用提供了一个很好的平台。用现有理念解释"一带一路"是很难解释得通的，反过来用中国话语解释西方又很难理解。现在首先可以做的，一是海外园区的研究，二是边境的研究，通过这些摸索性的研究做一些经验总结。比如中国人在海外建园区与西方不同，西方是通过给当地建公共设施而在当地取得一定的好评，再建园区，雇用当地人，和当地取得紧密的联系，实施投资。中国人则主要是两种方法，一是找当地政府，二是找当地华侨。和华侨联手，马上能建立企业，产业链进去直接能够生产，实际上，"一带一路"倡议形成的是华侨网络。"一带一路"的建设更像是一个企业行为。这方面有很多很有意思的新话题，如我们建立瓜达尔港的模式与之前英国的模式也十分不同，是属于中国人自己的模式。

提问2：第一个问题是，国际上有没有"生活空间质量"的概念？这个研究涉及两方面，一是可进入性和社区资源的普及水平，二是可获性，是基于空间机会的平等。那么，怎么从空间正义的角度理解生活空间的逻辑？

刘云刚：如我刚才所讲，生活空间面对的是人口流动性和资源属地性之间的矛盾，什么是公共资源、非公共资源，公共资源是如何进行分配的，比如绿地、球场，布局原理是怎样的，按人口密度布局的话，外来人口如何参与到资源的分配与使用中，相应地会衍生出一系列主题。

第七讲 超越人类的地理学
——基于政治生态的考量

朱竑 华南师范大学

朱竑教授的讲座题目是"超越人类的地理学——基于政治生态的考量"。在讲座中，朱竑教授从五个部分介绍了超越人类地理学的研究起源及其未来的发展趋势。第一部分，超越人类地理学理论起源于 20 世纪 90 年代在西方地理学界流行的"后人类主义"（post-humanism）。第二部分，超越人类地理学的概念内涵，超越人类地理学是指超出人类范畴的地理学，或者说是不仅仅以人类为中心的地理学。第三部分，研究内容及趋势。研究内容主要涉及新动物地理学与自然保护、城市社会文化与政治生态、物质与商品经济、身体与生命健康研究、气候变化与环境问题五个方面。第四部分为超越人类的地理学领域中的政治生态学研究，涉及强调非人类能动性对特定政治经济组合的活力与反抗、野生动物保护的生命政治、气候变化与环境问题。第五部分，为朱竑教授及其团队近期相关研究。朱竑教授以案例的方式向同学们系统并逐层深入地介绍了其团队的实证研究。最后，朱竑教授建议学者们打破学科限制，关注研究问题本身，并鼓励同学们开展交叉学科的研究。

从早期的环境决定论到"大跃进"时期的"人定胜天"，是从一个极端到了另一个极端。1978 年以来，我们经历了 40 年的快速工业化。重新审视当下，我们发现：第一，人类没有想象的那样强大；第二，人类与自然的关系永远是一个问题的两个方面，你对自然的伤害有多大，它会用同量级甚至加倍的方式来回报你。因此，我们可以看到，当工业化让一个区域的环境污染恶劣到一定程度以后，人类要用更加巨量的付出换回曾经拥有过的蓝天、白云以及干净的食物、水和土壤。在这个视角下，我们看到，在很多区域，

人可能不是唯一重要的主体。例如，在西双版纳野生大象自然保护区，大象才是主角；在熊猫国家公园里，熊猫才是主角。

超越人类的地理学（More-than-human Geographies，MTHG）是牛津大学 Sarah Whatmore 教授提出的一个概念。这一概念的出现与 20 世纪 90 年代在西方地理学流行的"后人类主义"（post-humanism）相关。超越人类的地理学认为，人类主体已经无法被看作离散、独立的主体，通过人类与非人类的关系，学者们把人类重新定义为"混合实体"（hybrid entities）。通过观察新文化地理学唯物主义转向和超越人类的地理学之间的关系，我们可以看到，当前人们正在加强对"地球"与"生命"之间重要联结的思考。超越人类的地理学将地理学与生物哲学结合在一起，并结合科学研究方法与非表征理论，弱化了科学与哲学理论的表征功能，强调其本身具有积极的实践功能，从而将理论作为一种实践的技艺、一种对世界的干预。

超越人类的地理学实际上是指超出人类范畴的地理学，或者说是不仅仅以人类为中心的地理学。这一概念有三个主要的特点：第一是探索人与非人类构成的集合体；第二是承认非人的能动性，认为应该重新思考人们的实践与制定道德、政治原则的方式的关系；第三是提倡研究者应该参与其研究对象所处的世界，进行非表征研究。以鳄鱼为例，传统动物地理学只是研究动物的分布，比如它们在哪些地方出现。对于同一问题，超越人类的地理学关注鳄鱼是如何被培育的，以及被宰杀后，它们的皮被做成皮带、皮包，在不同的背景下流通。因此，超越人类的地理学的研究视角完全不同。

超越人类的地理学主要受到三个理论流派的影响，分别是行动者网络理论、生机论与生物哲学以及非表征理论。其理论源起如表1所示。

表1　MTHG 理论源起

主要流派	核心观点	对 MTHG 的影响
科学研究（science studies），行动者网络理论（ANT）	①打破社会与自然、主客体间的二元论；②认为非人类也具有能动性（网络与关系效应）；③不能将研究对象孤立地看待	①关注非人类的能动性，反思非人类能动者所具有的政治与伦理意义；②跳出划分等级、简单归类的思维惯性，关注构成世界的人与非人的"集合体"
生机论（vitalism）与生物哲学（biophilosophy）	①生物具有的独特生命与活力；②尊重多元生命形态与物质存在；③认为时间与空间是关联的，世界每时每刻都处于生成之中	①启发 MTHG 对动物的研究兴趣；②提供了一种特殊时空想象；③地理学者通过研究而参与创造世界
非表征理论（non-representational theory）	①挑战表征与建构主义；②追求尽可能地呈现而非再现世界；③关注人与非人对世界的共同创造	①为 MTHG 在实践中接近非人类主体提供了方法指导；②学会接受非人类的影响（learning to be affected），学会如何与之共生

我们利用 CiteSpace 软件对近20年来 MTHG 领域的相关论文进行研究热点分析，发现相关文献主要涉及的核心关键词有"动物地理""自然保护""生物技术""城市""空间""生命安全""政治生态""物质性""社会文化""政治经济""气候变化"等。

根据研究热点分析以及对相关文献的阅读与梳理，我们整理出 MTHG 的五个主要研究议题：新动物地理学与自然保护、城市社会文化与政治生态、物质与商品经济、身体与生命健康研究、气候变化与环境问题。这些研究既不完全属于自然地理学，也不完全属于人文地理学。可以发现，超越人类的地理学有助于打通自然地理学与人文地理学研究之间的隔阂。

下面我们先讨论政治生态学。

政治生态学是一个相对较新的跨学科领域，这一领域最初是通过结合文化生态学与政治经济学发展起来的。政治生态学的主要观点是，生态问题是社会和政治问题，而不是技术或管理问题，因此，需要一个理论来分析环境变化所包含的复杂的社会、经济和政治关系。Robbins将政治生态学的研究领域分为环境变迁与边缘化、环境冲突、自然保育与控制，以及环境认同与社会运动四个方面。四个研究主题均与自然资源的"冲突"问题密切相关，体现了自然情境中多元行动者的"协商"与"抵抗"。

具体来看，政治生态学首先比较关注权力运作、身份政治和自然资源获取不平等的问题。比如对草原地区、干旱地区的水资源获取权力方面的研究。其次是关注资本主义、治理与微观政治如何限制人、自然和地方三者的关系。我们可以在城市里的很多区域开展这一视角的研究，比如在市场，不同的摊位会获取不同的效益；又如在城市广场，不同广场舞团队在城市广场享受公共空间的时候会产生一定的冲突。最后是通过对人类—环境关系的政治经济学分析，密切关注权力对自然资源利用和管理的影响。下面我将介绍几个典型的传统政治生态学研究案例。

第一个案例是森林保护区和地方的冲突。作为地球"绿肺"，森林的保护在世界范围内历来都备受瞩目。然而，在具象的地方情境下，设立保护区（protect area）这种看似符合可持续发展要求的做法似乎并不能全然被地方居民接受。

典型的案例是在多米尼加共和国埃瓦诺韦德森林保护区的冲突，这一案例很好地展现了地方居民与保护机构在"领域"这一概念理解上的显著差异。在国家与非政府组织（NGO）自上而下主导的保护区化过程中，森林成为大众化的公共景观，而这一过程却忽视了人与森林原有的相处方式，因此，遭到地方居民旷日持久的抵抗，偷伐、纵火等过激行为持续发生，森林保育濒临失败。

第二个案例聚焦于水资源、水权以及关于水治理的政策。这些都是传统政治生态领域最为关注的话题，研究主要围绕不平衡的权力主体如何针对水资源的可进入性和管理权而展开的争夺，以及在这一过程中所产生的冲突与协商。

在中国南方生活的人，对于水资源的稀缺性没有太大体会，而在华北平原、热带和干旱地区的人们对于水资源的重要性会有深刻的体会。三年前，我在澳大利亚学习，奥特兰兹有一条河，位于这条河上游、中游、下游不同区域的人，每年可以从河流里使用多少水资源都有严格的界定。但当地有一个鼓励的办法，如果你是在上游种葡萄，假如原来使用的水资源是500吨，后来通过引进新的节水抗旱品种，只需要200吨水，那么节约的300吨就可以放在交易平台用于交易，这是一个非常好的方法。

接下来给大家展示第三个案例。美国加利福尼亚州政府为了保证农业发展灌溉的用水需求，修建了沙斯塔大坝。上游有一些象征地方祖先记忆与宗教信仰的神圣空间因大坝的修建被淹没，当地土著部落的地方情感被断裂，由此引发土著部落大规模的自下而上的抗议。

从上面几个案例可以发现，政治生态学的研究具有以下鲜明特征：多尺度分析、政治经济分析、历史分析、民族志分析、话语分析，并关注生态问题。政治生态学作为一个跨学科的研究领域，在发展过程中，从早期关注人类行动者、农村和第三世界的研究，扩展到了新的研究背景和新的理论与哲学研究领域。MTHG 的思想与方法被广泛运用到政治生态学研究中。由于研究现象的复杂性和跨学科的特征，无法用单一的方法论或某一组理论概念定义政治生态学研究。但 MTHG 领域中的政治生态学研究主要关注三个方面：城市政治生态研究、野生动物保护的生命政治、气候变化与环境问题。

城市政治生态学是政治生态学的最新研究趋势之一。近年来，受到快速城市化和全球贸易加速扩大的影响，城市政治生态学的研究得到了很大的发展。城市政治生态学把城市环境描述为社会和自然的混合产物。城市发展需要投入大量资本和劳动力，但其发展仍然与非人类自然相关联，并依赖于非人类自然。因此，不能将非人类自然排除在政治生态学研究范围之外，城市政治生态学除了研究人，还研究人所生存的环境。在城市政治生态学领域内，MTHG 的方法引起了学者们极大的兴趣。

城市生态学研究者认为，城市生态的形成过程亦是 MTH 行动者作为独特的物质—政治实体呈现的过程。非人类不是简单的"重返"城市，而是作为城市政治生态的一部分，构成了城市集合体本身。这启发了地理学者对城市空间的形成机制进行新的思考。下面给大家介绍几个研究案例。

案例 1：研究者利用在伦敦举办的城市步行活动"苔藓视野"（moss-eye view），从非人类"苔藓"的角度来理解城市的形成。该研究认为，城市中的苔藓是有感知能力的、非人类的城市能量的交换者和参与者，它对伦敦城市的形成过程具有意义。

案例 2：Kaika 和 Swyngedouw 的研究结合行动者网络理论（ANT）和政治经济理论，研究了（水、气、电、信息）技术网络在城市功能中的经济和社会作用，并进一步探讨了其文化、思想和审美作用。例如，19 世纪中叶存在供水和卫生服务的宏伟建筑，但在现代社会，它们已经转变为隐藏在城市结构之下的、有效地阻止洪水泛滥的埋设系统。布劳恩也认为，城市生态学家应该密切关注水的特性及其如何影响城市社会空间的发展。

同时，MTHG 批判性地参与了政治生态问题的探讨，强调非人类能动性对特定政治经济组合的活力与反抗。

案例3：Braun 研究了 SARS 病毒在国际旅行系统中的传播过程。SARS 病毒 10～12 天的潜伏期使受感染的个体能够在症状被发现之前穿越全球，从而将病毒传播给其他人。该研究强调了疾病的传播是如何使人们注意到城市中人和非人生命的复杂交织关系。

另外，还有一些研究关注在低收入国家农业体系病毒滋生的过程中，政治、市场和生态学之间复杂的相互作用。

案例4：Hinchliffe 和 Bingham 跟踪了禽流感（H5N1）和猪流感（H1N1）等动物性流行病是如何通过隔离、疫苗接种、治疗和监测等活动影响人类生活的。禽流感暴发促使政府下令扑杀城市中饲养的家禽，对这些家禽以及依赖它们获得收益的家庭造成了巨大的影响。Braun 表示，类似禽流感这样的人畜共同患病的流行病的暴发，提示人们需要进行注重人类与非人类生命深刻交织的城市学研究。

接下来是 MTHG 领域中政治生态学研究的第二个方面：野生动物保护的生命政治。20 世纪 90 年代中期的新动物地理学受新文化地理学、环境伦理学的影响，强调动物与人类一样具有主体性和能动性，能够与人类一起构建地方。研究案例地大多集中于城市——人类与非人类动物持续循环流动和居住的混合空间，并由此探索城市空间中居住的动物的个体差异及其与人类和环境的复杂纠缠。MTHG 认为，自然也并非独立于人文社会之外，而是人与非人相互纠缠的混杂空间。近年来，许多野生动物保护方面的研究利用福柯的生命权力理论，探索了非人类的生命政治。

案例1 的研究对象是流浪猫。作者通过将半结构化的访谈结果与近 20 个流浪猫聚居区的实地观察结果做对比，指出人类对流浪猫的话语建构与流浪猫实际的生活经验存在区别。通过观察猫的行为过程、对空间的利用，探讨流浪猫的地方营造（place-making）实践，理解其能动性如何通过猫与猫、猫与人类及环境之间的关系来运作，以及流浪猫如何发展对地方的依恋。

案例2 是发表于 *Geoforum* 上的一篇文章，作者借鉴福柯的生命权力理论，利用参与式观察法，对三种哺乳动物的不同空间实践进行了追踪。研究发现，不同动物的空间活动会影响人类的经济利益，因此被划分为"有益"或"有害"，从而被保护政策纳入或排斥，成为政治主体或客体。该研究认为野生动物保护是通过不同行动者主体、不同动机与世界观的人与非人共同合作产生的，并探索了野生动物保护实践中生命政治的多样性。

第三个方面是气候变化与环境问题。最近中国科学院启动了一个三极（即北极、南极和青藏高原）项目的专项，经费是 15 亿元，领衔的都是我们地理学家，如秦大河、姚檀栋。在今年延边人文地理学年会上，秦大河先生在现场呼吁，三极的研究应有人文地理学者的参与。过去，自然地理学的研究通过关注几十万年以来冰心内部所蕴含的碳-14、孢粉等来还原历史时期的环境变化。今天，全球变暖和人类越来越剧烈的活动对三极产生了巨大的影响。因此，从自然地理学家的视角来看，关注人类对三极的影响是非常必要的。

在"人类世"（Anthropocene）背景下，MTHG最新的一些研究开始关注传统意义上被视为自然地理学领域的大气、水文、地球物理系统等形式的非人类实体。注重事件发生过程中人与非人类如何共同构成行动者网络，以及如何从研究实践中寻求可能的解决办法。

"人类世"一词产生于全球性环境问题日益突出的背景之下，意指人类活动也是一种重要的地质营力，其对地球改造的程度与后果足以与传统意义上的地质营力（地震、造山运动等）产生的影响相匹敌。当前许多"人类世"研究集中在地质地貌研究上，由于跨学科的研究视角，MTHG对环境问题的研究也涉及"人类世"的概念。

案例1：当今时代的气候变化问题是一个由超出气候的，包括话语、官僚机构和文本以及大气中的气体等组合而成的混合的集合体。采取一种细致入微的方法，更深入地了解人类和非人类相互牵连、易受气候变化影响的复杂集合体，或将有利于应对气候变化所带来的挑战。

案例2：澳大利亚目前肉类和奶制品行业的集约化生产模式主要是为了延续现有的政治经济，而缺乏对养牛业生产所带来的严重生态问题的有效回应。应该重新思考畜牧业中人与非人类的关系，建立创造性的消费对策，发展可替代的商品，从而为解决环境问题提供更有效的方法。

以上案例展示了MTHG对地理学家重新思考社会、文化、政治与经济等一些较为传统的领域所提供的新启发。MTHG最近的一些研究涉及两个新领域，一方面是对人类的身体与生命健康的关注，另一方面则是对地球环境与"人类世"的思考。

我们团队在相关话题方面也进行了一定的探索，以下是我们的几个研究的概况。

第一个研究是关于红木家具的研究。红木是全世界最贵的木头，巴西、老挝、印度，以及非洲砍伐下来的红木都被运到广东中山一个叫"大涌"的河堤上。这些红木早期一立方是六七万元，到现在都是天价。这些最贵的木头到了中国以后，又在设计师、消费者、工匠、市场共同的建构下被做成各种各样的消费品走向世界。（图1）

图 1　红木的采伐与加工

第二个研究是关于河涌的研究。过去，广州有一条臭水沟，叫"东濠涌"。政府通过引入新的活水进行治理，把河涌周围变成一个公共的可以纳凉、游戏的开放空间。（图 2）针对这一话题，我们用物质地理学的基本理论，探讨了物质与社会文化的演变机制，从城市自然系统的角度讨论自然的社会建构。研究发现，城市自然资源的物质形态演变及其社会建构之间存在着持续、流变的相互影响关系，两者的互动过程体现了城市文化的形成与发展过程，并成为城市记忆形成的基础。

图 2　广州河涌整治前后景观变化

研究将河涌的复杂演变过程置于整个城市管理系统中进行分析，揭示了城市自然在社会建构过程中所起的作用与运作机制。记忆的传承需要通过身体实践，河涌作为广州城市记忆的物质载体，是增强居民地方认同感、传承城市文脉以及突显城市形象不可或缺的一部分。在城市建设的过程中，从保护城市文化和城市记忆的层面出发，人们应选择正确的物质利用方式，才能营造有记忆的、健康发展的城市。

第三个实证研究，丽江古城旅游地人与宠物狗关系的营建与消费——一个超越人类的地理学解析。有一篇社会文化地理学的文章，研究的是家庭成员与宠物狗的关系，我们由此受到启发。2017年我去西藏，发现所有寺庙都已经成为流浪狗、流浪猫的收容地。我当时很受触动，觉得这是一个很有爱的地方。后来我们在丽江做博士学位论文，发现丽江也有同样的话题。一方面，宠物狗塑造了丽江浪漫化的旅游地意象；另一方面，其也为丽江古城旅游的发展带来了极大的问题与挑战。旅游移民与旅游者高度的流动性导致大量宠物狗被遗弃，同时，流浪狗带来了极大的卫生与安全隐患。我们的研究问题是：作为非人类行动者的宠物狗是如何参与到旅游地的社会文化生产之中的？它们与旅游地的人类行动者又如何进行互动？

丽江的地方意义不仅仅是一种纯粹的"社会关系"的表征和建构，而且镶嵌在人类与非人类组建的完整的行动者网络之中。一方面，旅游移民、狗共同参与了古城生活方式的营建。宠物狗作为非人类行动者，可以营造一种"家"的地方意义，促使原本陌生的旅游移民之间建立起了属于群体的社会网络，影响了旅游移民在丽江的去与留。另一方面，旅游者和狗相互影响，共同融入古城的旅游消费中。现代社会，人与人是越来越陌生了。你和你的邻居住了20年，可能彼此都不会开口，"远亲不如近邻"的情况在我们的城市生活里已经逐渐消失。但是到了小区的公共空间，我们会发现有两个群体，第一是年轻的爸爸妈妈们成为一个群体，讨论的是育儿经；第二个是宠物狗的主人们在一起，可以探讨养宠物过程中的经验。宠物狗促进了新型近邻关系的建构。丽江作为一个文化符号，影响着旅游者到访古城后的旅游行为与体验。宠物狗可以作为打破主客对立的中介，使旅游者更好地融入旅游移民构建的旅游商业空间，使旅游消费活动紧密地嵌入追求别样的异域体验与找寻熟知的"家"的意义的二元张力之中。因此，在浪漫化的丽江地方意义之下，对于人与宠物狗关系的营建与消费表象实则在展演着人类与非人类行动者之间的权力关系。

第四个实证研究，野生动物旅游中的生命权利运作——广州鳄鱼公园的案例。广州鳄鱼公园位于广东珠三角的广州市，隶属长隆集团，是全国鳄鱼最多的动物主题公园,也是全国湿地动物种类最多且观察距离最近的湿地公园。我们做的研究是管制与保育——野生动物旅游景区的种群管理与生命政治。景区必须逐步缩减那些不易操控、逐渐丧失旅游吸引力的动物种群,扶植那些更具亲和力、在旅游消费市场中更加时尚的动物种群,以维持景区的运转与盈利。

第五个实证研究,基于超人类地理学视角的大熊猫多尺度生命政治研究。我们发现在熊猫国家公园里,所有的活动都是围绕着熊猫而展开的,无论是农家乐、旅游的开发还是资源的保护。这是全世界独有的,只有中国才能研究的话题。围绕大熊猫国家公园建设来探讨大熊猫保育的地方政治,分析国家政府、旅游公司、保护专家、当地民众及大熊猫、自然环境各方的利益诉求与冲突,以及国家公园的建设对当地大熊猫保护区、旅游业、居民的生活带来的影响。当然,其他区域也有这样的研究对象,例如,四川峨眉山的猴子、云南冬天鸟类的迁移。

问答环节

周尚意:今天朱教授的研究让我们感受到文化地理确实是能够摸到的实践。确实如朱教授所说,今天他的报告增加了特别多的内容,把研究推得更深了。比如在空间尺度上,已经涉及全球的气候变化。用"超越人类地理学"可能要比"超人类地理学"更合适。也就是说,我们不再把人类当作纯粹的个体,人已经和外在的东西混在一起了。今天朱教授说的例子,正好印证了我昨天提到的概念,从形式主义到机械主义,再到有机体主义。过去我们提到人是人,动物是动物,自然是自然。但是,今天我们发现自然和人已经形成一个新的群体,如人与大熊猫的案例,把人和自然融合形成的单元作为一个研究对象。所以这是一个非常好的有机体主义的视角。未来我们可能把有机体主义的视角放在不同的情景下,研究在什么情景之下,这样的有机体会发生什么样的作用。

提问1:超越人类地理学是完全不以人为中心呢,还是从动物的角度、气候的角度反观与人类的关系,就是完全超越人类的地理学?

朱竑:首先谢谢你的提问。超越人类的地理学,核心的观点,不是不以人为中心,而是在以人为中心的基础上,考虑人所赖以生存的环境。其实与我们的和谐发展、和谐共同体的理念是不冲突的。这个视角只是提醒大家,人不是万能的,人只是大系统里重要的分子。人的发展除了人自身外,还有其他的要素。

周尚意：我替朱老师补充回答一下刚刚这位同学的问题。最初接触这个概念的时候，我也是想了你这样的问题。这个概念的提出，只不过是让我们关注，人与人之外自然要素构成了一体的观察对象，而不是分割的观察对象。

提问2：朱老师您好！从学科交叉角度，您提到了政治生态学。从政治学者角度来看，"政治生态"是一个专有名词。对于概念边界不统一的问题，您认为是应该以自己的学科为主，还是应该互动？

朱竑：这个问题很有意义，很多话题引入中国后都需要改进。首先，"政治生态"很多时候是在讲官场的政治分工，一起干事情等，这只是社会流行的词语而已。今天汇报里讲到的是学科的门类，二者并不冲突。其次，学科的交叉是学科不断发展壮大的源动力，诺贝尔奖约有三分之二是学科交叉的成果。原来是哪个学科并不重要，解决什么问题才是最重要的。我特别欢迎其他学科的人参与地理学的研究，我也特别鼓励地理学者有更加包容的心态向其他学科学习。研究的核心是解决问题，而不是限制于狭小的学科属性中。

第八讲 "一带一路":基于地理学的思考

杜德斌 华东师范大学

杜德斌教授首先用数据展现了中国国际地位不断提升的趋势。中国已成为全球第二大经济体和全球最大的贸易国。在此背景下,杜教授回顾了海权论、心脏地带学说等地缘政治理论,并与"一带一路"地区进行比较,得出了"一带一路"既穿越"心脏地带",又包含边缘地带,既强调海权,也强调陆权的结论。随后,杜教授指出,"一带一路"是基于中国理念和情怀的全球治理方案,在指导理念、道路实践和价值目标上都表现出一些新的特征。最后,杜教授分析了"一带一路"倡议潜在的地缘风险:可能会遭遇美国的战略反制;周边区域大国的战略制衡;沿线地区政治、民族、宗教问题的羁绊,需要注意南海、缅甸、巴基斯坦、中亚和俄罗斯五个重要的战略节点。

周尚意：各位老师、各位同学，下午好！今天我们有幸邀请到了华东师范大学的杜德斌教授，关于杜教授的介绍已不需要在此赘述。我们将聆听杜教授题为"'一带一路'：基于地理学的思考"的讲座，大家用热烈的掌声欢迎。

杜德斌：各位老师、各位同学，下午好！非常高兴来到中山大学参加"一带一路"与政治地理学博士生论坛，也非常感谢刘云刚教授能组织这样一次公益性的活动，我觉得这对推动中国地理学的发展具有很重要的作用。

今天我想讲本人对"一带一路"的一些非官方认识。有的专家讲的是官方的观点，我讲的是我自己的一些认识，即从地理学的角度怎么去认识"一带一路"。《地理研究》发表过我的两篇有关"一带一路"的文章，分别是《"一带一路"：中华民族复兴的地缘大战略》和《"一带一路"——全球治理模式的新探索》。其中，《"一带一路"：中华民族复兴的地缘大战略》是《地理研究》创刊以来下载量最高的文章，获得了几个奖项：《地理研究》创刊35周年最具影响力论文TOP30、《地理研究》创刊35周年高下载量论文TOP10和最具影响力中国地理期刊优秀论文奖（2014—2015年）。自2015年发表至今，该文章总下载量大概3万次。此外，我还在报纸上发表过几篇文章，报刊编辑曾告诉我，文章的要求是"宏大选题，政治正确"，所以这些文章都是政治正确的文章，当然，其中也包含了一些科学的东西。

我想讲讲自己对"一带一路"内涵的认识。地理学喜欢从时间和空间上认识问题。从时间上来看，"一带一路"实际上是中国崛起的自然而然的产物。中国崛起有很多标志性事件，其中最重要的应该是2010年中国取代日本成为世界第二大经济体和2013年中国超越美国成为全球最大的贸易国。什么叫"大国崛起"？我们认为，"大国崛起"是一个状态，也是一个过程。从状态来看，"大国崛起"是指一个大国的综合国力已经发展到对现行国际体系构成压力与挑战的高度；从过程来看，具备这种能力仅仅是崛起征途的开始。所以毫无疑问，中国现在尚处在崛起的过程中，实际上是崛而未起的国家，我们应该从一个更大的历史过程中看待中国的崛起。中国的崛起可以说是继西方地理大发现以后又一次伟大的事件，当然这个事件正在发生，还没有结束。从地理学的角度看，中国的和平崛起既是自身经济、政治实力不断增强的过程，也是中国不断走向世界、走向全球的过程。我们可以从两个方面来看，第一个是对外投资，中国的对外投资遍布世界，特别是在亚非拉国家，都能看到中国建筑工人的身影，这是中国对外投资的一个反映；第二个是中国贸易，中国贸易的影响几乎是没有空白区了。在国际贸易上有一件很重要的事情是2011年中国超越美国,成为全球最多国家的最大贸易伙伴。在2011年之前,比如2006年,美国是100多个国家的最大贸易伙伴;但到了2011年,这个主体发生了变化,大概113个国家的最大贸易伙伴是中国;现在是130多个国家。可以说,这是美国崛起以后,世界政治经济发生的一个重大变化,这个影响还在继续。中国现在还在持续发展,但会不会持续发展下去,现在还很难下定论。

前几年我们做了一个分析。2002年,与中国的贸易额已经占到一些国家贸易总额的很大比重。而到2013年,情况发生了很大的变化。有的国家与中国的贸易额已经占到其贸易总额的60%以上,非洲一个叫贝宁的国家与中国的贸易额甚至占到其贸易总额的97%。从地区分布来看,对中国贸易依赖较大的国家主要分布在中国周边和赤道附近。从2002年到2013年,世界各国或地区与中国贸易额占其国内生产总值(GDP)的比重也发生了很大的变化。可以说,"一带一路"反映了中国崛起的时代发展要求。

从空间上来看,习近平总书记曾经讲过"'一带一路'是面向全世界的",但同时,"一带一路"重点面向亚、欧、非三洲。亚、欧、非三洲在历史上被哈尔福德·麦金德(Halford John Mackinder)称为"世界岛",尤其是欧亚大陆,历来是世界政治经济舞台的中心。这一部分不详讲,因为我不想过多地从地缘政治的角度去阐释"一带一路"。麦金德的核心思想是,想控制世界就要控制世界岛,想控制世界岛就必须控制心脏地带,而要控制心脏地带就要控制东欧平原。不知道同学们有没有认真思考过,麦金德为什么觉得是东欧平原而不是中国东部或亚欧大陆东部最重要?这是由于麦金德作为英国人,是从英国的角度出发做分析的。当时,德国和俄国两个陆上强国正在崛起,麦金德认为两个崛起的陆上大国可能会对英国产生挑战,所以他在1904年发表的论文《历史的地理枢纽》中提到了这一思想。尼古拉斯·斯皮克曼(Nicholas John Spykman)是美国的地缘政治大师,他提出了边缘地带理论。1944年第二次世界大战快结束时,他撰写的《和平地理学》(*The Geography of the Peace*)出版,被称为美国的战略教本。他提出通过控制边缘地带来控制欧亚大陆,最后统治世界。麦金德和斯皮克曼的视角不一样,但目的都是为了控制欧亚大陆。再看布热津斯基(Zbigniew Brzezinski)的一句名言——"谁控制了欧亚大陆,谁就能主导全球",该观点延续了麦金德的思想。布热津斯基在2017年去世,许多人都在纪念他,因为他在推动中美建交上起了很大的作用。他在著作《大棋局》中把世界地图倒转,将欧亚大陆视为整个世界的大棋盘,认为要控制世界,就要牢牢控制欧亚大陆,而要控制欧亚大陆,就需要从欧亚大陆两端夹击。再往前推,有马汉

（Alfred Thayer Mahan）的海权论，其思想核心是谁能有效控制海洋，谁就能成为世界强国。控制海洋需要有强大的海军和足够的海军基地，从而保证海上权益。美国在20世纪80年代宣布了其所控制的16条海上战略通道，美国的海外驻军和战略通道有密切的关系。再看中国，我们画出了14条海上战略通道，分解为特级战略通道、一级战略通道和二级战略通道，和美国宣布控制的16条战略通道基本重合。这是中国的海上运输线，包括西线、东线、南线、北线。其中北线比较少，但如果北冰洋开航，北线可能会大大增多；西线是最重要的，因为西线运载的主要是石油和天然气，都要经过马六甲海峡。再看看"一带一路"，可以看到"一带一路"既穿越了心脏地带，又穿越了边缘地带；既强调海权，也强调陆权。我认为这不是国家领导人有意在规划，只是倘若从这方面解释，它可能会起到这样的作用。这就是"一带一路"高超的地方。

再从第三个角度——人类发展的角度看，现在有人认为，"一带一路"是构建人类命运共同体伟大的实践。习近平主席去年在达沃斯论坛上讲道："'这是最好的时代，也是最坏的时代'，英国文学家狄更斯曾这样描述工业革命发生后的世界。今天，我们也生活在一个矛盾的世界之中。一方面，物质财富不断积累，科技进步日新月异，人类文明发展到历史最高水平。另一方面，地区冲突频繁发生，恐怖主义、难民潮等全球性挑战此起彼伏，贫困、失业、收入差距拉大，世界面临的不确定性上升。"[①] 这是当前世界的总体环境。总而言之，最近几年世界发生了很多事情，这显示了世界需要一个新的治理方案。中国提出的"一带一路"或"命运共同体"，实际上就是在探索新的全球治理方案。我认为，"一带一路"是基于中国理念和情怀的全球治理方案，是中国主导建立人类命运共同体的一个新的探索。它的"新"表现在三个方面：一是指导理念上，"一带一路"是创造平等协商，主张摒弃"实力决定一切"的政治哲学，我想这一点是西方所倡导的；二是在道路实践上，从排他封闭走向开放包容，我们欢迎包括美国、日本在内的所有国家，强调各国间的合作共赢；最后一点是在价值目标上，它倡导从国家主义转向世界主义或者天下主义，强调对人类命运的终极关怀。我想这是中国构建人类命运共同体，站在人类道理的一个最高点。天下主义是与民族主义相对立的一种社会理想，认为全人类都属于同一精神共同体。至于这种理想能不能实现，还需要时间来考证。天下主义不见得推崇某种形式的世界政府，而仅仅是指国家之间和民族之间更具包容性的道德、经济和政治关

---

① 习近平：《共担时代责任，共促全球发展》，载《中国青年报》2020年12月15日。

系。天下主义以世界为依归，以合作精神和共同体意识消弭民族间差异、误解与冲突，用世界整体论取代国家中心论，其最高理想是追求人类普遍的祥和与富足，而不是单个民族的安全与繁荣，我想这是我们推行"一带一路"包括人类命运共同体的最高境界。中国传统的哲学有很多有关天下主义的理想，包括"天下一家""世界大同""四海之内皆兄弟"等。"一带一路"与人类命运共同体是中国传统思想的一个体现，是从人类发展的维度上认识"一带一路"。

既然"一带一路"是这样一个伟大的构想，那它必然要面临很多地缘风险。我看了很多关于"一带一路"的文章，但谈它的风险的文章还比较少。我们认为，"一带一路"毕竟覆盖很大的范围，它肯定承载着很多地缘风险。

第一个风险就是可能会遭遇美国的战略反制。现在已经变成了事实——美国已经开始全面反制。怎么去认识美国反制？中美关系要避免"修昔底德陷阱"。修昔底德（前460—前400）在《伯罗奔尼撒战争史》中指出，雅典和斯巴达的战争最终变得不可避免，是由雅典人的崛起在斯巴达引起的巨大恐惧导致的。历史上，新兴大国的崛起会引起守成大国的恐惧，从而守成大国会对新兴大国进行遏制或围堵，而新兴大国必然会极力冲破遏制，进而导致双方的冲突与战争，这就是国际关系上的"修昔底德陷阱"。哈佛大学的一个学者曾做过这样的统计：近500年以来，人类共发生了16起新兴大国挑战守成大国的事件，其中12次是战争。美国崛起后没有和英国发生战争，冷战阶段美苏之间也没发生战争，但让苏联解体了，这是没有发生战争的案例。所以我觉得"修昔底德陷阱"可以很好地解释中美关系。还有一个最近谈得比较多的"60%定义"，即当老二的经济总量达到老大的60%的时候，老大就开始有所反应，要对老二进行遏制。我们再来看看以前美国国家最高安全目标。我们知道，欧亚大陆历来是大国博弈的中心舞台，美国崛起后在人类历史上第一次出现了一个非欧亚国家主导欧亚大陆政治事务的局面。根据"围堵教父"斯皮克曼的观点，欧亚大陆的边缘，而非麦金德所说的大陆中心，才是大国对决的主战场和通往未来世界的历史锁钥，美国应把防范在欧亚大陆上出现一个势均力敌的竞争对手作为国家安全的最高目标。所以在今天，防止欧亚大陆出现一个势均力敌的对手仍然是美国最高的安全目标。基辛格（Henry Alfred Kissinger）的书也谈到了这个问题。他认为，美国防范在中东地区出现一个大国是它的第二个安全目标，而第一个就是防范在欧亚大陆上崛起一个能挑战它霸权地位的国家。在欧亚大陆上，不管是中国，还是俄罗斯、法国、德国，只要它崛起，就能挑战美国的霸权地位,所以这是美国最高的安全目标。对大国而言,所有的经济政策,都有战略意义。中国推动实施"一带一路"倡议所采取的是经济手段,但是这种经济手段会强化中国在沿线地区的战略存在,挑战美国在这些地区的既得利益,打乱美国的全球部署,因此,势必会遭到其阻挠和反制。美国在2011年提出了"新丝绸之路愿景",目标就是控制大中亚地区。这里的大中亚不仅包括中亚五国,还有西亚、北非、南亚的一部分。很显然,中国的"一带一路"和美国的"新丝绸之路愿景"有所冲突,所以美国必然会采取一些反制措施。我们看到美国所谓的对中国的C形包围和奥巴马提出来的"亚洲再平衡"战略,他要在2020年把60%的军力转移到亚太地区,这显然也是针对中国的。在美国2017年12月发布的国家安全战略报告中,中国的定位发生了根本性改变,有三个新的定位:一是战略竞争对手,它甚至把中国排在第一;第二个定位是经济侵略者,美国认为中国对其经济构成了巨大的威胁,包括窃取美国的技术;第三个是修正主义者。我们这一代人对修正主义者是非常熟悉的,但是你们可能比较陌生。以前我们讲"苏修",就是"苏联修正主义"。所谓中国是修正主义,是因为中国要另起炉灶,改变世界的游戏规则。我觉得美国对中国的战略反制是所有地缘风险中最值得重视的一个。特朗普提出来的"印太战略",就是把太平洋和印度洋连为一体。美国以前的司令部分为太平洋司令部和印度洋司令部,现在合二为一成印太司令部。印太地区从印度西海岸一直延伸到美国西部海岸,是世界上人口最多、经济最活跃的地区之一。美国在自由开放的印太地区的利益可以追溯到我们共和国的最早时期。尽管美国寻求继续与中国进行合作,但美国正在利用经济上的诱惑和惩罚、施加影响的行动以及潜在的军事威胁来让其他国家听从其政治和安全议程,而中国的基础设施投资和贸易战略干扰了其地缘政治愿景,其实这就是在针对"一带一路"。

"一带一路"面临的第二个挑战来自周边区域大国的战略制衡,主要来自印度和日本。日本和印度均是具有一定行为能力的区域性大国,在亚洲与中国有着类似的结构位置和重叠的战略空间,因此都有限制中国行动的战略意愿。两国对欧亚内陆的影响都有限,但分别扼守着中国进入太平洋和印度洋的门户,拥有威胁中国海上通道的先天禀赋,而且两国正不断强化与美国在海上的安全合作和全方位战略合作,因此均能在一定程度上对中国21世纪海上丝绸之路建设构成挑战。

"一带一路"面临的第三个挑战是沿线地区政治、民族、宗教问题的羁绊。整个"一带一路"处在所谓的"世界动荡之弧",穿越东北亚—东南亚—南亚—西亚—中东地区,该地区实际是民族问题、宗教问题最复杂的地区。

最后一个挑战是一些国家对中国战略意图的误解。中国周边一些国家习惯了中国的贫弱，当中国崛起时，它们很难适应，所以对中国现在的一些意图产生误解。它们会利用外部力量对中国进行制衡，这是中国目前面临的很大的问题。

我的文章里还提出了"一带一路"需要有几个战略支点。第一个是海上支点——南海。作为整个印太地区的枢纽，南海是很重要的一个点。第二个是东部之锚——缅甸，缅甸是南亚与东亚之间的地理纽带、中印势力交汇处，且濒临印度洋和世界油路的关键节点——马六甲海峡。第三个是西部之锚——巴基斯坦。东部之锚和西部之锚都是经印度洋通往中部的通道，这两条通道能够保障中国的能源运输等。第四个是东西走廊——中亚，中亚也是中国推动"一带一路"建设很关键的一个地区。最后一个是欧亚桥梁——俄罗斯，它幅员辽阔，具有很高的战略地位。中俄两国现在是相互借用、相互依赖，中国在军事上离不开俄罗斯，而俄罗斯在经济上离不开中国。当然，中俄的关系非常复杂，但是我们认为短期内中俄关系不会有大的变化，有兴趣的同学可以看看我的那篇文章，我论述得比较详细。中国对俄的战略思路是争取就欧亚大陆安全合作问题达成某种默契，从而为"一带一路"建设争取更多的支持。

我想讲的就是这些，谢谢大家！

问答环节

周尚意：刚才杜教授给了我们一个非常精彩的报告，之前我也听过杜教授关于"一带一路"的报告，但是今天他给我们带来了很多新的观点和见解。杜教授做世界地理研究既可以从企业投资等微观角度，也可以从全球范围的宏观尺度去展开，这为我们年轻人未来的研究打通了一个新的方向——把一个小尺度的问题上升到国家尺度和全球尺度。我们后面给同学们提供两个提问机会，然后请杜教授回答。

提问1：杜教授，您好！您刚刚分析了中国重要的海上战略通道，它主要是从哪些方面进行考虑的呢？

杜德斌：这是我们之前做的，具体的分析指标我现在有点遗忘了，但主要是从运量上考虑，比如把中国所有的航运线路搞清楚，然后从地理位置上去判断。

提问2：杜教授，您好！印度目前提出了"印太外交"。我想请教一下，您怎么看待"印太外交"对"一带一路"的影响？或者说，"印太外交"能不能和"一带一路"形成一种对接？

杜德斌：我觉得对接的可能性比较小，刚才我没有时间去讲这个。实际上，中国在结构上是和印度有矛盾的，因为都是地区大国。尽管印度和中国的差距很大，但是印度认为自己就是南亚最大的地区大国，而且认为印度洋就是印度的洋，而中国现在的海上丝绸之路穿过了印度洋，所以这个整体上是和印度矛盾的。短期内，中国的实力不足够强大的话，跟印度的矛盾还是很难消弭的。印度强烈反对我们的"一带一路"，一是因为中巴经济走廊穿过了印度和巴基斯坦的争议地区；二是因为东部的孟加拉国和缅甸，这两条路几乎把印度包围起来了。所以短期内中印的矛盾很难消弭。印度和西方国家又不一样，它是不结盟运动的一个领袖，它有自己独立的外交政策，所以我认为，印度不应该成为中国的敌人，相反，我们应该尽可能地团结印度，做好和它的工作，千万不要把印度朝我们敌人的方向去推，这是我们外交工作很重要的方面。但是印度和中国存在很多矛盾，除了因为两个都是地区性大国之外，中印之间也有一些历史性的矛盾。在印度有一种"瑜亮情结"——"既生瑜，何生亮"，还有一种情结是 1962 年中印战争在印度人心里留下了很大的阴影。印度时刻都在想怎么报一箭之仇，所以考虑怎么消弭这样的隔阂是我们很重要的一个工作，但是这个工作不容易。印度是一个文明古国，也是一个很包容的国家，从长远来看，中印之间是可以搞好关系的。所以我们认为印度应该要先于西方国家认同中国，这需要中国的实力足够强大，印度真正接受中国很强大。从长远看，两个国家的关系还是比较乐观的。

周尚意：让我们再次用热烈的掌声感谢杜教授给我们带来的精彩分享。

第九讲 "一带一路"与新型城镇化发展

方创琳　中国科学院地理科学与资源研究所

方创琳教授分享了其团队对新型城镇化发展和"一带一路"研究的主要成果。他将"一带一路"视作一个国际化地区，首先阐释了"一带一路"沿线城镇化的发展进程，紧接着讲述了城镇化发展的主体——城市群是如何界定、扩展的"故事"，并提炼出"一带一路"倡议下中国城市群"5+9+6"的空间组织新格局和需要关注的问题；其次，方教授结合其丰富的调研经历，详细分析了"一带一路"地区城镇化建设的重点，即三大区（中亚五国区、丝路核心区、第三极地区）的人口、资源、规划等情况；最后，方教授建议政治地理学可将"一带一路"作为重点研究对象，借此丰富政治地理学的理论和方法，强调政治地理学研究需要夯实理论基础，要从国家战略需求角度去研究政治地理学，要捍卫国家利益，保障国家安全。在研究政治地理学的时候，还应把握其国界性，有国界的科学性、政治敏感性和高度的时效性。

非常感谢刘云刚教授邀请我来参加这个博士生论坛。我最近正在开展一些"一带一路"的初步研究工作，今天借这个机会来汇报一下我们团队近年的工作和想法。

我们团队近20年的研究主要有两条主线，一条是城镇化的生态环境效应，一条是城市群，在2015年左右把这两条主线合在了一起，即城市群地区城镇化的生态环境耦合效应。最早在1998年，我们团队把城镇化生态环境效应的一些思路应用到了西北干旱地区，2004年用到了河西走廊地区，2015年和2017年相继用到了城市群地区以及泛第三极地区，2018年把这些思路用到了"一带一路"地区，主要是从人地关系耦合角度研究丝绸之路的建设。这也是我有机会来参加今天这个论坛，和各位一起探讨"一带一路"的原因。

我将分四个部分来汇报：一是分析"一带一路"沿线城镇化发展是怎样的一个进程，二是回答"一带一路"地区城镇化发展的主体是什么，三是我们对"一带一路"地区城镇化建设重点地区是哪些的理解，四是分享有关"一带一路"地区研究的理性思考。

一、"一带一路"沿线城镇化发展进程的总体特征

关于"一带一路"沿线城镇化发展进程的总体特征，总体理解就是慢而低。1949—2017 年中国城镇化水平加速上升，从 1949 年到 1995 年，经历了漫长的 46 年的时间达到 30%，2017 年达到 58.5%，城镇化水平分四个阶

段，按照诺瑟姆曲线，目前处在第二个阶段，即快速成长阶段，到2025年，这个快速成长阶段大概会结束。我们把改革开放40年以来中国的城镇化水平与世界进行比较，可以看出，在20世纪80年代初，中国（20%）和世界（40%）是差一倍的，2013年两者几乎一致（50%），2017年中国的城镇化水平已经超过世界平均城镇化水平3个百分点，当然这只是数量问题。我们做的另外一些研究工作表明，中国城镇化质量和世界城镇化质量还是有差距。2025年后，中国城镇化发展将会进入第三个阶段，即成熟的缓慢增长阶段。未来20年，中国将有70%以上的人口住在城里，国家新型城镇化规划的表述是到2020年达到60%，按照这种趋势，快速城镇化会使中国面临一系列严重的资源环境压力，我们总结出四个要素。第一个是水的压力，1980—2005年，中国城镇化水平每增加1个百分点，消耗的水量将增加17亿立方米，2006—2030年，中国城镇化水平每增加1个百分点，消耗的水量大概就会增加32亿立方米，二者之比是1.88，而且未来的取水难度越来越大。同样，地的压力是3.45倍，能源的压力是2.89倍，生态环境的压力是2.42倍。反过来讲，中国的城镇化发展水平不能过快，因为会受到资源环境的约束。我们另外的一些研究会探讨，在资源环境约束下，每个城市到底达到多少的城镇化水平是合理的。

具体到"一带一路"地区城镇化发展进程，这里指的是对70多个国家的一些研究内容。从人口总量来看，2015年"一带一路"沿线国家总人口为48.33亿，占世界总人口（73.25亿）的65.98%；从人口密度来讲，"一带一路"沿线地区的人口密度（88.26人/平方千米）高于世界人口密度平均水平（56.49人/平方千米）；再看人口增长率，"一带一路"沿线平均增长率是1.13%，低于世界的平均增长速度（1.15%），人口增长率最高的国家是阿曼与卡塔尔，分别达7.9%与5.9%。我们对"一带一路"沿线国家的平均城市化做了简单的测算，2015年世界平均城市化率为54.0%，而"一带一路"沿线地区的平均城市化率为53.5%，略低于世界平均水平，当然也低于中国的平均城市化率水平55.6%。从变化趋势来看，"一带一路"地区城镇化水平总体低于世界和中国平均水平，但有赶超趋势，这说明"一带一路"地区实际上是一个后发展地区，推进"一带一路"建设要付出的代价是相当大的。

我们对各个国家的城镇化水平也做了分析。最早在1950年，各个国家的城镇化水平都比较低，到1980年、2000年、2015年、2030年，最后到2050年做了一个预测，城镇化水平一直在提高，这种提高对中国未来推进"一带一路"会有益处。从城市人口的分布状况来看，百万以上人口的城市主要集中在中国和印度。以上内容是我们通过"一带一路"沿线国家城市化时空演变模拟系统模拟和计算的结果。我们也针对"一带一路"沿线以及与中国邻界的一些国家的战略口岸,做了一个丝绸之路经济带边境口岸城市地缘战略优势度综合评估系统。评估发现,中国北方口岸及口岸城市的地缘战略优势度较强,这些口岸的连接和建设,以及口岸城市的建设,是未来"一带一路"建设过程中的战略支撑点,口岸建设现在已经被提升到一个更高的层面。

二、"一带一路"地区城镇化发展的主体是城市群

我们所理解的城市群,就是多个城市之间实现规划同编、产业同链、交通同网、金融同城、科技同兴、生态同建、环保同治、市场同体、信息同享、城乡同等,形成相互促进、相互支持的经济共同体、环保共同体、命运共同体。在城市群里面,需要推进六大一体化,包括产业发展与布局一体化、社会发展与公共服务一体化、环境保护与生态建设一体化、城乡统筹与城乡建设一体化、区域性市场建设一体化、基础设施建设一体化。需要说明的是,城市群不等于城镇群,对比来说,城市群的人口总量大于2000万人,城镇化水平大于60%,非农产业比重大于70%,经济外向度大于30%,中心城市发展的中心度大于45%,城镇群则没有这些要求。从数量变化来看,中国城市群的数量会越来越少,城镇群的数量会越来越多;从包含关系来看,城市群可包含若干个城镇群,城镇群不包含城市群;从空间分布来看,城市群分布在少数国家和地区,全球的城市群主要分布在北半球中纬度地带,我们国家也类似,但西藏是没有也很难发展城市群的,脆弱的生态环境导致西藏的人口达不到城市群标准,而城镇群分布在全球大多数国家和地区。另外,在竞争能力、国家功能、开放功能以及国际化功能等方面,城市群和城镇化也有分别。这些区别有助于我们建立城市群空间范围识别的标准。还需要补充的是,城市群各城市地域文化认同感大于70%,具有相似的自然人文地理环境。这就使我思考地缘政治学或政治地理学的尺度问题,相关研究是不是只限于国家之间呢?大洲之间可以吗?城市之间可以吗?能不能将各个城市类比于各个国家?它们之间有相互博弈、相互合作,有地缘、人缘和亲缘关系,一些省级文件中关于区域合作的部分也提到地缘环境和地缘政治等,可不可以尝试用地缘政治来思考城市群的一些问题,仍是待而未定的。

城市群是怎样长大的?城市规模增长到一定程度后,需要更大的空间范

围来保障其正常运行的时候，城市群就开始扩展。我们将其理解为四次扩展过程，包括城市到都市区，都市区到都市圈，都市圈到城市群，城市群到大都市带。每次扩展都涉及邻里关系、地缘关系，每次扩展发挥的功能、作用是不一样的。正如城市和都市区都是城市的增长中心，都市圈是区域增长中心，城市群是国家增长中心，大都市带则主要是国际增长中心。城市群正在成为国家参与全球竞争与国际分工的全新地域单元，并影响着21世纪全球经济的新格局，是世界经济重心转移的重要承载地。世界经济重心转移了三次，现在在亚太地区，中国的19个城市群正是在这样的时代背景下出现的。现在出现了很多湾区，如粤港澳大湾区、杭州湾大湾区、环渤海大湾区等，将来各种内陆地区的湾区可能也会出现，是不是下面所提的城市群，我们也在斟酌。城市群是新型城镇化的主要载体、"一带一路"建设的主阵地，"一带一路"基本上贯穿中国90%以上的城市群。全球城市群发展进入21世纪的中国时代，近50年，国际上城市群研究文献主要集中在1995年后，2017年12月达41846篇，其中90%以上是研究中国城市群的。国外城市群的发育进入成熟阶段，很少研究经济问题，研究的内容偏向于城市群里的社会问题，如同性恋问题、性别比问题、犯罪问题。近40年，中国城市群研究文献主集中在2000年后，以指数形式增长，2017年12月达66255篇。在"一带一路"倡议的大背景下，中国城市群呈现"5+9+6"的空间组织新格局，即重点建设5个国家级城市群，稳步建设9个区域性城市群，引导培育6个新的地区性城市群。国务院已经对其中的12个城市群下文批准实施，其他城市群的规划还在陆陆续续的编制之中。如果把这20个城市群和中国"两横三纵"的城镇化主轴线对比，可以发现城市群基本上位于全国城镇化五大主轴线交叉地带，是战略支撑点，呈现出一种"以轴串群、以群托轴"的宏观城镇化格局。《国民经济和社会发展第十三个五年规划纲要》在此基础上，多画了喀什城市圈和拉萨城市圈，这是为了平衡喀什和拉萨没有城市群的现状，这是不是也考虑了两个城市圈与周边临界国家的地缘政治研究的内容呢？我们针对中国城市群发展提出了一些需要关注的问题，如，城市群作为推进国家城镇化主体形态的战略地位被过分夸大，甚至出现了"唯群论"，加入城市群成为地方政绩的重要体现。再如，城市群空间范围一扩再扩，未建先扩，违背了国家建设城市群的初衷。政府规划范围和我们从科学角度界定的范围相差很大，有些城市群范围甚至大到超过一个省，如山东半岛城市群范围就是山东全省，中原城市群不仅包括河南，还包括河北、安徽和山西的一部分。这种划分方法很有可能是有问题的。

前所未有的春天。实际上，现在春天已经到了，政治地理与地缘关系专业委员会在宋长青教授的领导下蒸蒸日上。

我的想法是，在研究政治地理或者地缘关系的时候，需要把握以下四个基本点：一是要夯实理论基础，政治地理学究竟有没有这个理论基础，有没有规律可循，国外政治地理学理论在国内究竟能不能用，能不能支撑"一带一路"，需要进一步思考；二是要满足国家战略需求去研究政治地理学；三是要捍卫国家利益；四是要保障国家安全。当然，在研究政治地理学的时候，还应把握其特殊性：一是国界性，本来科学是无国界的，但地缘政治是有国界的，需要把握有国界的科学性；二是政治敏感性，时时刻刻保持敏锐性，才能研究政治地理学；三是要有高度的时效性，在世界格局从双极转变为多极的过程中，地缘政治、地缘关系都在重塑，国家在寻找自己的位置时，生存空间可能会受到挤压，导致出现很多不按常理出牌的突发事件，研究有时效性才能为国家决策提供辅助参考作用。

我的汇报就到这里，谢谢大家，敬请批评指正。

中亚铀矿出口对中国核安全的保障程度最高,保障程度可达 65% 以上。综上,中亚对我国非常重要,未来中国发展清洁能源、解决环境污染的时候,可能需要依赖这些能矿资源。

第二个重点地区是丝路核心区,核心区的核心区是天山北坡城市群,北边是丝绸之路经济带中哈俄蒙旅游发展试验区,西边是丝绸之路经济带中哈(塔城)国际合作试验区,东边是丝绸之路经济带内外联动试验区,南面建立的是丝绸之路经济带喀什国际经济合作区。天山北坡城市群规划提出了"夫"字形空间格局,作为天然绿带,天山北坡在发展过程中也需要进行生态屏障与环境污染联防联控。中哈(塔城)国际合作示范区位于中国和哈萨克斯坦临界的地方,在建设过程中也需要建立克—塔—阿国际铁路大通道和第二双西国际公路大通道。哈密内外联动创新发展试验区主要是针对蒙古的一些合作,中欧班列的所有车辆都要经过哈密,我们提出建立南北向的国际铁路大通道和高速公路大通道的设想,从乌兰巴托到哈密,再到南疆,最后到瓜达尔港,把中俄蒙经济走廊和中巴经济走廊连在一起,形成一个"十"字形通道。我们认为,要正确处理好丝绸之路经济带建设的六大关系,包括:①正确处理好"老路"与"新路"的关系,以"老路"空间范围为主;②正确处理好"经济"与"政治"的关系,以"经济"合作为主;③正确处理好"国际"段与"国内"段的关系,以"国内"段为主,把着力点放在国内,着眼点放在国际;④正确处理好"以我为主"与"为我服务"的关系,以"为我服务"为主;⑤正确处理好"软通道"与"硬通道"的关系,以建"软通道"先行,包括文化、科技交流等;⑥正确处理好"多边"与"双边"的关系,以"双边"为突破口。

四、对"一带一路"地区研究的理性思考

可以用冷而清来概括,即冷静地、保持清醒的头脑去思考"一带一路"。首先,"一带一路"是一个国际化地区,不是一门学科,也不是一门科学。我认为,必须坚持"一带一路"是一个地区的观点,它为政治地理学研究带来了新机遇和新挑战。其次,"一带一路"是对外开放的新路径、新举措和新通道,但我们也不能把所有研究的注意力放在"一带一路"上,还是需要把主要精力集中在对长江经济带、京津冀、粤港澳大湾区等国家经济社会发展战略核心地区。最后一个感想,政治地理学可将"一带一路"作为研究的重点地区,至少在当下是这样,可借此丰富政治地理学理论和方法。随着"一带一路"倡议的深入推进,政治地理学和世界地理学迎来了

三、"一带一路"地区城镇化建设的三大战略重点区域

"一带一路"地区,尤其是"一带"地区的城镇化建设重点是三大区:中亚五国区、丝路核心区(新疆)、第三极地区(青海和西藏)。这三大地区分别代表着极冷地区、极干地区和极旱地区,分别被丝绸之路经济带北通道、中通道、南通道一穿而过,在周边国家战略合围中具有重要地位,如俄罗斯跨欧亚经济联盟战略、蒙古草原之路经济战略、哈萨克斯坦光明大道经济战略、土库曼斯坦强盛幸福时代战略、中巴经济走廊战略等。未来将在这样的区域里面构建一个怎样的城镇化新格局呢?我们提出,构建绿色丝绸之路经济带,作为主轴带,在此前提下突出"两群两圈"。"两群"指兰西城市群(国务院已批准规划的实施)和天山北坡城市群(会由国家发展和改革委员会来批准实施),"两圈"指拉萨城市圈和喀什城市圈(还未编制规划),还有一些多节点地区,即沿线国家的首都和沿线地区的省会城市,如阿拉木图、阿斯塔纳、塔什干等。近66年以来,丝路核心区、第三极地区及中亚大湖区的总人口变化以增加为主,但幅度不一,城镇人口变化也是以增加为主,但城镇化水平变化的规律性不强。中国和世界的城镇化水平都在提高,但中亚地区的城镇化水平反而在下降,这是很不可思议的。有一种说法是中亚地区人口增长速度过快,城镇人口增加速度过慢,基数过大,因此城镇化水平降低。但这只是一种猜测,可能会有深层次的原因,如石油资源开发受制于石油价格垄断,以及大国在该地区博弈的影响等。从人均GDP来看,丝绸之路核心区、第三极地区、中亚大湖区都比较低,我们认为这些地方是相对落后的地区。

接下来我详细介绍两个重点地区。第一个重点地区是中亚大湖区,面积400万平方千米,占全球的2.98%,2016年人口为6747万人,占全球的0.88%,GDP为3395亿元,占全球的0.44%,贸易总额为1859亿元,占全球的0.47%,份额虽小,但地位重要。中亚是国家推进丝绸之路经济带建设的战略枢纽地段,是大国势力东进西出、南下北上的必经之地,是国家走西口,落实"一带一路"倡议的关键枢纽地段,也是世界战略能矿资源富集区、我国能矿资源安全保障战略基地,战略地位十分重要。中亚能矿资源储量及开发贸易现状具有两大两小的特征,即储量大,产量小,出口量大,自销量小。具体到对中国的保障程度,2030年中亚石油出口对中国石油安全保障程度不乐观,保障程度为7.89%,这是大国在这里博弈导致的;中亚天然气出口对中国天然气安全的保障程度较高,保障程度达40.7%;

第三部分 政治地理学的应用与实践

第十讲　基于贸易关系的地缘风险探究

刘建忠　郑州大学

讲座报告人刘建忠教授来自郑州大学智慧城市研究院，讲座题目为"基于贸易关系的地缘风险探究"，从概念界定、研究切入点、度量指标与测算三个方面介绍了地缘风险研究的相关思路。刘建忠教授首先通过对"地缘政治""地缘政治风险""地缘经济""地缘经济风险"这几个名词的概念表述和表现形式的梳理，总结出地缘风险的含义，即当地缘环境、地缘条件或地缘关系发生变化时所带来的风险，强调研究时应当明确地缘风险的研究对象，对象不同，则地缘风险差异很大，紧接着解释了国际贸易的概念及其对国家的重大意义。随后，刘建忠教授分析了贸易关系中最能引发地缘风险的因素，包括战略资源、支柱产业、特定行业和产业链等，由此列举了东盟国家的资源和产业概况。最后，刘建忠教授就敏感性、脆弱性、依赖程度、保障度等贸易关系关联地缘风险的度量指标概念，介绍其改进及测算方法，通过东盟国家与中、美、日、印等国家的实例测算来反映不同指标的实际意义。

宋长青：下面让我们用热烈的掌声欢迎下一位报告人——刘建忠教授，他将给我们带来一个跨度较大的报告，题目是"基于贸易关系的地缘风险探究"，大家掌声欢迎。

刘建忠：感谢刘云刚教授提供这个机会。我是第一次参加这种类型的活动，以前参加地方的学术性会议，尤其是论坛的经历特别少。

我的报告题目是"基于贸易关系的地缘风险研究"。从今年上半年至今，无论在报纸媒体或是电视媒体上，报道最多的就是中美贸易战，但我的题目与中美贸易战并没有关系。从 2015 年到 2017 年 5 月份，我们一直在做一项工作，即制作"一带一路"地图集，其中一部分内容正是关于"一带

一路"沿线地区及国家的地缘环境研究。在该部分的地缘环境研究中,我们对"一带一路"每条线路(即陆上三条线路、海上两个方向)经过的主要地理区及沿线60多个国家进行了研究,重点得出两个方面的结论:其一是它的地缘优势,其二是它的地缘风险。由于图集的载图量限制,往往一个国家只占一个页面,因而研究得出的地缘优势和地缘风险的结论需要浓缩到100字左右,需要在极短的篇幅中将优势或风险讲清楚。这个研究需要大量的文献和数据做支撑,正好我的一个学生开展论文选题,于是我建议他在图集的制作过程中,在数据收集和分析的基础上深化研究,也可以通过更大的篇幅把问题说得更透彻。现在的贸易数据比较齐全,所以我建议他结合贸易数据做一些风险方面的研究。本报告中的数据分析工作是这位硕士生做的,他今年7月份已毕业。我今天讲的内容对中美贸易冲突研究的思路和想法或许有一定的借鉴意义。我主要讲三个问题,一是有关概念的界定,二是研究的切入点,三是度量指标与测算。度量指标与测算这部分更多的是学生做的工作,我只做概略的介绍。

关于相关概念的界定,从讲座题目中可以看到主要涉及两个方面,一个是"贸易",一个是"地缘风险"。我们所讲的"基于贸易关系"主要是基于国际贸易关系;讲到"地缘风险",近几年关于"地缘风险"的研究越来越多,尤其是我们中国学者关注得更多一些,这个与我们国家"走出去",以及"一带一路"倡议与建设有着密切的关系。

我们在进行英文文献检索时发现，国内常说的"地缘风险"这个概念，在外文中讲得更多的是"地缘政治风险""地缘经济风险"。昨天宋老师也提到了这个问题：一些概念，国外专业领域的人还没提出，而国内的学者往往已经提及了，例如"地缘文化""地缘科技"等，这就存在很多专业词汇在英文中找不到对应单词术语的问题。在政治地理学和地缘政治这个研究领域，西方国家以前就研究得较多，我们国家则是在近年来，尤其是在"一带一路"倡议提出之后，"地缘政治""地缘经济""地缘文化"这些概念出现得非常频繁，但深入分析就会发现缺乏相应概念体系以支撑对问题的研究与表达，因而我们的学科领域应该建立一套概念体系，尤其是在这一过程中构建出对应的外文概念词汇。以往我们说的"政治地理学""地缘政治"都是从境外来的，我们也看了许多麦金德、马汉等国外学者的书。而当我们自己在研究问题时，有许多中文概念在英文文献中却找不到对应的词，比如我们讲"地缘环境""地缘关系"，英文该怎么翻译呢？对应的词是什么呢？所以，我们应该抓住中西文化碰撞的机会，将概念体系好好梳理，尤其是将中国学者提出的一些概念，如一些能为我们解决问题的、能为国家服务的概念推出去。就像世界都知道我们的新四大发明，这些新的名词也应该向世界推广。

我们在知网平台上搜索限定关键词"地缘"和"风险"，检索到从2001年到2018年，"地缘风险"相关的文献有732篇，其中，"地缘经济风险"相关文献有53篇，更多的是关于"地缘政治风险"的文献。那么，我们应该如何界定这些概念呢？这些概念包括"地缘风险"、"地缘政治"与"地缘政治风险"、"地缘经济"与"地缘经济风险"。昨天的讲座中有几位专家提到，我们新进入这个领域中，应该关注一个问题："政治地理"与"地缘政治"之间是一个什么样的关系？同样的道理，我们讨论"风险"，涉及"地缘政治风险""地缘经济风险"等，也应该将相应的概念梳理清楚。在以往的研究中，这些概念的阐释主要引用专家学者的言论。我们往往容易产生"寻找标准答案"的惯性思维，想要一个标准的解释。实际上，不同的学者有不同的解读，从中我们可以看到他们考虑问题的不同视角，这些视角对我们都会有很大的启发。

首先，我们看看地缘政治的概念。卡尔·豪斯霍费尔认为，"地缘政治学是新的关乎国家利益的国家学科……一种关于空间决定一切的政治过程学说，它以地理作为广泛基础，而尤其是政治地理"。杰弗·里帕克说，地缘政治学是"从空间或地理视角出发的国际关系研究"。索尔·科恩认为，地缘政治学是"对在以地理环境与视角为一端和以政治过程为另一端的这两者之间的互动分析"。苏联学者拉祖瓦耶夫提出地缘政治的三种含义：一是地缘政治突出了地理与政治之间的关系，研究的是地理因素对政治现象和重大政治问题的制约性；二是指列强依据有关的地理情况的分析而争夺世界或地区优势和权力的斗争，就是把国家间竞争，特别是全球性竞争的典型状况称为地缘政治；三是把地缘政治看作外交政策的工具，它从地理决定论的原则出发规定外交政策的可能性和优先权。沈伟烈认为，地缘政治学"从全球的视角，运用历史和地理相结合方法，探索地缘环境与国际政治活动之间的相互关系，研究国际地缘战略力量在国际关系中特别是大国关系中的实力对比及其演变规律，为确定国家的安全战略与经济社会发展战略提供理论思考的一种学说"。从这一系列的概念解释中不难看出，地缘政治领域的研究主要还是以国家为单元，以研究国与国之间的关系和国际格局为主。

接下来是关于地缘政治风险，目前已搜集到的关于地缘政治风险的文献主要围绕"一带一路"展开研究。当我们看一些国别报告，例如商务部发布的国别报告，往往能看到关于地缘政治风险的分析内容，虽然不是本领域专家学者的观点，但对各国地缘政治风险具体内容进行了全面的总结。目前，一些学者对地缘政治风险概念进行了界定，例如蒋姮认为地缘政治风险的内容包括了政治、社会、经济、外交、宗教、冲突、环境、族群、非政府组织等众多非商业因子，来源一般包括东道国、地区、全球这三个层面。这三个层面的主要问题则包括：在东道主国家层面，国家失序与民族争端激烈，包括法制不健全；在地区层面，领土争端和恐怖主义盛行；在全球层面，出现大国的战略博弈。而周平在他的文章中将地缘政治风险归为三类，即大国主动博弈与反制、陷入原有地缘政治泥潭、地缘性移民对边疆的冲击。另外，刘际昕则提到，在现有的研究中常使用议题型的地缘政治风险划分方式，地缘政治风险主要包括东道国政局变动、政策不连续、大国博弈引起的政治冲突、民族主义与宗教冲突、地区和局部战争、官僚体制与恐怖袭击等风险因素，以及由于投资者本身行为而造成损害的可能性等。我们可以发现，在这些表述中，其实没有人给出一个标准的定义。

接下来是地缘经济。地缘政治是一个非常重要的领域，地缘经济也是一个研究发展速度非常快的领域。在地缘经济领域中，陆大道院士和杜德斌教授给出了一个定义：地缘经济，是指国家间、地区间或民族间基于地理区位、资源禀赋、经济结构等因素形成的合作、联合（经济集团化）或竞争、对立乃至遏制等经济关系。

关于地缘经济风险，我认为梳理得比较全面的是俄罗斯学者拉齐林斯基。他将地缘经济风险的表现形式列为五个方面,分别是空间、经济、社会人口、地缘政治和国家经济政策,每一个方面都有具体的表征。从这些表征描述中我们可以看出,虽然说的是地缘经济风险,但其表征并不是完全针对经济方面的,而是涉及政治、经济、文化、社会等各方面的因素。因而,结合前面的定义理解,我们可以思考,地缘政治风险和地缘经济风险有什么样的区别?实际上,在很多西方的相关文献中,谈及的基本上都是地缘政治风险。在很多别的情况下,谈到地缘风险时,其英文词汇就是"地缘政治风险",而更细化的内容则往往找不到相对应的概念。因此,我们的确需要在概念体系上下点功夫。

基于前面的研究,我们总结出地缘经济风险产生的根本原因(图1)。根源在于新兴国家和老牌强国之间,一个要改造格局,一个要固守格局,在这中间,不同国家采取各种手段,发生碰撞及冲突,其后则自然而然地产生了经济风险。云南师范大学的洪菊花发表了一篇论文,题为《"一带一路"重大项目地缘风险研究》,她以缅甸的密松水电站项目为对象来研究地缘风险,但在文章中作者没有解释什么是地缘风险。因此我在想,能不能给地缘风险赋予一个相对完整的概念解释。经过思考,我总结出这么一个概念:地缘风险指当地缘环境、地缘条件或地缘关系发生变化时所带来的风险,这种风险可能体现在政治、经济、军事或文化等方面。在地缘政治、地缘经济等研究的基础上,地缘文化、地缘科技等更多的新概念不断出现与扩展,因此,地缘风险包括地缘政治风险、地缘经济风险、地缘文化风险等。我们还要思考,每一类风险是否能细化,概念尽量不要重叠,尤其是它们之间的关系需要系统的研究与梳理。另外,我们在研究时,尤其应当明确地缘风险是对谁而言的,我们不能笼统地谈地缘风险,一定要对某个国家或某个对象而言,明确具体目标。

以上是关于地缘风险的概念,接下来是关于国际贸易的内容。国际贸易也是一个非常大的领域。在对外交往和国际关系中,尤其涉及经济方面时,贸易和投资是两大支柱,特别是关于贸易的研究非常多。自中美贸易战开始以来,我们可以看到,国际关系领域的相关学者对贸易问题的研究角度与我们地缘领域的学者的研究角度往往有所不同。所以在跨学科的研究中,由于概念体系不同,分析方法不同,有些观点在不同领域认可度会有差异,这是客观存在的。国际贸易是指世界各国家或地区间的商品和劳务的交换过程,它包括货物贸易、技术贸易和服务贸易。一方面,目前的中美贸易战主要涉及货物贸易方面;另一方面,包括美国在内的一些国家对中国的贸易占比较大的是服务贸易。服务贸易的开放与货物贸易有所不

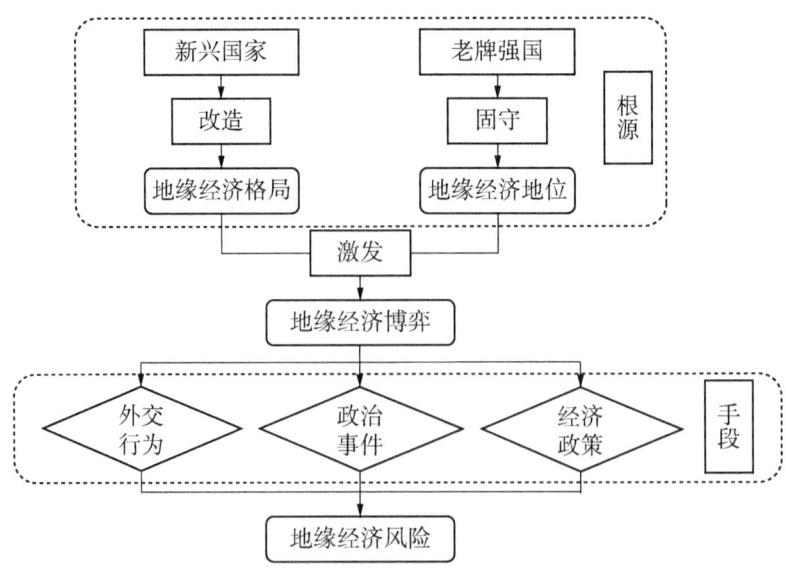

图1 地缘经济风险产生的根本原因

同,服务贸易通常与文化、历史、安全保障等议题交织,与货物贸易相比存在更多限制。在贸易战的过程中,存在非常多的手段,目前我们听到的更多的是"提高关税",其他的还包括一些非关税壁垒,比如自愿出口限制、进口配额、与健康和技术有关的产品标准,以及反倾销和反补贴措施等。从国际贸易的特点上我们可以发现,国际贸易是当前世界国家之间联系最重要的载体之一,无疑也是影响世界政治经济格局变化演进最主要、最活跃的地缘因素之一。因此,国际贸易关系变化蕴含着地缘风险。当我们在讲贸易的时候,由于学科特点,我们更多关注的是它对国家安全和利益方面的影响。

在国际贸易的研究中,也有许许多多的概念表达对我们有一定的启示。例如,国家对外贸易不仅对国家具有经济作用,同时也产生着潜在的巨大政治影响,这种影响不仅具有国内意义,同时也具有国际意义。另外,贸易是一把双刃剑,它也会带来经济的震荡、失业率的上升、贫富差距、金融危机和社会的不稳定。最近,"自由贸易"和"贸易保护"是我们提及最多的词汇,它们之间的博弈一直存在,其特点是国家实力弱小时需要国家来保护经济,一旦经济强大了就需要自由贸易;而当别的国家崛起,自己国家相对衰弱的时候,又会再次寻求贸易保护,基本上是这样一种轨迹。这也是国际贸易中,国与国之间的常态化现象。因此,中美贸易战其实并不是一个全新的现象,它一直在持续,只不过表现出来的强烈程度不同而已。从历史上看,贸易常与军事战争相伴,即使是不见枪炮的贸易战争,也往往会在无形中将一个国家击垮,所以国际贸易对国家的安全和利益有着十分重要的意义。

以上是对有关概念的界定,第二部分谈谈研究的切入点。主要是研究哪些切入点与地缘风险的关联度更大一些。我们可以考虑几个方面。

第一个方面是战略资源。资源的概念我们都非常清楚,其中,一些资源的基础性、支撑性、稀缺性和不可替代性特征,对国家安全具有决定性影响,这些资源被称为"战略资源"。战略资源是一个国家推进国家战略的保障,其种类根据各国自身的社会经济、国防军事的发展现状而有所不同。在贸易关系中,我们可以看到战略资源的几个特点。其一,战略资源是国家关注与管控的重点,因为它与国家安全密切相关。其二,针对战略资源的储备而言,有相对稀缺的国家,也有战略资源富饶的国家,后者如俄罗斯有丰富的天然气,它往往就利用战略资源发挥地缘影响,使战略资源起到杠杆作用。而对战略资源稀缺的国家而言,战略资源则是其寻求与拓展来源的政策指导,例如我国石油资源紧张,那么,我们在对外交往中就要考虑到与其他国家,尤其是主要资源来源国的关系。最后一点,战略资源是大国博弈的切入点、小国平衡的支撑点,这一点在国际关系中有所体现。

表1是在《全国矿产资源规划(2016—2020年)》中列举的24种战略性矿产资源。在这些资源中,尤其像稀土资源,是我国相对富有的,在对外的贸易战中是一个重要的砝码。这些战略资源是硬资源,实际上还有一些软资源,例如前段时间有的说法将大数据也视为我国的战略资源,因此,战略资源的内涵和外延是在不断拓展的。

表1 战略性矿产资源目录(24种)

能源矿产	石油、天然气、页岩气、煤炭、煤层气、铀
金属矿产	铁、铬、铜、铝、金、镍、钨、锡、钼、锑、钴、锂、稀土、锆
非金属矿产	磷、钾盐、晶质石墨、萤石

从战略资源的角度,我们以东盟为例,系统分析了东盟国家主要的战略资源。在后面的研究分析中,我们也以东盟国家的研究成果为例。农林作物类的战略资源包括粮食作物,例如有名的泰国大米;另外,也包括天然橡胶,"二战"期间日本在东南亚地区主要就是想获取天然橡胶资源。对于其他的战略资源,我们对其类型、作用和意义进行了梳理(表2)。

表 2　东盟国家战略资源类型

战略资源			作用和意义
农林作物类	粮食作物	大米、玉米等	粮食是社会、人心稳固的重要基础，是人们赖以生存的必备物资。粮食储备是应对重大自然灾害或其他突发事件的基本保证
	天然橡胶		天然橡胶有回弹性、绝缘性、隔水性及可塑性等特性，被用于制造运输设备使用的各种轮胎、装备生产上使用的传送带、运输带等
能源矿产类	煤	褐煤、泥煤	热解后可得半焦、煤焦油及煤气，可用作铁合金还原剂、高炉喷吹燃料等
		硬煤	硬煤相比褐煤、泥煤等热值高，是工业的血液、重要的燃料
	天然气		重要的工业燃料，可用于供电供暖
	石油产品	燃油（含沥青）	军用、民用生产、消费中都必不可少的燃料，现代化的工业的基础。此外，还可用于制作润滑油和沥青
		石油气	石油经提炼后得到的重要的燃料
金属矿产类	黑色金属	铁	铁是最常见的金属元素，是工业的基础，用途最为广泛，在社会发展、国防建设中扮演不可或缺的角色
		锰	锰是钢铁工业中必备的添加料，用于脱硫和脱氧，此外，在化工、医药、食品、分析和科研中也大有所为
		铬	铬是制造不锈钢的必备原料，此外，还用于汽车零件、金属工具的制造
	有色金属	铝	铝的用量为有色金属之首，铝及铝合金是当前用途广泛的，是最经济适用的材料
		铜	铜是用量第二的有色金属，在建筑、制造、国防等领域应用颇多
		镍	镍具有极佳的抗腐蚀性，广泛地用于军事和民用工业中的机器制造、陶瓷颜料、永磁材料、电子遥控等领域
		锡	锡是一种质地较软的金属，熔点较低，可塑性强，主要用于焊料或合金涂层
		铅、锌	铅用于生产弹头、炮弹，柔软、延展性强；锌金属延展性、耐腐蚀性良好，能与多种金属制成物理与化学性能更加优良的合金
		铀、钍	铀、钍是重要的核燃料，是原子能工业体系的基础

第二个方面是支柱产业。关于支柱产业的概念，从不同的角度出发，有不同的解读。有的说法认为，某一产业的产出在整个产业结构系统产出中占比大，就称之为支柱产业；另一种说法认为，某一产业的收入在整个国民经济收入占比多，就称其为支柱产业；也有一些外汇紧缺的国家，其支柱产业主要是外汇创收产业。综合各类研究成果，我们对支柱产业的概念给出一些量化标准。包括：市场发展潜力和竞争优势较大，竞争指数大于1；国家对外收入的重要来源，常年占贸易出口总额的8%以上或贸易出口量最大的产业；在国民经济中有较大比重，产值贡献大，占国内生产总值5%以上；具有较强的关联效应，对其他产业影响和带动作用大，是劳动力就业的重要去处；与国家产业结构演变、产业优化升级的趋势相一致。在这些量化标准下，每个国家的支柱产业都不一样。基于此，我们探究：每个国家的支柱产业分别是什么？这些支柱产业在贸易产品分类中有什么样的体现？在我国的标准经济行业分类中，这些支柱产业又属于哪一类？以东盟国家为例，一方面参考刚刚提到的量化标准，另一方面参考《东盟发展报告（2012—2015年）》、中国驻东盟各国的大使馆经济商务参赞处的国别报告、东盟各国政府工作报告等材料，得出各国的支柱产业（表3）。

表3 东盟国家支柱产业类别

国家	支柱产业	国际贸易标准分类（SITC）贸易产品分类	国标经济行业分类
文莱	天然气、石油产品	矿物燃料、润滑剂及相关材料	采矿业
柬埔寨	服装及服饰配件、鞋业	杂项制品	制造业
印尼	煤矿业、天然气	矿物燃料、润滑剂及相关材料	采矿业
	植物油产业	动植物油、脂肪和蜡	制造业
老挝	木材	原材开采及加工业	农业
	金属矿石		采矿业
马来西亚	电动机械、仪器加工制造	机电、运输设备制造业	制造业
	石油产品	矿物燃料、润滑剂及相关材料	采矿业
缅甸	天然气	矿物燃料、润滑剂及相关材料	采矿业
	果蔬产品	农副产品	农业
菲律宾	电动机械、仪器加工制造、办公设备加工制造	机电、运输设备制造业	制造业

续表

国家	支柱产业	国际贸易标准分类（SITC）贸易产品分类	国标经济行业分类
新加坡	电动机械、仪器加工制造	机电、运输设备制造业	制造业
	石油产品	矿物燃料、润滑剂及相关材料	采矿业
泰国	车辆制造、电动机械、仪器加工制造、办公设备加工制造	机电、运输设备制造业	制造业
越南	电子设备加工制造、电动机械、仪器加工制造	机电、运输设备制造业	制造业
	服装及服饰配件、鞋业	杂项制品	制造业

第三方面是特定行业。关于特定行业，在国际贸易研究中有一个理论叫作"战略贸易理论"。该理论认为，国家应该在一些特定的行业里追求比较优势。这些行业能带来未来的经济收益，并且这些行业上落后竞争对手将给该国带来巨大的经济成本和社会成本。特定行业是发达国家在前沿领域、新型领域争夺的焦点。从另一个角度看，贸易战正是针对我国的"中国制造2025"展开的。

从地缘风险研究来讲，我们还应该对就业人口多的产业进行细分。因为贸易战很可能造成就业人口多的行业失业率增大，引发社会动荡，对国家稳定与安全造成较大影响。以反制为例，当我们在新闻媒体中反制美国的大豆时，影响的人口很少；其原因在于大豆经济在国民经济中的占比不大，涉及的人口不多，其社会风险较小。相反，有一些行业的行业变化对就业人口影响很大，我们若将这些行业提出来，对安全分析来说是非常有意义的。在其他方面，也有学者将产业链、价值链、物流链等作为地缘风险研究的切入点，较多的是涉及经济层面。

最后一部分是度量指标及测算。在经济关系和贸易关系方面，不同的学者对度量指标与测算有不同的研究，主要有敏感性、脆弱性、依赖程度、保障度等概念。相关学者在经济方面、在国家与国家之间的关系中，对"经济相互依赖"的研究较多。例如，国际货币基金组织曾在1985年对"经济相互依赖"给出定义：经济相互依赖一方面体现在"别国发生的事情将对一国的经济产生影响"，另一方面体现在"一国要做的事情在一定程度上依赖别国的行动和政策"。这样的关系自然而然会引发地缘效应，尤其是一个国家对另一个国家的时候。1998年，约瑟夫·奈、罗伯特·基欧汉这两位外国学者提出将"敏感性"与"脆弱性"作为理论分析工具。2016年，华东师范大学的杜德斌教授基于国家间相互依存的敏感性与脆弱性，对中国经济权力空间格局演化进行研究，将中美两国做对比，划分了权力的高能、中能、低能区，并且以2002—2013年的趋势，演算出了权力空间拓展能力的上升区和下降区。

所谓"敏感性"，是指一国受到另一国的变化带来的冲击时，将付出多大的代价，所衡量的是依赖关系破裂后付出的代价。在以往许多贸易关系的研究中，"敏感性"的传统构建方式基本是利用进口额、出口额及进出口总额来分析。我们的研究将前面提到的战略资源、支柱产业的概念引进来，由此会看到一些计算结果发生变化，或者能反映一些更真实的情况。我们发现，战略资源对国家之间贸易关系的影响往往比较大；当对战略资源依赖性比较强的时候，相应的敏感性会升高。"敏感性升高"的意思是，比如德国从俄罗斯进口的石油占进口资源比重很大，那么，德国在对俄罗斯其他方面的事项，在政策和表态上的强硬程度就会不一样，这就是其中存在着的杠杆作用。

接下来是"保障度"，北京师范大学的葛岳静教授及其团队在"保障度"这方面做了很多的研究。我们引入他们的"资源保障度"概念做了一些分析，也就是接下来展示的东盟国家对中国战略资源保障度的分析。数据分析得出，根据对中国战略资源保障度大小的高低，东盟国家可以分为几类：第一类是印尼，第二类是泰国，第三类是菲律宾、马来西亚、越南、缅甸和新加坡，第四类包括老挝、柬埔寨和文莱。我们可以看到，印尼对我国的战略资源保障度较高，2014年印尼的数据有比较明显的下滑，主要是因为当时印尼政府颁布了多项原矿出口禁令。泰国主要是橡胶出口和粮食出口，资源和中国呈现互补关系，是除印尼之外战略资源保障度最高的东盟国家。第三类的五国对我们国家资源保障度均在0.25以下。老挝、柬埔寨、文莱保障度较小，主要是由于其自身体量或发展程度有限。在此基础上，我们利用战略资源保障度对之前的敏感度指标进行修订，修订之后得出东盟国家对中国贸易的敏感性，敏感性较大的是缅甸、老挝。同时，我们也得出了东盟国家对其他域外大国，如美国、日本、印度的敏感性结果。以缅甸为例，对比2007—2016年缅甸与域外国家的贸易总额、进出口额，可以看到无论出口还是进口，缅甸与中国的贸易关系在这10年间都有很强的依赖性。接下来我们分析了缅甸的出口产品结构、进口产品结构，以及2007—2016年间缅甸单独出口到中国的贸易结构和从中国进口的贸易结构。

据此，我们将东盟国家贸易格局的演变做了一种分析，比如2007年与2016年，东盟国家对主要域外大国的贸易敏感性的顺位变化对比，这个是经过修正得出来的结果（表4），与原来修正前反映的结果（表5）是有所差异的。可以看到，从经济贸易的角度讲，无论10年前还是10年后，柬埔寨对美国的敏感性都很强。在这种情况下，一旦美日有所动作，对柬埔寨都会有相应的影响。具体对比修正前后的格局的顺位变化可以发现，如果我们单纯地看贸易总额和进出口额，单纯从这些笼统的指标来看的时候，中国在东盟国家有绝对优势，但实际情况并不是这样。缅甸的经济对美国的敏感性比较强，美国经济动荡对缅甸影响较大。从贸易额可以看出，缅甸对中国出口的贸易额占比较小，对美国的出口贸易额这么多年来变化不大，一直占比较高，美国一直是其重要的出口国。

表4 2007年与2016年东盟国家对主要域外大国的贸易敏感性的顺位变化对比修正后结果

国家	2007年 顺位1	2007年 顺位2	2007年 顺位3	2016年 顺位1	2016年 顺位2	2016年 顺位3
文莱	日本	韩国	美国	日本	韩国	印度
柬埔寨	美国	日本	中国	美国	日本	中国
印尼	日本	美国	中国	美国	中国	日本
老挝	中国	韩国	美国	中国	日本	美国
马来西亚	美国	日本	中国	美国	中国	日本
缅甸	中国	美国	日本	中国	日本	美国
菲律宾	美国	日本	中国	美国	日本	韩国
新加坡	中国	美国	日本	美国	中国	日本
泰国	美国	日本	中国	美国	日本	中国
越南	美国	日本	中国	美国	日本	中国

表5 2007年与2016年东盟国家对主要域外大国的贸易敏感性的顺位变化对比修正前结果

国家	2007年 顺位1	2007年 顺位2	2007年 顺位3	2016年 顺位1	2016年 顺位2	2016年 顺位3
文莱	日本	韩国	美国	日本	韩国	中国
柬埔寨	美国	中国	韩国	美国	中国	日本
印尼	日本	美国	中国	中国	日本	美国
老挝	中国	韩国	日本	中国	日本	印度
马来西亚	中国	美国	日本	美国	中国	日本
缅甸	中国	日本	韩国	中国	印度	日本
菲律宾	美国	日本	中国	美国	中国	美国
新加坡	中国	美国	日本	美国	中国	日本
泰国	日本	中国	美国	日本	中国	美国
越南	美国	日本	中国	美国	日本	韩国

再一个是"脆弱性"指标。"脆弱性"指的是冲击的一国的替代选择能力及为此付出的代价，衡量的是依赖关系破裂后的补救成本。我们也对传统的脆弱性指标的计算方法进行了修正，引入"支柱产业"这一指标。接下来对2007—2016年东盟对域外国家的脆弱性格局演变进行了计算分析。在

分析的基础上,我们也对 2007 年与 2016 年东盟国家对域外国家的脆弱性格局的顺位变化进行了对比,同前一样,修正前的结果和修正后的结果(表6)对比有较大的差异。

表6　2007 年与 2016 年东盟国家对域外国家的脆弱性格局的顺位对比

国家	2007 年			2016 年		
	顺位1	顺位2	顺位3	顺位1	顺位2	顺位3
文莱	日本	韩国	美国	日本	韩国	印度
柬埔寨	美国	日本	韩国	美国	日本	中国
印尼	日本	韩国	中国	中国	印度	日本
老挝	中国	韩国	日本	中国	印度	韩国
马来西亚	美国	中国	日本	中国	印度	日本
缅甸	印度	中国	日本	印度	中国	日本
菲律宾	日本	中国	美国	美国	日本	中国
新加坡	中国	美国	日本	中国	美国	日本
泰国	中国	美国	日本	日本	美国	中国
越南	美国	日本	韩国	美国	中国	日本

从中我们可以得出结论:美国的影响力依旧显著;中国在东盟国家中已经有不俗的影响力;日本和韩国则犹如逆水行舟,影响力有明显衰退迹象;印度在地理区位上与东盟国家比较相近,积极推进"向东战略",与东盟国家联系较紧密,作为新兴势力上升趋势明显。

最后是"依赖程度"。我们借鉴空间引力模型与国力方程,构建模型来测算经济相互依赖关系程度,在测算中考虑了敏感性和脆弱性指标。以往的贸易依赖程度模型主要是研究两国之间的情况,在这里我们还引入了第三国的影响因子来对模型进行修正。当模型测算结果为正值时,说明这个国家起主导作用;为负值时,说明其影响力没有那么强。在以上的测算基础上,我们可以了解不同的域外大国在东盟的影响力分布。

总的来说,我刚刚展示的整个研究不是一个项目,而只是提供一个思路,主要从三方面讲了基于贸易关系的地缘风险研究。希望大家在提问的过程中也能提出一些建议,互相探讨还能从哪些方面继续深入研究。我的报告到此结束,谢谢大家!

问答环节

宋长青：谢谢刘教授给我们带来非常精彩的报告。风险研究是将来地理学各个领域大家都要关注的一个名词和方向。无论做政治地理研究、地缘关系研究，还是做地缘政治研究、地缘贸易研究等，未来都要做评价。评价的其中一项就是评价有效性、可实践性，也就是风险程度，所以这类型的研究非常重要。刘教授在从理论到计算的过程中，都把许多其他领域如经济领域、国际贸易领域的一些做法引入地缘研究中，这是一个很有代表性的工作。下面请大家踊跃提问。

提问 1：刘教授，您好！我想听您讲讲中、朝、韩这三个国家与美方之间的关系，就简单地谈一谈。因为我下午的汇报是讲中韩的关系，所以我也想听听在您眼中关于萨德的影响。

刘建忠：题目有点大，一时半会其实说不清楚。实际上，在中韩两国的关系中，韩国受美国影响非常大，因为在安保上，韩国是完全依托美国的；而朝鲜最近开始和周边国家的关系有所松动，之前谁都不了解它的情况。韩国由于在军事上要依靠美国，有时会做出一些身不由己的事情，比如萨德的部署。我们在研究世界格局的内容中，有一项是武器装备的发展对世界格局的影响，比如空权论的出现、弹道防御系统的出现等。萨德系统的出现实际上对我国的战略空间是一个很大的挤压，所以我们要通过其他的方面来调整跟韩国的关系。当然，有些方面也存在一些制裁的问题。另外，政治问题常常有可能会因为一届政府、一届领导人的改变而发生一些变化，比如朝韩之间的关系就非常明显，当大家都以为马上要开始战争时，一个会晤就把很多问题都解决了。

提问 2：我想提一个问题，在地缘风险研究中，假如两个国家没有相邻，比如中国和印尼，它们之间的风险也称为"地缘风险"。在这种情况下，地缘风险的定义会不会出现歧义？比如，似乎任何国家的关系风险都可以称为"地缘关系风险"，或者任何国家之间的关系都可以称为"地缘关系"，我不知道对地缘关系的界定有没有一个标准。

刘建忠：提到了相关定义，国家处在世界版图中，每个国家都是其中的一员，彼此都存在着一定的联系，因地而异，故都具有一定的地缘关系。相邻只是物理空间的一种关系，物理空间上的不相邻并不等于不存在地缘关系。谈到地缘风险，我们讲到了地缘环境、地缘条件，还有昨天宋老师讲到的地缘关系，这三个方面发生变化的时候，相应的国家会存在一定的风险，当然，风险的程度不一样。比如"一带一路"的建设，有时候就像自己家门前要修高铁站、通高铁一样，那你家的地位价值一下就上升了，马上就会有人去抢购房子了，虽然自家房屋会升值，但从自己购买力来讲就存在生活成本提高的风险。实际上，国家也是类似的，当条件发生变化时，都会产生影响，影响的大小因国家而不同，所以我刚刚强调谈地缘风险一定要明确对象。

提问3：刘老师，您好！我有个问题，您在敏感性、脆弱性指标测算中，在比较国家之间的这些度量指标时，有没有考虑国家的经济体量这个因素？比如两个国家按照敏感性、脆弱性比较会有高低，但可能这两个国家的经济体量是完全不同的，那么，从风险的角度看，它们面临的风险可能就不一样。

刘建忠：对，在敏感性、脆弱性中没有算，但在算依赖程度的时候，是把体量因素算进去了。比如中国体量这么大，内驱市场很大，受到的影响自然而然会小。当某一类资源的来源渠道比较多的时候，相对的敏感性也会降低。

宋长青：好，提问环节到这里结束。再次感谢刘教授！借用主持人的权利，我简单说两句。刚刚有位同学问道，是不是任何两个国家之间的关系都是地缘关系。这里我们要注意两个名词之间的关系。昨天，两位美国教授送了刘云刚教授两本书，一本叫 *Geopolitics*，一本叫 *Political Geography*。我的理解是，geopolitics 就是我们讲的地缘政治，political geography 就是政治地理，从他们的报告过程中也透露出两个特点。地理学是讲究划分不同尺度的，墨菲教授讲到了亚国家尺度怎么划分，讲到了地方、区域和全球，而没有国家的尺度，上下没有限制，可以做到亚国家尺度，这就是政治地理研究的概念。但是在地缘政治的研究中，传统认为是以国家为单位的。从两个领域的划分体系来看，地缘政治与政治地理研究的内容、大致的方式差不多，都是研究不同大小的地区之间的关系，包括经济、贸易关系等。但是，为什么地缘政治的研究是以国家为单位的呢？国家和地区是什么呢？实际上，国家有一个行政权力的管治系统，国家上面没有任何东西，即使是联合国也不能控制某一国家。所以我的理解是，将地球上一个独立的政权体系来作为地缘关系研究的基本单位。所以说，任何两个国家之间的关系都是地缘关系。不同国家有不同的政治体制，比如中国的政治体制，中央政府下达指令，下面执行得比较统一；而美国，各州有各州的法律，但对外还是统一的，比如每个州不能自己私自定关税。所以，地缘关系基本是在国家层面的。这是我想给大家解释的第一个问题。

第二个问题是,为什么我们现在研究这么多的地缘关系,甚至为政治地理和地缘关系成立相关的委员会?地理学发展到今天,交通技术、军事打击技术等大幅发展,隔空打击的能力越来越强了,所以在研究地缘关系时,常常涉及脱离彼此领土相连的关系研究,展开跨国跨地区的研究。比如刘教授就举了很好的例子,在研究东盟的区域关系时将美国纳入研究,虽然美国离这里很远,不在一个大洲上,但是它对这个地区影响很大。所以,地缘关系研究是不是相邻关系研究?不是的。我们现在研究一些关系可能没有考虑地理因素,但是当讲到自然灾害、资源灾害、环境等这些风险的时候,它们跟自然地理要素的关系就非常密切了。未来的地理研究有两类要素,一类是严格受环境空间约束的要素,如自然要素、水土气生要素;另一类是不受严格环境空间约束的要素,如资本、劳动力。所以未来我们以国家为单位开展的研究会越来越多,例如地缘研究。

以上是我借主持人的身份稍稍做的一些解释。让我们以热烈的掌声感谢上午的两位报告人。

第十一讲 地缘环境与沿边发展
——以南亚、东南亚为例

骆华松　云南师范大学

云南师范大学旅游与地理科学学院的骆华松教授带来题为"地缘环境与沿边发展——以南亚、东南亚为例"的学术讲座。骆华松教授首先介绍了地缘环境从宏观到微观的四个尺度结构，分别是全球尺度、区域尺度、国家尺度和项目尺度；接着，梳理了地缘环境研究三个关注点——地缘关系、地缘风险和地缘影响力，阐述了它们的概念及其评估指标体系；随后，阐述了中国与南亚、东南亚间的区域合作体系及沿边开放体系，并通过云南西双版纳自治州打洛、磨憨两个口岸在经贸交易额、发展政策上的差异，分析了沿边发展差异与地缘环境之间的关系；最后，提出沿边发展规避地缘风险的策略。在交流环节，骆华松教授对学员们提出的关于地缘政治关系评估评价指标体系的疑问进行了详细解答。

刘云刚：下面是云南师范大学旅游与地理科学学院院长骆华松教授带来的讲座。近年来，骆老师和他的团队在边疆、边境、东南亚研究领域上有非常多的成果产出，与我们专场的主题非常契合，接下来我们掌声有请骆老师。

骆华松：我今天来与大家分享这几年我们团队的研究领域。云南具有西南边陲的学术氛围以及独特的区位特点。2004年开始，我们团队就开始从事地缘环境与沿边发展方面的研究。后来我们的团队成员越来越多，队伍不断壮大，也有了很多不同的研究方向。今天我想与大家分享的是地缘环境与沿边发展这一问题，并介绍一些我们团队的研究成果。

我分成三个方面来讲，首先是地缘环境，主要关注总体的尺度结构，其次是目前学术界研究和关注比较多的三个内容，分别是地缘关系、地缘风险和地缘影响力。

首先是地缘环境尺度结构（图1）。尺度是地理学研究的重要内容，尺度在时间和空间上都有不同区分。从空间角度来讲，从宏观到微观，我们把地缘环境的尺度分为全球、区域、国家和项目尺度，相应的地缘环境有国际、区域、国家和项目四个层次，分别对应相应层次的地缘风险，最终将不同尺度的地缘环境、地缘风险、地缘关系都包含在这一系统中。国家这一层面又分为国家间的和某个国家内的，这就是基本的尺度框架。

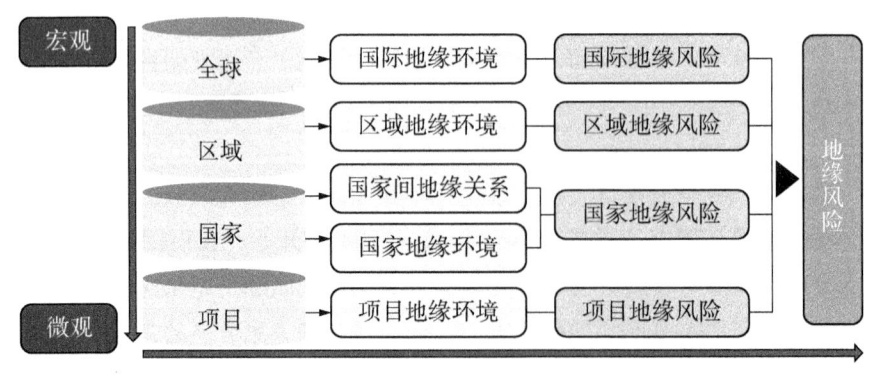

图1 地缘环境尺度结构

地缘关系分为地缘政治关系和地缘经济关系，地缘政治关系指标体系的构建主要依据阎学通和周方银2004年在《中国社会科学》上发表的文章[①],这篇文章也有很多学者引用。早些时候,我们也根据这一指标体系对不同国家与东南亚的地缘政治关系进行测度,最后的结果如表1所示。

表1 主要大国或国家联盟与东盟国家地缘政治关系指数

国家	中国	美国	日本	俄罗斯	印度	欧盟
柬埔寨	24	12	22	18	14	22
老挝	22	14	20	22	16	18
缅甸	22	12	14	18	14	16
新加坡	20	24	20	20	20	18
印度尼西亚	16	20	18	20	20	22
文莱	18	20	22	18	18	18
马来西亚	18	18	20	20	20	22
菲律宾	14	22	20	18	18	22
越南	12	16	20	22	20	22
泰国	24	22	20	20	20	20

表1中横向是六个全球主要大国和国家联盟,纵向是东盟国家。其中判别范围在22至24之间为高度安全,18至21之间为中度安全,15至17之间为低度不安全,8至14之间为重度不安全。

那么,如果将中国与美国挑出,分别测算中美两国与东盟国家之间的地缘政治关系指数,则结果如表2所示。

表2 中国与东南亚十国的地缘政治关系分析

关系类型	判别范围	与中国	与美国
高度安全	22≤s≤24	柬埔寨、老挝、缅甸、泰国	新加坡、菲律宾、泰国
中度安全	18≤s<22	新加坡、文莱、马来西亚	印度尼西亚、文莱、马来西亚
低度不安全	15≤s<18	印度尼西亚	越南
重度不安全	8≤s<15	菲律宾、越南	柬埔寨、老挝、缅甸

根据表2的结果,中美两国与东南亚十国的地缘政治关系可以分为高度安全、中度安全、低度不安全和重度不安全。在对应的国家上,与中国高度

---

① 阎学通、周方银:《国家双边关系的定量衡量》,载《中国社会科学》2004年第6期,第90–103、第206页。

安全的有柬埔寨、老挝、缅甸和泰国，与中国重度不安全的是菲律宾和越南，这与目前的国际形势是相符的。同时，对比美国与东盟国家的地缘政治关系，可以发现有很大的不同，许多国家甚至是完全反过来的。

另一个方面则是地缘经济关系，地缘经济关系比地缘政治关系要出现得更早，主要运用欧氏距离的公式，来比较和分析两个区域或两个国家之间的地缘经济关系，最后得出两个比较单位/国家之间是合作的还是竞争的关系，又或者是中间过渡型的关系。运用这一方法①计算不同国家与东南亚的地缘经济关系，其结果如表3所示。

表3 主要大国或国家联盟与东盟国家地缘经济关系指数

国家	A 日本	B 中国	C 印度	D 美国	E 俄罗斯	F 欧盟	G	W
柬埔寨	0.1698	1.1869	0.4034	-0.4896	0.1635	-0.6052	0.8289	0.0975
老挝	-0.6704	-0.8711	-0.7864	-0.6424	-0.5695	-0.2265	-3.7481	-0.4410
缅甸	3.0061	3.7625	2.0044	2.4717	1.7368	0.8072	13.7887	1.6222
新加坡	1.7036	1.8505	1.1062	2.5823	1.3888	9.9368	1.1690	—
印度尼西亚	0.1610	-2.8463	-1.2260	0.6859	-0.1937	0.5476	-2.8714	-0.3378
文莱	-1.6996	0.4954	0.3147	-3.2811	-0.7741	-1.6380	-6.5827	-0.7744
马来西亚	-1.8526	-0.4120	-0.3373	-2.2501	-1.2291	-1.0195	-7.1006	-0.8354
菲律宾	-0.5903	0.5473	0.1010	-0.0429	0.0869	-0.1275	-0.0255	-0.0030
越南	1.1827	-2.3772	-0.7509	2.1832	0.6409	1.3261	2.2048	0.2594
泰国	-1.4103	-1.3361	-0.8292	-1.2352	-1.1672	-0.4530	-6.4310	-0.7566

表3中横向是六个全球主要大国和国家联盟，纵向是东盟国家。其中判别范围在低于-0.5为强竞争型，-0.5至0之间为一般竞争型，0至0.5之间为一般互补型，高于0.5为强互补型。

再将中国与美国单独挑出，分别测算中美两国与东盟国家的地缘经济关系指数，结果如表4所示。

---

① 设 X_1 为某地区固定资产投资总额/该地区 GDP，X_2 为某地区在岗职工工资总额/该地区 GDP，X_3 为某地区农业增加值/该地区工业增加值。根据欧氏距离值（ED）的计算，若记 a、b 两地地区之间的距离为 ED_{ab}，则有公式：

$$ED_{ab} = \sqrt{\sum_{j=1}^{n}(x'_{aj} - \overline{x_{bj}})} \quad 其中，j = 1、2、3。$$

表 4 中国与东盟国家的地缘经济关系分析

关系类型	判别范围	与中国	与美国
强竞争型	$-\infty < ED' < 0.5$	印度尼西亚、越南、泰国	马来西亚、老挝、文莱、泰国
一般竞争型	$-0.5 < ED' < 0$	马来西亚、老挝	缅甸、菲律宾
一般互补型	$-0 < ED' < 0.5$	文莱、菲律宾	—
强互补型	$0.5 < ED' < +\infty$	柬埔寨、缅甸、新加坡	新加坡、缅甸、越南、印度尼西亚

根据表 4 结果，中美两国与东盟国家的地缘经济关系分为强竞争型、一般竞争型、一般互补型和强互补型。从表 4 中可以看出，中美两国与东盟国家之间的地缘经济关系也有很大的差异性。

如果对比地缘政治关系和地缘经济关系，可以发现两者之间具有一定的内在联系。地缘关系属于地缘环境研究的基本范畴，目前研究方法比较成熟，但也需要创新。地缘关系的判断对于全球地缘环境的网络结构和网络系统是非常有用的。如果对所有国家的地缘政治关系和地缘经济关系都进行两两对比分析，虽然在数据收集上难度很大，但能够得出重要的地缘关系节点和全球主要集团的空间分布，这对政治地理学的基本空间结构具有重要的意义。以上就是给大家展示和梳理了目前地缘关系研究的主要方法和中美与东南亚国家间地缘政治经济的研究成果。

地缘风险是目前关注和研究的热点，刚才在地缘环境尺度结构中我们提到了从全球到项目四种不同层次尺度结构，其中项目尺度是最小的尺度单元。从项目角度来看，需要了解项目在实施的过程中存在什么样的潜在威胁，即地缘因素所带来的地缘风险。以项目尺度为例，在实施过程中，不仅存在着项目本身的因素所带来的地缘风险，而且它之上的尺度，如国际尺度或全球尺度的大国干预都会对项目实施产生影响。因此，以项目尺度作为研究对象，需要把所有层次的尺度因素都考虑进来。

此外，需要注意的是，全球尺度因素主要体现为大国干预。区域尺度包括区域主义和邻国关系，而国家尺度则涵盖了两国关系、东道国（即投资目的地）本身的因素、具体项目的特征，以及与地方特点相结合的因素。在这些因素的共同作用或叠加作用之下，即形成了重大项目的地缘风险，这就是地缘风险的形成过程和机制。

由于研究的尺度不同，不同的地缘风险所对应的指标体系也是不一样的。在最小的项目尺度中,需要考虑到所有可能的因素。但如果研究国家尺度上的地缘风险,那么可能只有几项比较大的因素会对其产生影响。最近我们也在研究有关具体国家的地缘风险的测算,这个指标会有所不同,会落实在基本层面,包括政治风险、经济风险、社会风险的基本结构。而项目尺度的指标体系会更加复杂。

依据地缘风险形成机制,我们构建了地缘风险评估指标体系,如表5所示。

表5 "一带一路"重大项目地缘风险评估指标体系

目标层	子目标层	权重	准则层	权重	指标层	权重
"一带一路"重大项目地缘风险	国际地缘环境风险	9.81	国际地缘环境风险	9.81	大国干预	9.81
	区域地缘环境风险	3.71	区域地缘环境风险	3.71	区域主义	2.33
					东道国与邻国关系	1.38
	投资国—东道国地缘关系风险	51	中国—东道国地缘政治关系	38.25	联盟与对抗关系	19.47
					经济关联程度	4.23
					领土、领海边界纠纷	12.52
					民族宗教纠纷	2.03
			东道国对华关系	12.75	政府对华关系	9.57
					民间排华思潮	1
					东道国多边下注	2.18
	东道国投资地缘风险	29.82	地缘政治风险	19.13	政局稳定性	16.74
					政府干预	2.39
			地缘经济风险	5.54	开放程度	2.77
					经济自由度	2.77
			地缘社会风险	3.48	民族宗教矛盾	2.61
					非政府组织	0.87
			地缘资源环境风险	1.67	资源民族主义	1.34
					生态环境脆弱性	0.33
	项目层次地缘风险	5.66	具体项目地缘风险	5.66	对中国的战略意义	1.81
					选址地局部动荡	2.61
					引发的社会问题	0.68
					引发的生态环境问题	0.34
					自然灾害	0.22

表5中有各个地缘风险评估指标层及对应的权重,这一研究成果2018年已经在《人文地理》上发表①。我们根据这一指标体系,对中国面向东南亚和南亚的地缘风险进行了评估,风险等级分为高度风险、中高度风险、中低度风险和低度风险。中国面向东南亚、南亚的地缘风险测算结果及地缘风险评估情况如表6所示。

表6 中国面向东南亚、南亚地缘风险测算结果

风险等级	东南亚	南亚
高度风险	菲律宾(6.4039)、越南(6.1429)	印度(6.1176)
中高度风险	缅甸(4.9742)、印度尼西亚(4.9667)	阿富汗(4.9632)
中低度风险	马来西亚(4.3282)、泰国(4.1558)、新加坡(4.0588)、文莱(4.0424)、东帝汶(3.5512)	不丹(4.1717)、尼泊尔(4.0360)、斯里兰卡(3.8075)、孟加拉国(3.6287)、巴基斯坦(3.6155)、马尔代夫(3.5099)
低度风险	老挝(3.0232)、柬埔寨(2.9038)	—

项目层面的地缘风险还有一个重要特征即中心性。我理解的中心性就是从某个国家出发来研究和评价其地缘风险,例如我们研究的"一带一路"的地缘风险评估即以中国为中心的角度出发,进行研究和评估。刚才的指标体系中也有投资国和东道国,而在"一带一路"的地缘风险研究中,投资国就是中国。

根据上述的测度方法,可以得出中国面向东南亚、南亚地缘风险评估情况分布。

总体来看,中低度风险国家比较少,而中高度风险国家比较多。其中,印度比较特殊,因为同属于亚洲大国的竞争关系,由此带来的风险非常明显。在众多的东南亚国家中,政局的不稳定性是风险来源的重要方面。

最后,地缘环境当中的指标之一地缘影响力,也是最近研究的热点,由北京师范大学的王淑芬率先构建了地缘影响模型②,该模型是借鉴了区域位势的模型;后来,滑腾飞在此模型上加以修改和完善,增加了部分指数,得

---

① 洪菊花、骆华松、梁茂林、朱汝霞:《"一带一路"重大项目地缘风险研究》,载《人文地理》2018年第1期,第130–136页。

② $P_i = (H_j + S_j + M_j) e^{-r_{ij}}$。

到了第二个模型①。我们在研究中，除了共性的硬实力、软实力、相互依赖力以外，又增加了交流互动力。在这个模型中，对于其中的地理距离因素，原来使用首都与首都之间的直线距离来表达，一般意义上，这种表达没什么问题。但后来在研究中印对尼泊尔的影响时发现，三国是相邻的，因此又增加了地形，即可达性因素。之所以要增加地形的因素，是因为尼泊尔到印度和尼泊尔到中国的实际地形状况影响的结果。尼泊尔北面是喜马拉雅山脉，南面与印度之间没有太多障碍，最高海拔的喜马拉雅山脉在中国与尼泊尔的边境上，因此，虽然中国与尼泊尔接壤，但印度与尼泊尔的可达性要远远好于中国与尼泊尔的可达性。修正完善后便得出了新的地缘影响力模型②。

对上述的硬实力、软实力、相互依赖力、交流互动力和地理因素的几个指标性因素进一步细化，最后形成了地缘影响力评价指标体系（图2）。

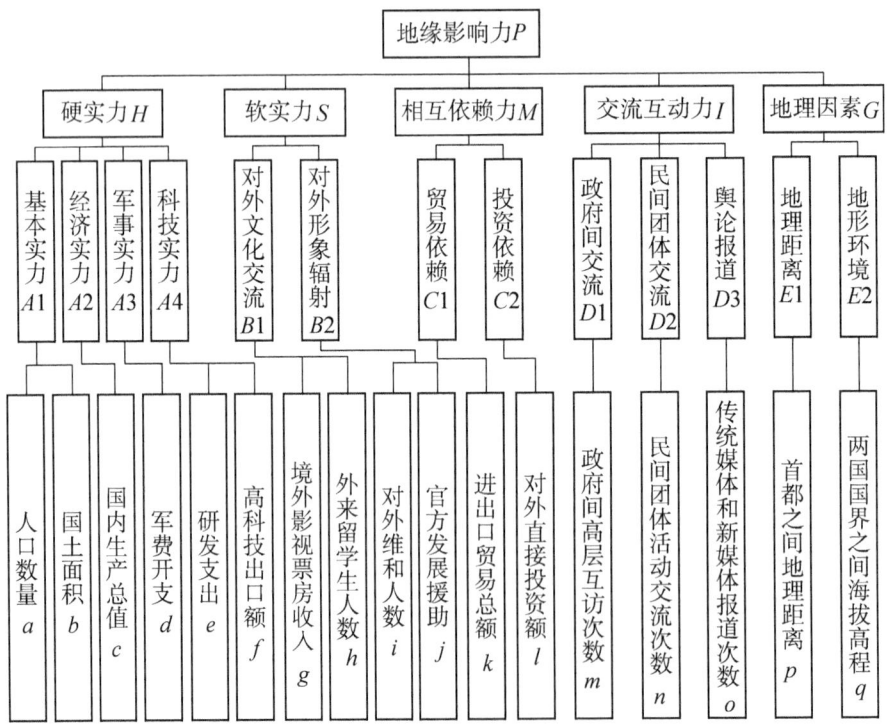

图2 地缘影响力评价指标体系

---

① $P_i = (\alpha H_j + \beta S_j + \gamma M_j) e^{-\delta_j r_{ij}}$。

② $P_i = (\alpha H_j + \beta S_j + \gamma M_j + \delta I_j) e^{-(h_{ij} + r_{ij})}$。

实际上，目前在研究东南亚问题上很大的障碍就是资料的收集，在一本专著上要把所有的资料都收集齐是非常艰难的。在中国和印度对尼泊尔的地缘影响力研究上，因为尼泊尔本身是小国，且处在中国和印度之间，具有很强的依赖性，中印的关系以及中印实力的对比对于尼泊尔的战略制定非常重要。我们对中国和印度分别对尼泊尔产生什么样的地缘影响力进行比较研究。这一研究收集了网站、统计年鉴、报告等数据进行比较分析。研究结果如图 3 所示。

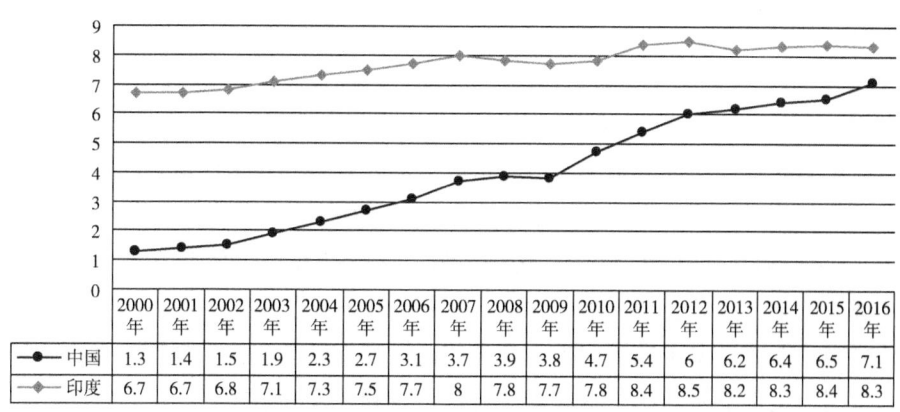

图 3　中国与印度 2000—2016 年对尼泊尔地缘影响力走势

从图 3 来看，从 2000—2016 年，2006 年以前的数据难以获取，图 3 中上面的趋势线是印度对尼泊尔的地缘影响力，下面的线是中国对尼泊尔的地缘影响力。而从地缘影响力的差值（图 4）来看，从 2006 年差 5.4，到 2016 年仅仅相差 1.2，可以看出中国与印度对尼泊尔的地缘影响力差距越来越小。我们也通过回归分析对未来趋势进行预测，通过分析，在 2022—2023 年之间，中国对尼泊尔的地缘影响力和印度对尼泊尔的地缘影响力可达到平衡，2023 年后，中国对尼泊尔的地缘影响力会超过印度对尼泊尔的地缘影响力。我们还对当中印对尼泊尔的地缘影响力趋近平衡及中国对尼泊尔的地缘影响力超过印度的时候，中国、印度和尼泊尔三国的战略思想和策略进行分析。以上是地缘环境影响力的研究方法及在东南亚、南亚的实证应用。

关于地缘环境的研究，常规的定性的地缘环境分析对社会经济有很大的影响和作用，对于区域合作也是很好的支撑。目前地缘环境研究的集中点主要是地缘关系、地缘风险和地缘影响力。

还有一个问题是沿边区域发展，这是我们非常关注的问题。边疆地区特别关注沿边区域发展。第一，以西南地区为例，在整个区域合作中，中国与

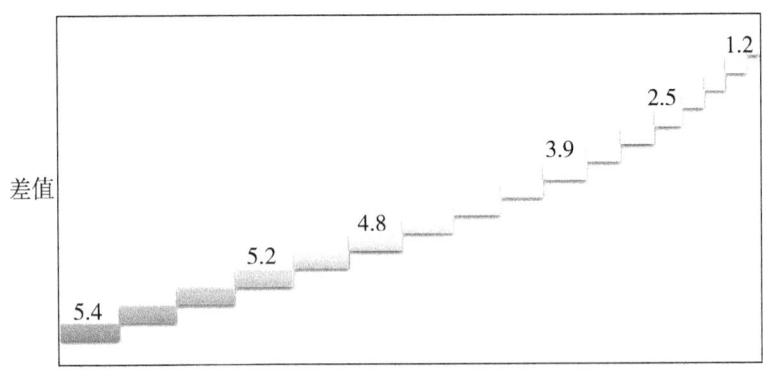

图 4 中国与印度 2000—2016 年对尼泊尔地缘影响力差值

东南亚的区域合作以云南为中心，形成了对内对外的多边区域合作体系，这一体系在逐渐优化。包括南贵昆经济区、川滇藏"大香格里拉"生态旅游区、"金四角"次区域合作、"泛珠三角"区域合作、大西南六省区市七方经济协调会、澜湄合作（原 GMS）、孟中印缅区域合作、中国—东盟自由贸易区等，形成了多重的国内外相交叉的区域合作机制，比较烦琐，现有合作的机制优化也亟待解决，这在澜湄合作中受到较大的重视。

第二是面向南亚和东南亚的沿边开放体系。区域与区域之间，区域的对外贸易和合作属于区域开放的表现，这个开放体系是从点到线再到面的，整个沿边开放的重点载体包括口岸、边民互市点，从整个西南地区乃至西藏，有一类口岸 17 个，二类口岸 10 个，边民互市点比较小；从线上有通道；从面上角度有边境经济合作区、跨境经济合作区、重点开发开放实验区。其中，边境经济合作区是在中国境内的，跨境经济合作区是跨两国国界的合作区，重点开发开放实验区在云南、广西各有两个，云南的瑞丽、勐腊，广西的凭祥、东兴，重点开发开放实验区在对外开放政策上有很多优惠政策。从点到重点开发开放实验区构成了西南地区直接的沿边对外开放体系。

第三，沿边地区虽然同属云南或者广西，但内部发展有很大的差异。从全国的角度来看，西南、西北和东北在对外开放和沿边发展上有很多不同，这里不详细展开，但是即使是在局部沿边地区也有很大的差异。这里以景洪市的打洛和磨憨为例，两个都是国家一类口岸，在同一省的同一州市，但是由于面向的国家不同，磨憨面向老挝磨丁，打洛面向缅甸，磨憨口岸的进出口额是打洛的十多倍。虽然两者都是国家一类口岸，省和国家政策支持也是一样的，但是两者的发展侧重和被重视程度以及发展额度有很大的差别。在这种情况下，磨憨—磨丁跨境经济合作区被批为国家重点开发开放实验区，而老挝磨丁的发展也有巨大的提升。

我们用地缘环境的理论解释沿边地区发展的差异，对于中国来说，打洛和磨憨所在乡镇的社会经济发展条件和区位优势并没有太大的差别，都属于内陆边境的沿线口岸，都是国家一类口岸，区别在于所接壤国家的不同和两个口岸所处地缘环境的差异。最终研究结果显示如图5所示。

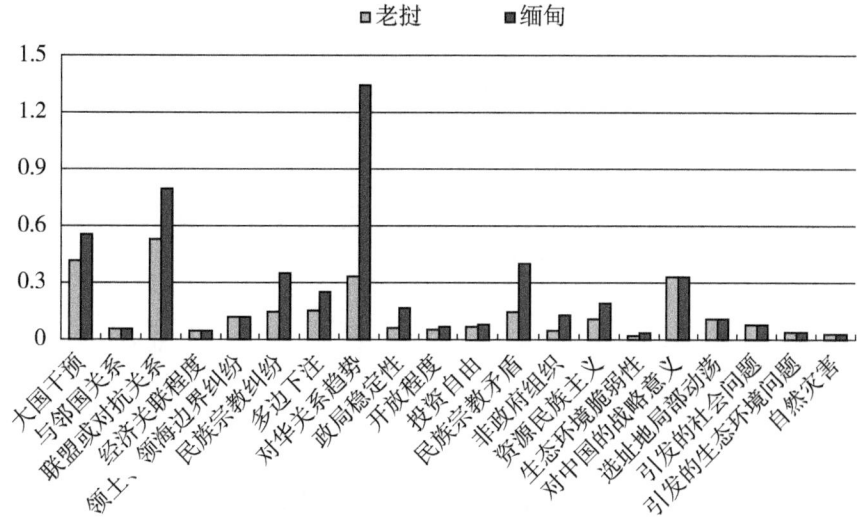

图5　沿边发展差异的地缘环境解析

从图5可以看出，最大的影响因素是对华关系趋势。缅甸对华关系相比老挝更加不稳定，并且缅甸排华的倾向和暴乱也更加严重。其次是联盟或对抗关系以及大国干预。美国对东南亚各国都想加以干预，但各个国家本身的政体和民主发展的差异，这使得大国干预的影响力有所差异，其表现也不相同。总的来说，由于受地缘环境的不同要素的影响，沿边地区发展本身具有很大的差异性。

以密松水电站项目为例，密松水电站项目由于缅甸政府的临时变动，至今没有恢复，一直搁置着，目前已经造成近70亿美元的损失。影响因素包括：项目层次的生态、移民；国内层次的内部武装冲突、民主力量、政府转型；国家间层次的中缅关系的转变、全球层次的大国干预。密松水电站项目成为缅甸克钦地方势力、民主政治团体、中央政府三股国内政治力量博弈的抓手，这些因素共同构成了密松水电站项目目前所面临的地缘环境。

最后要与大家分享的是沿边发展与地缘风险规避策略的思考。促进区域合作与地缘安全协同发展是推动沿边地区发展的重要手段，区域合作和地缘安全是所有国家共同的发展诉求，每个国家都是开放的，都需要区域合作。

同时，在区域合作过程中，必须想方设法保障自己的地缘安全。那么，如何同时满足区域合作和地缘安全需要呢？要同时达到这两个目标，首先，主要的解决思路是通过区域合作来淡化地缘风险，目前围绕南海问题的许多解决方法就是遵从这种逻辑。协同发展的基本路径包括外部环境的优化，比如面对大国围堵，采取冷处理方式；区域合作与地缘安全系统内部协同路径，如改善内部要素、优化系统内部结构；参与主体战略决策协同路径。可从这三个方面共同促成区域合作和地缘安全的系统演进。

其次是加强地缘风险预警，从影响因素、指标体系、数学模型、计算机程序、平台、具体项目入手，进行实时地缘风险动态监测与预警。这方面一直都在研究，但是成果并不明显。

然后是创新跨境经济合作区边界管理，这方面比较困难，目前主要是实施"境内关外"管理模式，如图6所示。

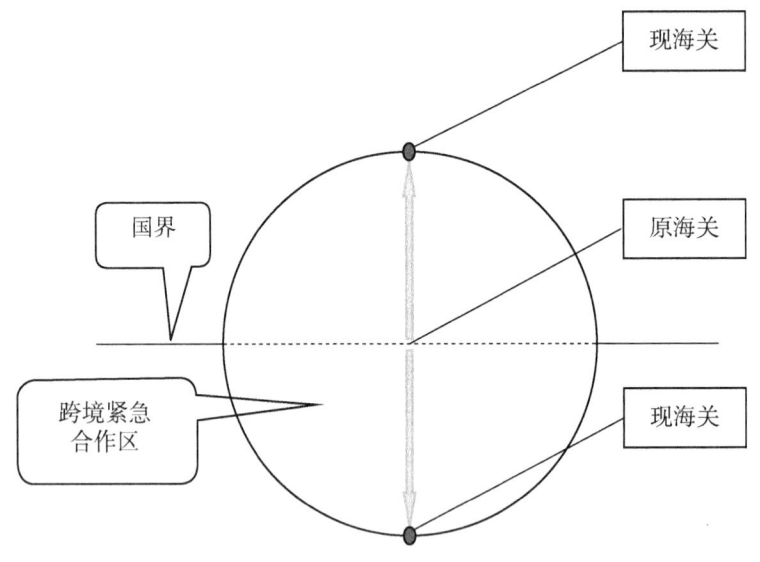

图6 "境内关外"管理模式示意图

其基本思想是国家主权的让渡，双方海关往后撤，中间的区域实行"境内关外"的管理，目前在跨境经济合作区中难以实现，实际上在很多的跨境经济合作区并没有真正做到这样的管理，由于对方国家或者我国政治体制等因素，目前这种管理方法难以真正实现。因此，还需要进一步创新创新跨境经济合作区边界管理方法和管理模式，并由国家出台跨境经济合作的政策。

接着是重塑沿边地区地缘经济格局。目前，中国西南沿边地区存在诸多急需解决的地缘经济问题，比如，跨国经济合作以边境小额贸易为主，对外经济合作规模较小；工业化水平低，制造业不发达；没有有效吸引产业聚集，也没形成高效的区域空间结构；区域经济发展不够协调，产业趋同现象明显等问题，导致直接面对对方国家或区域合作中出现严重的不适应。如何实现沿边地区本身的经济发展与对方有机地结合并统筹考虑，解决思路主要是构建非对称相互依赖的地缘经济关系、结构互补的地缘产业体系，以及更加高效、合理的区域空间结构，形成中国西南沿边地区地缘经济新格局，有效促进地缘经济发展。但是，目前中南半岛经济走廊的建设仍然停留在概念上，具体的合作方案比较缺乏。

最后是大力发展非政府组织，当前非政府组织的作用不容忽视，我们应该在这方面进一步加强。

以上是我的报告，谢谢大家。

问答环节

提问：非常感谢您精彩的报告。听完您的报告我有两个疑问。第一个问题是，您提到度量地缘政治关系时，考虑了经济紧密度，既然已经分别度量地缘政治关系和地缘经济关系，为何在度量地缘政治关系的时候，还要增加经济因素？第二个问题是，地缘政治关系和地缘经济关系分别进行度量，两者是否能结合在一起，形成一个综合评价？

骆华松：首先地缘政治关系和地缘经济关系本身就是紧密联系的，基于此，在单独衡量地缘政治关系时，会涉及地缘经济因素，反之亦然。我的基金项目有研究东南亚地缘政治关系和地缘经济关系的耦合，两者之间是相互交叉的，如果要将两者结合，需要避免两者之间的交叉影响。

第十二讲　东盟地理与中国—东盟合作

张虹鸥　广州地理研究所

张虹鸥研究员现任广州地理研究所所长，主要从事区域发展战略与城市规划、东南亚地理及相关研究，如中国与东盟之间的多式联运跨界协同、信息互联互通、机制建设与联动等研究。8月21日上午，张虹鸥所长带来了题为"东盟地理与中国—东盟合作"的讲座，从区域地理到经济格局，旁征博引，深入解读了"一带一路"大背景下，东盟地理、区域投资以及未来中国—东盟合作的相关议题。

讲座由"背景""东盟概况""东盟地理"以及"中国—东盟合作"四个主题展开。首先，全球化浪潮下，地区新型地缘政治经济格局不断形成，中国进入以资本输出为主的经济全球化时代，东盟作为中国对外投资的重要战略目的地，急需深入研究。然后，张虹鸥所长从政治地理、文化地理、经济地理、城市地理、资源地理和交通地理等侧面，向学员系统介绍了东盟各国的地理特征。接着，通过透视中国与东盟合作机制及模式的演变，指出中国与东盟合作的国别与产业投资的差异化策略。最后，强调了国内宏观经济因素与"一带一路"国际合作倡议对中国加快东盟投资的重要影响，对中国与东盟合作的未来提出希冀与展望。

各位老师、各位学员，大家早上好！很荣幸能登上中山大学的讲堂，和大家一起相互交流学习。今天我交流的内容是东盟。东盟本来是骆华松老师的研究领域，因为他所在的学校开展相关研究有很大的地缘优势，研究也更加深刻。无论是服务"一带一路"也好，还是作为地理研究本身的特点也好，我们地理人都不能只着眼于国内，还要了解世界、认识全球。特别是我们现在有很多的改革策略是要走向世界，如果对世界不了解，那么我们的很多决策，比如政治决策、投资决策等都会面临盲目、无处发力的困境。而通

过了解世界,我们地理学也就有了用武之地,因为地理学是可以跨界研究的,如世界地理、区域地理等。刘云刚教授近三年举办了三届与"一带一路"和政治地理相关的盛会,邀请了国内外很多著名专家学者为大家传经送道。就我本身而言,我对这个议题(政治地理)并不是很熟悉,只是引导着我们广州地理研究所的青年团队,将未来研究的方向定在东南亚地区。所以希望能够与骆老师的团队一起把这个"蛋糕"做大、做强。本次交流我将会给大家呈现一个我们所认识的东盟,同时也很欢迎大家参与进来。下面转入我今天的汇报主题。

首先给大家推荐一本书——《新世纪海上丝绸之路——东南亚发展与区域合作》,我今天汇报的内容就是来自这本书中的一些结论。下面,我将从四个部分来讲述,首先是为什么我们要研究东盟,接着说明一下东盟概况,然后介绍东盟的地理,最后展望一下中国与东盟的未来合作。希望能够引起大家的兴趣。

第一部分,为什么要研究东盟?

现在中国改革开放已 40 年了,早期中国采取的是招商引资的模式,其中,珠江三角洲是外来投资最为集中和做得最好的地方。时至今日,招商引资的工作仍旧在进行,但形式发生了很大变化。2002 年,国家提出"走出去"战略,我们的对外投资呈现持续增长的趋势。到了 2014 年,我国对外投资总量超过了 1 万亿美元,首次实现了向外投资的总量超过了引进外资的总量,这说明中国进入一个资本输出的新阶段。虽然两者(引进外资与输出资本)的差距不是很大,但近年来国内产能过剩,需要进行大量产能转移,这是造成资本输出的一个客观因素,中国进入新的经济全球化的阶段。

第二,东盟是中国对外经济全球化的战略区域之一,已成为中国对外直接投资的重要目的地。2006 年到 2015 年,中国对东盟的投资流量年平均增长率达 52%,是中国对世界各国投资年均增长率的 2 倍。2015 年年末,中国对东盟的投资流量占对外直接投资(OFDI)总流量的 10%。虽然占总量的比例不是很大,但增长率是很快的,这说明中国与东盟的关联度越来越密切。从另外一个角度来看,这也说明中国与东盟之间的经济形势发生了新的变化。近年来,东盟自由贸易区、东盟"10+1"、东盟"10+3"、我国内地与香港、澳门地区《关于建立更紧密经贸关系的安排》(CEPA)等东亚次区域合作如火如荼地进行,尤其是中国主导的"一带一路"倡议,"亚投行"、《区域全面经济伙伴协定》的顺利启动与加速推行,势必对中国、东盟在全球的产业分工和国际参与空间产生深刻影响。此外,当前大家最有切身体会的是中美贸易战。美国的单边保护主义对自由贸易和全球经济造成了严重危害,对中国、东盟以及中国—东盟合作都产生了负面影响。为此,不少东盟国家都对美国的行径表示忧虑和谴责,认为应该共同维护以规则为基础的多边贸易体系,呼吁中国和东盟加紧落实《中国—东盟自贸区升级议定书》,争取早日达成区域全面经济伙伴关系。另外,今年 9 月份中国驻东盟使团将组织东盟常驻代表委员会集体访华,主要是探讨有关智慧城市和电子商务方面的合作,进一步深化中国与东盟的合作。11 月份,中国与东盟战略伙伴关系 15 周年纪念峰会将在东盟轮值主席国新加坡举办,会议将通过"中国—东盟战略伙伴关系 2030 年愿景",为双方未来合作制定中长期规划。这些活动将助力中国与东盟之间健康而长远的发展。在这种大背景下,我们认为研究东盟是非常有意义且必要的。

第二部分,东盟概况

东盟是怎样一个地区性组织呢?1967 年 8 月,《曼谷宣言》的发表正式宣告了东南亚国家联盟的成立,目前为止共有 10 个成员国。其宗旨是本着平等与合作的精神,共同促进本地区经济增长、社会进步和文化发展,为建立一个繁荣、和平的东南亚国家共同体奠定基础,促进本地区的和平稳定。

2003 年，中国与东盟发展为战略合作伙伴关系，中国成为第一个加入《东南亚友好合作条约》的非东盟国家。东盟还与美国、日本、澳大利亚、新西兰、加拿大、韩国，以及欧盟等 10 个国家和地区形成了对话伙伴关系。可以看到，东盟其实是一个很活跃的地区性组织，它与世界上主要经济体、主要大国都有着相关接触与合作。

东盟位于亚洲东南部，北接中国，南与澳大利亚隔海相望，东濒太平洋，西临印度洋，与南亚次大陆上的孟加拉国和印度接壤。马六甲海峡位于东南亚马来半岛与苏门答腊岛之间，连接南海与安达曼海，是沟通太平洋与印度洋的重要水道。地理专业的同学应该都知道，我国的绝大部分战略物资都要经由这条海道才运到大陆，所以说，东盟是我们"一带一路"重要的前沿地区。另外，东盟还是世界劳动密集型产品的主要生产基地，加上丰富的资源储备，东盟未来将会成为 21 世纪经济增长速度最快的地区之一。我国很多产品，如鞋子、衣服、五金之类，以前写着"中国制造"，现在有很多已经转移到东南亚国家生产了。从总体来看，东盟人口总和约有 6 亿，GDP 约有 2.5 万亿美元，大约是中国的 24%。自 2009 年以来，中国一直保持与东盟第一大贸易伙伴地位。2017 年，中国与东盟的贸易规模首次突破 5000 亿美元，双向投资额接近 2000 亿美元。因此，从上面几个因素讲，加强与东盟的经济合作和相互依存，对保障我国能源通道安全，增强政治互信，消除潜在的所谓"中国威胁论"具有战略意义。

第三部分，东盟地理

相比之下，大家更关注美国、日本、欧盟这些发达国家和地区，对东盟的关注并不够。从政体来看，东盟的政治体制形态是复杂多样的，但基本上可以划分为四种类型，即：人民代表制，比如越南、老挝；君主制，比如泰国、柬埔寨、文莱等；议会共和制，比如新加坡；最后一种是总统共和制，如印尼、菲律宾和缅甸。东盟的政治体制很多并不稳定，也不成熟，主要体现在制度不完善、体制不稳定和多数政体的威权主义特质三个方面。这就造成了政体的不断变动，影响国家政治稳定，从而导致东盟国家政治体制发展至今仍不完善。从政治治理能力来看，差异也很明显。法制环境是政府治理能力的重要体现，其中，新加坡的法制环境要明显优于其他国家。我们经常会听到泰国、柬埔寨、老挝等国家内部出现暴力冲突的事件。在研究东盟国家时，必须了解对方的政治体制，才能在对外策略和投资上做到差异化、针对性，从而避免不必要的损失和代价。

地方宗教方面，东盟有着多样化的宗教信仰和民族文化，素有"世界宗教博物馆"之称，其中最为主流的宗教是佛教和伊斯兰教。通过对比东盟各国主要宗教和民族，可以发现这是一个典型的多民族地区，民族构成非常复杂，族群认同和异族之间的矛盾纷争不断。与民族相似的是各国丰富多彩的语言，如柬埔寨语、泰语、老挝语等。此外，东盟的风俗习惯也是千差万别、多种多样。比如，中国人认为一个小孩可爱，总喜欢摸摸他的头，但在东盟很多国家，摸小孩脑袋是一种忌讳。这种例子很多，在此不一一赘述。

地方经济方面，2014年，东南亚地区生产总值达到24796亿美元，约为中国的1/4，人均GDP达到3973美元，外国投资净流入为1316亿美元。东盟最大的经济体是印尼，它的经济总量占区域经济总量的35.8%；东帝汶则是最小的经济体。新加坡和文莱是人均GDP最高的两个国家，分别是区域平均水平的14倍和10倍。可以发现，东盟内部国家间的发展差距很大。新加坡是吸引外资最多的城市国家，其2014年吸引的外资净流入量约占区域净流入量的一半。总体来看，东南亚整体处于工业化中期阶段。根据各国发展程度，可大致将东南亚国家划分为四类经济体：工业化初期、工业化中期、工业化后期、资源型。它们所对应的国家在此就不详细展开了。此外，东盟还具有其他两个发展特征。首先是经济社会发展不均衡，在前面已经详细介绍了，近年来东盟经济的增长速度有所放缓，主要是国际经济大环境不景气造成的。其次是东盟经济对外的依存度很高，比如劳动力、市场、资源都是对外开放的，与我国改革开放早期一样。5~10年前，越南官员多次组团来广州考察，学习广东对外开放的经验。东盟其他国家的对外依存度也很高，因为它们需要外界的市场、资金、技术、设备等。

东盟产业的特征有三点：农业在国民经济总值中的比重不断下降，工业在国民经济总值中的比重迅速提高，服务业在国民经济体系中的比重总体上升。具体到每一个国家的主要产业，如新加坡以化工、电子工业等为主，泰国以农业、旅游、汽车工业为主，其他国家的主要产业中，农业都占据很大的比重，这说明农业依然是东盟国家的重要产业。举个生活中的例子，我们去超市买大米会考虑泰国大米，买腰果则会考虑越南腰果。从开发区来讲，新加坡的开发区起步最早，硬件和软件配备比较完善，管理模式也很成熟，而其他国家由于起步较晚，仍处于积极推动发展的阶段。就投资方面来说，2005年到2012年，东盟10国吸引外资总额达到5145.56亿美元，吸引外资额总体逐年增加，主要是来自欧盟，其次是日本、美国、中国内地和香港地区，以及韩国。从投资方占比看，欧盟占据着最显著的地位，其次是日本，虽然中国对东盟的投资在加速，但总量上与前几个国家和地区还是存在差距。其实也可以联想到南海问题。南海问题闹得沸沸扬扬的一个原因就是东盟对外经济依赖以欧美为主，所以对外政策上也会倾向欧美。根据世界银行《全球营商环境报告》，新加坡是东南亚乃至全世界企业经营环境最好的城市国家，特别是在解决企业破产方面，其次是马来西亚和泰国，再次是文莱和越南，企业经营环境最差的国家是缅甸。对东盟投资环境进行比较分析可以发现，从经济实力和市场潜力看，东南亚各国综合经济实力总体上稳步增强，市场潜力巨大。基础设施方面，条件最好的是新加坡和文莱，其次是马来西亚、印度尼西亚和泰国，其他国家则比较差。从投资经济成本来说，新加坡、文莱、马来西亚的土地租金成本较高，而柬埔寨、菲律宾的土地租金较低，但也不是绝对的，这些要具体情况具体分析。

在此详细介绍一下各国农业发展特征。现在的东盟还是一个农业占主导的地区，由于地处热带，该地区成为大米、橡胶、棕榈油、蕉麻等热带经济作物的最大产区。该地区的畜牧业也处于加速发展的阶段，家禽养殖业发展相对更快。在林业上，虽然政府严格管控，但工业原木产量仍在世界占有一定份额，同时该地区也是世界上重要的渔业生产区。

在人口问题方面，该地区人口增长速度与世界基本相同，人口密度远高于世界平均水平。在年龄结构和性别比例上，各国差异很大，如新加坡和泰国的人口老龄化问题显著，而老挝、柬埔寨、菲律宾的年轻人口比重则较大，柬埔寨、泰国、新加坡、越南的女性人口多于男性，而菲律宾、印尼、马来西亚、文莱的男性人口则更多，等等。从健康水平来看，各国的差异也很大，如新加坡、文莱、马来西亚的总体健康水平较高，而缅甸、老挝、柬埔寨的健康水平较差。谈到人口，就不得不谈及该地区的城市化水平。东盟的城市化水平基本上与亚洲其他地区同步，总体低于世界平均水平。大部分国家为30%～40%，但已处于城市化后期的新加坡是个例外。空间差异主要体现在各国综合城市化水平差异显著，同时，人口城市化超前区与滞后区并存。推动东南亚城市化发展的主要动力有全球化、市场环境、外资驱动等外部动力，但由于各国国情不同，总体上城市化水平也参差不齐。

另外需要强调的是东盟的资源。东南亚地区是世界级锡、镍、红蓝宝石、翡翠、石油、天然气等矿产的集中分布区，其中，铬、钛、铁、铜、钴、金，以及稀土等非金属矿产在亚洲占有重要地位，但矿产资源开发程度普遍较低，因此有很大的发展潜力。对我国来说，拥有丰富矿产资源的东南亚是具有重要战略性意义的地区，如广东从东南亚运输油气、煤炭等能源要比从中国北方运输更加廉价。自然资源的空间分布上，主要集中在印度尼西亚、马来西亚、菲律宾、越南等。目前，东盟和中国正处于资源竞争状态，如南海问题的背后其实是油气资源的竞争。

东盟的交通地理方面，东南亚各国基础设施发展水平不一，发展程度最高的是新加坡，其次是马来西亚、泰国、老挝和印度尼西亚，其他国家发展则比较滞后。总体上看，东盟的交通基础设施拥有巨大的市场，这也是未来中国与东盟合作的重要方向。问题在于市场虽然存在，实际困难却有很多，如何解决这些问题也是地理学人一个很好的研究方向。

第四部分，中国与东盟之间的合作

前面用了很长时间介绍东盟的经济、文化、民族、社会、政治等诸多方面，那么，中国与东盟合作的领域又有哪些呢？有三个文件——《中国—东盟自由贸易区投资协议》《中国—东盟自由贸易区服务贸易协议》《中国—东盟全面经济合作框架协议货物贸易协议》敲定了方向。在这些协议的基础上，中国与东盟之间的合作关系不断紧密。早期中国与东盟的"10+1"模式就已确定了农业、信息、人力资源开发、相互投资、湄公河流域开发、交通、能源、文化、旅游和公共卫生十大合作领域。后来的中日韩与东盟"10+3"模式，一直到现在的中国—东盟自由贸易区升级版，都大大地拓展了中国与东盟合作的领域和范围。中国商务部发布的数据显示，中国与东盟双边经贸合作发展迅速，成果丰硕，自2009年起，中国已连续九年成为东盟第一贸易伙伴，2017年中国与东盟贸易额达到5148.2亿美元，是2003年的6.6倍。2018年上半年，双方贸易额比上年同期增长近20%，在中国的前三大贸易伙伴（欧盟、美国、东盟）中增速最快。与此同时，中国和东盟累计双向投资总额已超过2000亿美元。中国对东盟的投资具有明显的地理差异，而且在过去十年间这个差异显著增强。2006—2015年，中国在大部分东盟国家的投资存量比重在不同程度地减少，而在新加坡、印度尼西亚和老挝的比重却得到增长，可以说，中国对东盟的投资是极其不平衡的。此外，中国在不同国家投资的领域也不同，如在柬埔寨、老挝、缅甸、菲律宾等工业化发展初期的国家投资集中在能源、矿产、农业、加工制造等方面，而在一些工业基础较好的国家投资则主要涵盖机电、化工、服装等制造业及商务服务业。

那么，哪些因素会影响到中国—东盟的合作？首先是发展阶段问题，根据约翰·邓宁的国家投资发展理论，当一国人均国民收入超过4750美元时，其对外投资能力也就增强了。今天，中国的人均居民收入已经超过了7000

美元，这表明中国已经进入对外直接投资加速的发展阶段。第二是中国传统产业的产能过剩问题，急需通过外销来消化国内产能。第三是中国外汇储备过剩。截至 2013 年年末，中国外汇储备为 3.8 亿美元，超过了实体经济所需。2014 年，国务院提出创新外汇储备运用，支持实体经济发展和中国装备"走出去"。这些都要求我国必须加快对外投资输出，密切与东盟各国的联系。另外，影响中国对东盟投资加快的政策因素是"一带一路"倡议。2013 年，习近平总书记提出"一带一路"国际合作倡议后，东南亚成为我国新世纪海上丝绸之路的第一站，是必经之路。因此，加强与东南亚的合作也是实现"一带一路"愿景的重点和优先区域。这方面的研究成果很多，在此不赘述。以上从经济地理、文化地理、区域地理、社会地理等诸多方面对东盟进行了介绍，以供大家对东盟有更加细致的了解，供政府、企业参考。

最后，对中国与东盟未来的合作提出展望。2018 年是中国改革开放 40 周年，也是中国和东盟建立战略伙伴关系 15 周年。事实证明，这一重要战略伙伴关系的发展不仅惠及中国和东盟，也促进了东亚一体化进程，带动了世界经济增长。今后，中国—东盟经贸合作的进展在很大程度上与"一带一路"密切相关，无论是东盟互通互联总体规划，还是印尼的全球海洋支点战略，抑或是越南的"两圈一廊"规划，都可以在基础设施建设、国际产能合作等方面与"一带一路"倡议找到大量的契合点与广阔的对接空间。未来在与东盟进行经贸合作时，中国相关地区要进一步找准自我定位，积极把握"一带一路"商机。例如，粤港澳大湾区规划不仅是粤港澳区域合作的升级版，更应成为推动"一带一路"建设的重要节点，从而为中国与东盟经贸合作"拾级而上"提供更多贸易、金融、交通支持。

以上就是我本次汇报的内容，希望能够给大家带来启发和帮助。

问答环节

提问 1：张老师，您好！我是来自北京师范大学的博士生。第一个问题是，在您的汇报中，数据大部分是到 2014 年的。2014 年以来，我们的经济形势发生了很大变化，特别是与东盟合作的产业类型，比如矿产、制造业等的投资格局。这种情况会不会对您的结论产生影响？第二个问题是，中国与东盟国家在某些产业上存在贸易竞争的关系，因为东盟也是全球制造业的一个重要基地，在产品出口的结构上与我们很相似，在这种情况下，继续加大对东盟的投资会不会削弱中国的优势？第三个问题是，中国对东盟的投资额的确很大，但其中很多并不是政府投资，而是企业基于个体目标和利益的投资，尤其是马来西亚和新加坡这些国家对外资是没有管制的，外资可以百分之百进入，这会不会造成我国很多优质资源外流？

张虹鸥：谢谢您的提问。我先回答一下数据的问题。这本书是 2015 年完成的，2016 年提交了书稿，至今还没有印出来，所以很多数据停留在 2014 年。这几年的确发生了很大的变化，你的问题提醒了我，我还要继续去跟踪数据以及这几年的变化情况。另外，关于投资东盟会不会削弱中国的竞争力，这点我认为不必担心，因为企业的行为是由市场决定的。比如传统加工制造业原先大量存在于珠三角地区，但近年来，随着劳动力成本、环境成本、土地成本等不断升高，传统制造业利润不断下滑，这类企业转向了环境更加宽松、成本更加廉价的地方。再者，资本并不是人为想留就留得住的，而是要考虑产业升级和产业结构调整，所以我认为不必太担忧。最为典型的例子就是美国，虽然资本大量外流，但最核心的设计部分是留在美国的，是美国所掌控的，所以效益也高于一般的国家。

提问 2：但我们国家目前并没有掌握核心技术呀。

张虹鸥：我认为现在的形势虽然不很乐观，但也没有你想象的那么悲观。企业的发展是有周期性的，中国企业毕竟到了需要资本输出的时代，所以是拦不住的。另外早期资本的输出，主要由国企扮演重要角色，现在非国企也慢慢介入资本的输出。国企侧重于对第一产业和基础设施的投资，比如说木材、石油、天然气、铁路等。民营企业到了一定的阶段，需要通过对外投资以获取更多的利润。我认为，民营企业的投资有时要比国企投资更加精准，国企的投资可能并非把对经济效益的追求放在第一位，更多会考虑到政治性、战略性、长远性的目的，而民营企业的投资则更加注重短期的经济效益。

第十三讲　进口石油对中国一级行政区经济的影响
——基于省级投入产出表的分析

周尚意　北京师范大学

周尚意教授结合自己的经济学背景，借助投入产出表方法，分析了进口石油对中国省级行政区经济发展的影响。她认为，研究这一问题，既符合省级财政预算分析、产业结构调整工作的需要，又给地方企业参与国际贸易提供了参考。研究结论对我们国家制定地区差别化的产业、税收等政策有一定的参考价值。

周尚意教授首先阐述了研究的背景和意义，其次指出已有的相关研究多用单一解释变量、多解释变量分析石油进口对经济的影响，属于1.0或2.0版的因果分析，无法正确解释复杂的因果关系。她进一步提出，投入产出表法是5.0版的因果分析方法，但是还没有彻底将研究对象视为时刻在变化的复杂有机体，即没有达到6.0版的因果分析。随后，介绍了基于投入产出表法设计的新指标，并根据这一指标计算了石油进口对各省区经济的影响程度。最后简述了研究的发现和结论。

此外，周尚意教授还和参会成员分享了自己对会议报告的体会，并鼓励大家结合自身学科背景，明确研究问题，使方法有落点，研究有目的。

各位老师、各位同学，下午好！我知道在下午的时候大家都已经困了，尤其是我，前天晚上我刚刚从加拿大回来，回来之后就开始备课，昨天上午在北京师范大学开会，下午赶到广州。现在是北美的半夜2点多，再过一会儿，我也可能会越说越困了（笑）。

一、引言

这个报告介绍的研究工作是由我和我的博士生张晶一起完成的,她一方面是我的学生,另一方面也是国家发展和改革委员会的一名工作人员,这个研究与她的工作有密切的联系。今天上午听到各位老师的报告,张晶说,政治地理学的研究很有意思,希望地理学人做的这些研究工作,可以为国家的重大决策提供决策支撑。今天汇报的研究课题我们已经做了很长时间,直到今天中午,我们还在讨论,因此,我们汇报的内容还不是非常成熟。方法部分可以与大家分享,但是结论部分我们还需要再斟酌。

本报告一共分为四个部分。第一部分是石油进口对经济的影响,这个部分已有的相关的研究比较多,所以我会很快地讲一下。我们知道在国际原油市场上油价会有波动,波动之后,我们就会看到这种波动对中国产业的影响。我们不但要看国家层面的影响,还要看哪个省对油价变化最敏感。今天上午的讲座,大部分都在强调国家尺度的问题,中国地理学会政治地理地缘政治关系专业委员会主任宋长青老师强调,地缘政治都是在国家尺度,到省级尺度就不是地缘政治了。但是我们觉得大尺度和小尺度一定是不能够截然分开的,因为分析国家的问题,特别是像中国这样的疆域大国,一定要进行内部差异性研究。石油作为上游产业的产品,从原油进口到炼油,一系列地传导下去,对不同的部门都会有影响。此外,还有收入的转移,国家用外汇购买石油，如果石油和石油制品进口规模减少，结余下的外汇就可以用到别的地方，从而传导到其他生产要素或产品的市场价格上，这里不再赘述其他的影响形式。石油产业链条图是复杂的石油产业链条，我们可以将这张图用在中国不同省区的产业结构上。如果能看到哪个省的主导产业覆盖到产业链的哪个位置上，我们就能知道原油进口的链条传导可以有多长。图1和图2表明的是俄罗斯和日本经济增长和油价之间的关系。图3是原油价格和股票市场的关系。我们对石油进口与经济关系的分析，许多都是一因一果的分析。

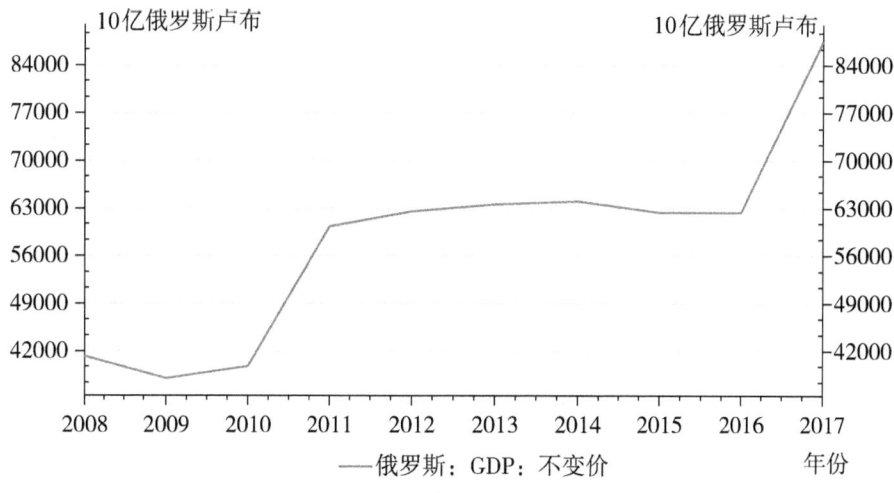

图1 油价和俄罗斯经济增长关系

数据来源：Wind。

图2 油价和日本经济增长关系

数据来源：Wind。

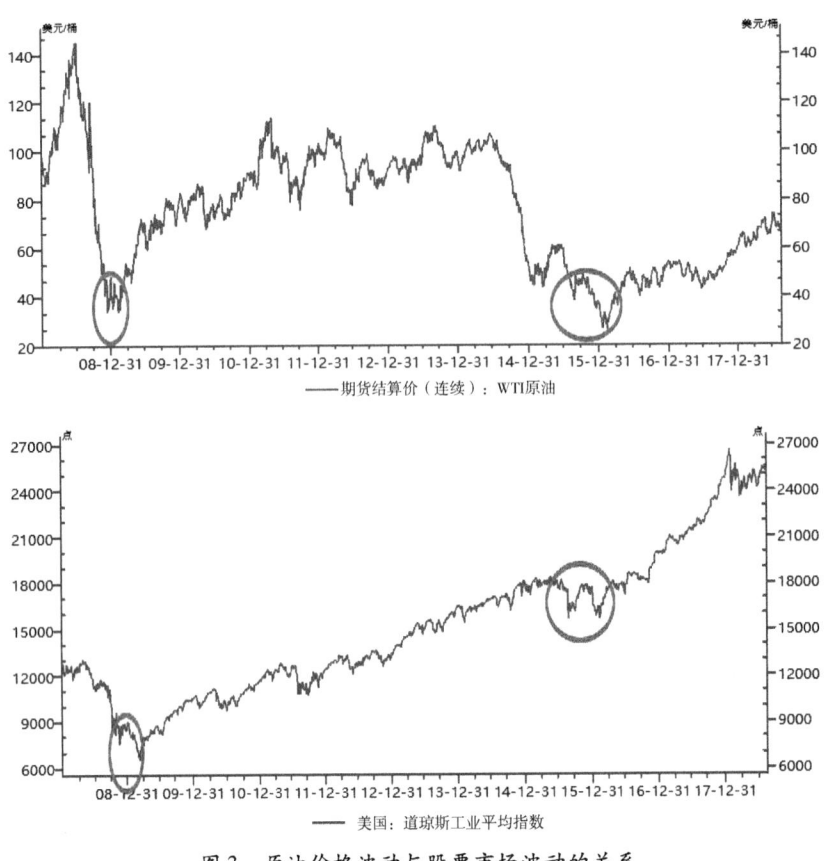

图3　原油价格波动与股票市场波动的关系

数据来源：Wind。

目前发表的很多研究石油进口对经济影响的文章，都展现出上述这样漂亮的图表。这些图表有用吗？实际上是没有用的，其原因就是将油价作为自变量，展现它对股票或 GDP 的影响，这就是一因一果。实际上，经济发展一定是多因一果的。即便是多因一果的分析还不够，至少应在一个复杂的、多要素互为因果的框架中分析。凡是一因一果的研究结论，对国家的决策基本上都是没有帮助的。即便一因一果的分析结果可能会瞎猫碰到死耗子，预测"准确"，但是在多数情况下并不能说明道理。这就像购买彩票，假设十个尾数里面必有一个数可以中奖，十个人购买彩票，每人买十个尾数的其中之一，总有一个人能中奖，但是中奖的人并不是根据合理的逻辑来购买特定的尾数的。

目前，中国的原油进口总量平均每天有 1024 万桶，是全球第一大石油进口国。我们的石油进口对整个石油产业和石油生产国来说都是至关重要的。比如中国现在经济增速放缓之后,重要的矿石进口就会变少,所以澳大利亚这个"坐在矿车上的国家"就会失去这部分出口收入。如果中国再减少进口羊毛,那么"骑在羊背上的国家"也会不好过。实际上,其他国家也知道,中国作为这么大的一个经济体,它的经济发展对全球都会有影响。上午张晶也提到,中国石油进口的依存度已经上升到72.3%了,石油净进口量占到这么大的比重,并且还在以每年10.7%的速度增长,这说明中国对全球石油市场中影响力还将继续增强。

中国石油的需求量可以通过表观消费量来统计。表观消费量就是生产量和净进口量之和,表明的是中国石油需求的实际状况。我们可以看到,表观需求量的增速是正的5.9%,但是中国自己的产量是连续两年下降的。这说明什么?说明净进口量的增加让我国的表观消费量呈现正增长。

二、研究意义

1. 实践意义

第一个实践意义是,此研究可以为省级财政部门提供一个参考。其次,此研究也可以为中央财政考虑石油进口价格对省级单元国税收入的影响提供参考。石油进口对省级行政单元的干扰因素是多方面的。其中,包括之前专家提到的很多(概念),都是基于国际贸易当中的外贸依存度计算出来的。认为当我国外贸依存度较高时,我国就比较脆弱。实际上,外贸依存度是双刃剑,当依存度特别高的时候,你中有我,我中有你,反而不太容易造成危害。所以单拿外贸依存度来分析石油进口的影响,实际上是有问题的。今天上午茶歇时,我和苏晓波老师聊天讨论我在美国提到的因果分析6.0版,我提到影响一个省区对石油进口波动敏感性的因素很多,因此,有时只以一个因素(或指标)来分析是不行的。例如,我们可以根据石油外贸依存度设计一个新的指数——石油进口依赖度。有些地区的进口石油规模很大,可能是因为地区本身的消费量很大,本地区生产无法满足消费需求;也可能是因为这一地区更多地承担了转运功能,即石油进口到岸后,直接转运至其他地区。中国属于哪种情况呢?由于没有各省调出石油是本省生产还是来自进口的统计,因此无法直接回答这一问题。但我们可以从其他的数据中推测,如图4所示,存在石油调出的省区,其石油调出量均小于本省生产量。因此我们假设各省区进口的石油均用于本省消费。

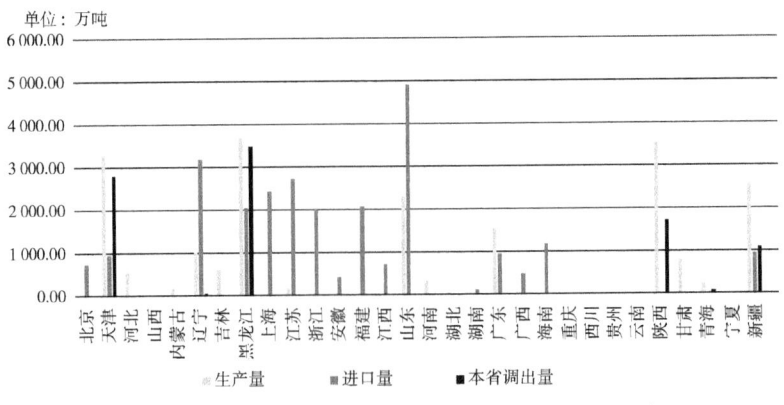

图4 2017年中国一级行政区原油生产、进口和调运情况

如果一个省的石油进口依赖度非常高，甚至是100%靠外部输入，但这个省的石油消费量非常少，与石油相关的产业在整个的经济体当中所占比例很小，那么，在这种情况下，虽然该省石油的外贸依存度很大，也不能说石油进口对其经济影响很大。影响某省对石油进口波动敏感性的第二个原因是该省的石油生产能力。如果石油生产能力比较强，比如我刚才说到有大油田的省份，它对石油进口波动的抗干扰能力也强。影响某省对石油进口波动敏感性的第三个原因是该省的产业结构。产业结构复杂的省份，它对石油进口的抗干扰能力就会比较强，或者说敏感性较低。这种多因一果的分析还只是2.0版。

中国石油2015年的地质储量和可开采储量见图5。表1是2016年中国产量前8位油田及其产量。我们看到中国原油产能是这样一个空间分布状态（图略），在西南部地区是空白的。

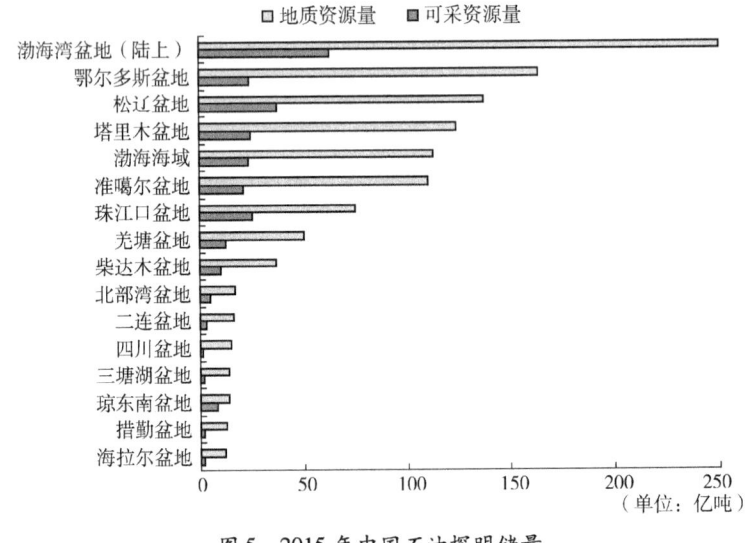

图5 2015年中国石油探明储量

表1 2016年中国前8位大油田产量

油田	产量/万吨
长庆	2392
大庆	3752
渤海	2900
塔里木	550
胜利	2390
西南	1350
新疆	1113
延长	1127

我们做这个研究的第二个实践意义与国际贸易相关。在以石油进口作为筹码的国际贸易博弈中，哪个省级行政区作用比较大？当中国在国际石油贸易中，变换了石油进口国家的结构，或者是变换了石油进口国家之间进口量的比例结构，就需要预测这种变化对哪些省份的影响比较明显，因为不同省份的进口石油来源国是不同的，这就是地缘关系。从图6的左图可以看到世界不同地区原油产能；右图是消费能力。我们看最上边的部分代表亚太地区。亚太地区的石油产量在全球份额中是很"窄"的一条，但是消费量很大，而且消费量处于一个增加的趋势中。这意味亚太地区的自身产量是不能够支撑自己需求的，一定还要进口其他地区的石油。图7是全球石油探明储量的分布，未来随着科技的发展，探明储量才能变成真正的产量，因此不会影响短期内的石油生产能力和出口能力。我们看到在1996年中东石油的探明储量占到全球的50%以上，现在的比例就没有那么高了。

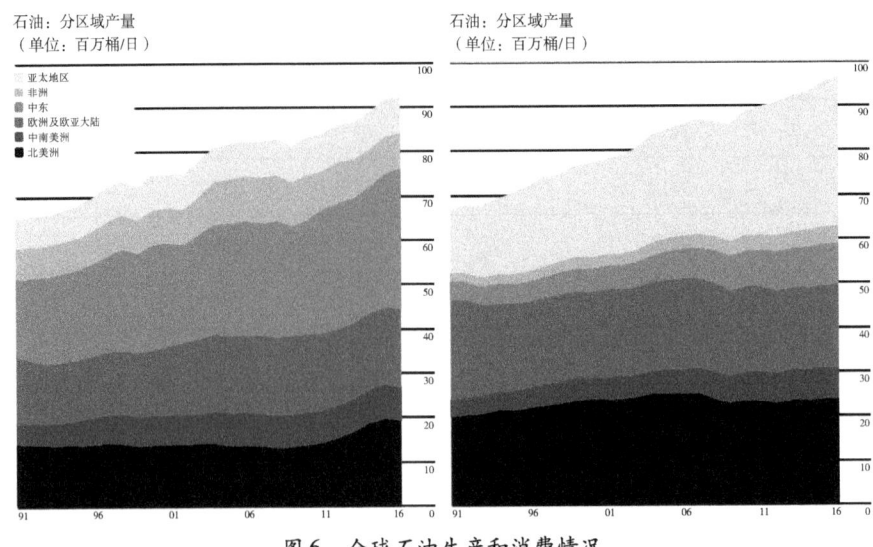

图6　全球石油生产和消费情况

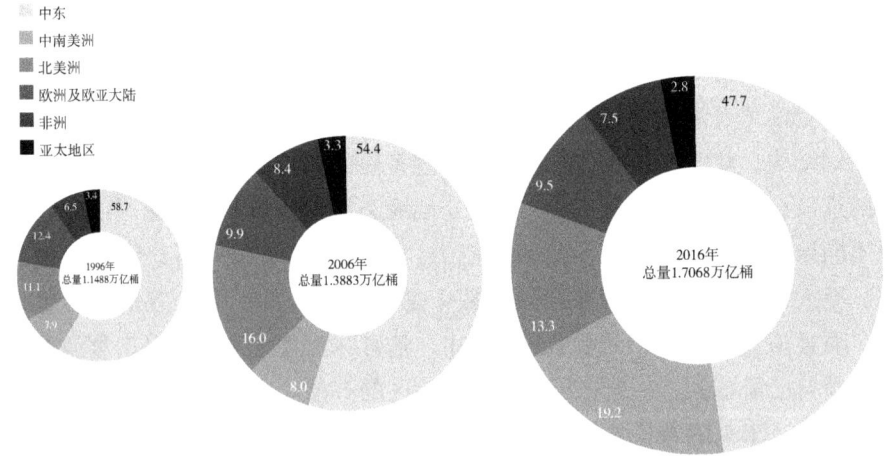

图7　1996年、2006年和2016年全球石油探明储量的分布（单位:%）

2. 学术意义

本研究的学术意义是探索一个相对于简单的回归方法，更接近真实的因果关系分析方法，以揭示石油进口对地区经济发展的影响。我们探索的基础是投入产出表分析方法。今天苏晓波老师介绍他的案例时所说的投入产出和我们这个研究中的投入产出表分析方法是不一样的。刚刚说到一个地区的整个经济系统是一个复杂的网络，这就意味着石油进口量与经济发展GDP的二元回归分析结果是脱离实际的。而投入产出表分析方法是用时间序列的面板数据，回归出石油进口量对不同地区的经济影响。柯布道格拉斯方程是把资本和劳动力作为两个自变量（解释变量），分析它们对经济的影响。即便是包含两个自变量，模型也还是太简单了，更何况是一因一果的模型。所以我们要用投入产出表分析方法。我们的投入产出表分析法属于因果分析的5.0版。5.0版指的是复杂网络中的因果关系。许多地缘经济分析还停留在1.0版、2.0版，比如前面展现的那个石油价格和股票走势之间的关系图，这样的分析在经济学家看来，就觉得太浅了。

我个人认为，一个学者在学术圈里，要有基本的四个素养，也是四层境界："洗脸""穿衣""亮剑""格斗"。今天我在这里就尝试着这样要求自己，首先PPT要做得认真、规范，这就是"洗脸"。接着就是"穿衣"，就是展现自己所接受的学科训练，今天我们听了一些发言，很难看出有些学者的学术训练属于哪个学科的路数。今天我"穿的衣服"是经济学的，我在北京大学攻读经济学硕士时，厉以宁老师教我们"宏观经济学"，那门课我考得挺惨。考卷分两部分，第一部分是十道选择题、三道论述题，选择题一题两分，评分标准是答对了得两分，不答没分，答错了倒扣两分。我十道题错了两道题，八分就没了。那后面三道大题每个学生基本上都答不了满分的，这就意味着我肯定得不到90分了。厉以宁老师的这种考试方式目的是训练经济学者具备这样的思维习惯——当我们没想清楚的时候，不能随便做决策（即考试时没有把握的问题就选择无答案）。如果考试允许乱蒙，就可能会培养不负责任的经济决策习惯。今天，我就要用厉以宁老师上课讲的投入产出表法。

前面我讲到，若干原因使得我们不能只从石油进口依赖度分析它对经济的影响程度。这张图（略）是前几天我美国的同学发给我的，它展示的是中美贸易战后，美国受影响比较大的州，是美国人自己计算得到的。后来我问他能否把背后的算法告诉我，他说没有算法。在国外也有学者做石油进出口对经济的影响的相关分析，我们非常希望能借鉴，但是目前没有找到特别好的方法，所以现在还是只能用投入产出表分析方法。

三、基于投入产出表方法设计的新系数

1. 投入产出表介绍

投入产出表法是Leontief提出来的，他认为以往的经济统计有问题，因此，他创立了一套新的经济统计方法。这个方法后来就被世界许多国家应用，中国也是其中之一。在经济统计上，中国过去使用行业产值作为经济发展指标，后来改用国际上通用的行业净增值。我们也叫作GDP或者GNP

(国民生产总值)。此外,我们还采用国民经济账户和投入产出表法。不是所有国家都制作投入产出表,所以各国的情况我们不能够全部看到。我们搜索的结果是,目前在地缘研究中用投入产出表法来作为数据分析方法的还没有找到。我们在这里列出了几个获得中国投入产出表的数据源,大家以后可以从这里获得投入产出表。刘卫东老师团队曾经向社会公布过2007年的中国投入产出表,不过这个数据太早了,是十年前的。那是一个免费的数据,大家都可以拿到。

这是我们国家投入产出表的基本形式,打开全表信息太多,大家一定看不清楚,所以我今天中午又处理了一下PPT。将表中的最左上角的部分呈现出来(见表2)。我们可以看到,它把国民经济中的产品按照产出和投入进行分解,中间部门生产的是中间产品。比如说面包,面包是中间产品还是最终产品呢?工厂生产的面包还不是最终产品,它要经过流通部门(如运输、销售等部门)才能抵达消费者手中。前面那些都叫"生产环节"(或"中间部门")。一个国家经济体发展得越好,中间部门就会越多。我们如果只计算最终产品,就看不到产业分工带来的就业增加和生产价值链等的作用。下面我们看到的是横表的右端,这里有最终使用或者说最终产品一项。比如说电力部门,电力部门生产电之后,一大部分给到中间部门,还有一部分电给到最终消费者。所以总产品等于中间产品加最终使用或最终产品。在最后的最终使用这部分和总产出之间,表2中还有进口、国内省外流入等其他几项。有了进口和国内省外流入,我们就能够分析所有大类的进口商品。比如我们可以从联合国拿到贸易数据,然后对应中国的统计数据,就可以分析出一个行业里面进口价值量对整个行业的带动情况。

表2 省级投入产出表基本结构(局部)

投入 / 产出		中间使用		最终使用合计	进口	国内省外流入	本地区产出
		石油部门	非石油部门				
中间投入	石油部门	$x11$	$x12$	Y_1	I_1	P_1	X_1
	非石油部门	$x21$	$x22$	Y_2	I_2	P_2	X_2
	增加值	V_1	V_2				
	本地区投入	X_1	X_2				

注:$x11$为原投入产出表中石油部门投入给石油部门的产品价值之和,$x12$为原投入产出表中石油部门投入给石油部门的产品价值之和,$x21$为原投入产出表中非石油部门投入给石油部门的产品价值之和,$x22$为原投入产出表中非石油部门投入给石油部门的产品价值之和。

我们将国民经济部门分成两个,一个是石油部门,一个是非石油部门。

隶属中间部门的矩阵 X_{ij} 便分为表中的四个 x_{ij}。投入产出表有三个基本平衡关系公式。平衡关系公式的第一行讲的是中间部门。i 从 1 到 2。第 i 个部门的中间产品，加上它的 Y_i（这个行业的最终使用），就等于这个部门的本地生产的总产品和外面进来的总产品（I 是国际进口，P 是省级调入）。第二行说的是，所有的投入加上 V（增加值）等于总投入。此外，就是同行业投入和产出是相等的。第三行说的是，对某行业的投入与这个行业产出是相同的。

$$\sum_{j=1}^{2} x_{ij} + Y_i = X_i + I_i + P_i \quad (i = 1, 2)$$

$$\sum_{j=1}^{2} x_{ij} + V_j = X_j = Xj \quad (i = 1, 2)$$

$$X_i = X_j \quad (i, j = 1, 2; i = j)$$

2. 直接消耗系数、完全消耗系数和新系数

这一部分的工作是用投入产出表法的两个基本系数设计新的系数。第一个基本系数是直接消耗系数 a_{ij}，表示 j 部门每单位总产值所直接消耗 i 部门产品的价值量。假设 1 是石油部门，2 是非石油部门，a_{21} 就是石油部门生产单位价值的产品，所消耗的非石油部门的产品价值。在我们的研究中，a_{ij} 就被分解为 a_{11}、a_{12}、a_{21}、a_{22}。

$$a_{ij} = \frac{x_{ij}}{x_j} \quad (i, j = 1, 2)$$

下面的公式是间接消耗系数 c_{ij}，它表示 j 部门每单位总产值所间接消耗 i 部门产品的价值量。这个公式实际上原来只有前半部分，现在的 c_{ij} 是我们自创的。a_{ik} 乘以 a_{kj} 表示的是，非石油部门每单位总产值所直接消耗石油部门产值当中所含的石油部分和非石油部门自我消费的部分，其实就是两个直接消耗系数之积的和。

$$c_{ij} = \sum_{K=1}^{2} a_{ik} a_{kj} \quad (i, j = 1, 2)$$

完全消耗系数 b_{ij}（$i, j = 1, 2$），表示 j 部门每提供一个单位最终使用时，对 i 部门产品的直接消耗和间接消耗之和。我们只研究 b_{12}，1 是石油部门，2 是非石油部门，表明的是非石油部门对石油部门的消耗，或者是石油部门分给非石油部门的量。最重要的就是这一步。

$$b_{ij} = a_{ij} \quad (i, j = 1, 2)$$

$$b_{12} = a_{12} + c_{12}$$

20 世纪 90 年代，我跟王铮老师做陆良县域可持续发展规划，我负责的部分是可持续发展的产业筛选。今天上午有一个同学的报告也是做一个选择性的决策研究。我那个课题是怎么筛选的呢？我们延展了投入产出表的中间

部门，即增加了消除污染部分，比如说污水处理这些部门，在最终产品中加入消除污染部分和污染物。这样就可以分析各个行业生产单位产值时的排放水平，从而挑出行业带动力强、污染少的行业。如果老师教我们一个分析工具，用这个工具可以解决问题，这就是本科的水平。如果我们可以把老师教会的工具（如这里的投入产出表法）往前小小地推进一步，就达到了硕士水平。

在本研究中，我们的改进是设计了一个进口石油的消耗系数 θ。下面公式中分母的三个字母表示的是石油总产品 X、进口石油 I、从外省调入的石油 P，θ 是进口石油占 X、I、P 三项之和的比例。我们用 θ 去乘以刚刚介绍的完全消耗系数，就能看到石油进口对哪些行业的完全消耗系数影响比较大。

$$\theta_1 = \frac{I_1}{X_1 + I_1 + P_1}$$

四、结论

由于时间关系，我就不多介绍结论了。这张 PPT（略）是我们得出的各个省的计算结果。我们看到东北地区受石油进口影响会比较大，有些地方不受什么影响，可能的原因有两点：一是本省石油消费量有限，二是本省石油生产量大。最后的建议部分是，这个结果对未来战略储备基地的布局政策有直接的参考意义。

谢谢大家。

问答环节

刘建忠：谢谢周尚意老师不远万里为我们带来精彩报告。大家不仅可以学到报告内容，在内容之外也能学到很多东西。周老师之前的主要研究领域是文化地理，今天可以看出她在经济地理领域的研究也很深入。可见，在跨学科研究中需要相应学科的基础，要做很多的功课。我还有一点启发是，研究要落到实处，选题不要过大。大家有什么问题吗？

提问：我是旅游专业的，由于旅游行业不在投入产出表里，现在还没有一个好的办法去把它剥离出来。请问您有没有什么更好的办法？

周尚意：我认为国家统计部门在划分行业统计的时候是有一定道理的，如果重新搞一个分类的话，或者创造新的东西，做出来的结果可能都无法指导国家决策。所以我觉得不用进行剥离，有哪些行业就做哪些行业。2017年国家更新了行业划分，因此，我们可以按照最新的行业划分来做。与旅游行业类似的行业有文化产业，它虽然没有单独统计，但是可以将国家行业划分中的体育、出版等加起来，就是文化产业了。统计旅游产业也可以将酒店、餐饮等加起来。

如果大家没有问题的话，我再解释刚刚的那个口诀。除了"洗脸"和"穿衣"，可以看出学者的学科训练基础。还有"亮剑"可以看出学者的学科训练基础。今天我亮出来的剑是投入产出表法。最后说说"格斗"，即用不同的方法解决实际问题，而后看哪个方法能解决问题，本研究的格斗就是比原来其他的方法更好。每一个研究都要有"洗脸""穿衣""亮剑"和"格斗"。现在常见的问题是，很多研究只"亮剑"不"格斗"，那样就不知道解决了什么问题。

刘建忠：希望大家可以在研究中不断体会周老师的口诀，再次感谢周老师。

第十四讲　隔离与融合：云南边境城市的缅甸劳工与社会治理

苏晓波　美国俄勒冈大学

来自美国俄勒冈大学的苏晓波教授带来了题为"隔离与融合：云南边境城市的缅甸劳工与社会治理"的学术讲座。苏晓波教授以中缅贸易的核心枢纽口岸——云南瑞丽为研究案例地，通过丰富、深入的田野调查工作总结发现：①缅甸北部的毒品、战乱与贫困促使缅甸劳工跨境进入中国；②中国政府采取弹性策略，允许缅甸劳工持缅甸移民当局颁发的边民证进入中国边境城市居住务工；③缅甸劳工融入边境地区低水平劳动力市场，社会融合困难。由此，苏晓波教授指出：边境管控是一个国家政府不断调整机构安排和管制措施的过程，也是主权国家通过领土和边境等地理空间来甄选跨国流动的过程；隔离与融合是移民管控的常态，反映了政治控制、社会交往以及经济关系这三者之间的动态关联，也是减少冲突的手段之一。

谢谢各位老师和同学！我叫苏晓波，来自美国俄勒冈大学地理系，现阶段对云南和缅甸的边境特别感兴趣。今天要给大家分享的是我们正在做的一个国家自然科学基金港澳与海外合作的项目，这个项目由我和华南师范大学的蔡晓梅老师两个人共同执行。今天讲座的题目是"隔离与融合：云南边境城市的缅甸劳工与社会治理"，这是项目里面很小的一部分，给大家分享的是我们得到的一些核心结论。

昨天四位专家从不同角度对政治地理做了一定的阐述，既有宏观层面，也有微观层面，既有历史，也有现在的理论构建。今天我将探讨一个很小的案例，希望能够以小见大，跟大家分享一下政治地理如何帮助我们认识中国对外交往中所存在的一些冲突和矛盾。

我的讲座内容共有六个部分，包括研究背景、研究对象、研究问题、研

究方法、研究结论以及讨论。我们的研究案例地是云南瑞丽，它是中国面向缅甸最大的一个陆路口岸，也是最大的一个口岸城市，而瑞丽对面的缅甸木姐，也是缅甸面向中国的核心口岸城市，瑞丽和木姐共同构成了中缅跨国贸易的核心枢纽。瑞丽江边有一个姐告边贸区，这一块区域基本是深入缅甸境内的，是一个非常独特的边贸区，主要从事跨境贸易活动。在瑞丽到处可以看到这样的标语："瑞丽——努力建设成为'一带一路'上民族团结进步、边疆繁荣稳定的示范区"。也就是说，在云南和中南半岛的边境线上有很多边境城市，而瑞丽则希望成为中国走出去的一个核心的枢纽城市。

今天我们着重探讨跨境劳动管制的瑞丽模式。目前来说，跨境劳工的数量并不是特别多，根据我们的统计数据，瑞丽有4万到5万跨境劳工，而瑞丽这一县级市的常住人口是16万到17万人。缅甸劳工的管制已经成为一个政治地理问题。在中缅边境线上，除瑞丽以外，其他城市多多少少也存在跨境劳工，他们为中国边境地区的发展做出贡献。最核心的一点在于，他们入境之后，我们要怎么进行管制。

跨境城市化这一话题在边境城市研究里面有很多，昨天墨菲教授和弗林特教授都讲除了中心和边缘之外，领域里面最核心的还有边境线，即外围的部分，这部分其实是融合的，甚至是冲突和矛盾的所在。在中缅边境地区，尤其是瑞丽和木姐两个城市，这种跨境城市化的强度是非常高的。从2005年到2010年，再到2018年，在整个边境地区，特别是距边境线很近的一段距离，两个城市的融合强度、发展速度以及土地利用的变化是非常大的。很多地方，如欧洲、美国都经常会出现跨境城市化，这种边境城市之间的集聚力非常强大。虽然有边界线存在，但如果从土地利用的遥感数据来看，可以发现，它们的融合很明显。

我们的研究对象是从陆路入境中国的缅甸籍劳务工作者。为什么一定要强调陆路入境呢？因为可能有一部分人是通过正常的海关检查，从曼德勒或仰光飞到昆明。他们如果是飞到昆明或北京，必须要持有护照和签证，一般是旅行签证、工作签证或者商务签证。但是如果从边境线上过境，他们便不需要缅甸护照，也不需要中国签证，他们只需要持有缅甸颁发的边民证，就可以进入中国境内。同样地，在云南边境地州的中国边民，有身份证的人办了边民证之后，也可以进入缅甸，这是相互对等的。但事实上，从缅甸来中国的人数远远多于从中国去缅甸的人数，总共有5万人左右，其中大概有4.2万人在瑞丽。4.2万人是个什么概念呢？差不多就是中山大学广州校区全体师生的数量。他们还有一个特点是多民族的背景，包括缅族、德昂族、汉族（亦称果敢族）、克钦族（亦称景颇族）和傣族。

由于获取边民证相对容易，95%以上的缅甸劳工合法出入瑞丽，因而我们不要认为他们是非法的。缅甸劳工的出入境是中国与缅甸之间地方性的制度安排，不同于世界上绝大多数地方的出入境管理，缅甸边民持有边民证入境，在中国边境地州内最长可以待七天时间，七天之后他们就回去。如果大家出过国，有些时候其他国家的海关官员会给你三个月或六个月的时间，这个停留时间是很重要的。空间则限定在靠近缅甸的七个云南边境地州，但最多的是在德宏的瑞丽。至于他们的工作属性，60%是没有签订劳动合同的，大家有一个口头协议，你来为我工作，然后我给你现金，没有缴纳所得税，也没有五险一金。至于身份特征，如果签订劳动合同，有缅甸的合法证件，则可以申请临时居住证，但他们永远无法获得中国的永久居民身份，也无法获得中国的公民身份。

围绕上述的研究背景，我们提出三个研究问题。前两个问题是：缅甸劳工为什么跨境进入中国边境城市？针对缅甸劳工，中国政府如何实施有效的管控？从尺度的角度来讲，这里的中国政府是包括两个级别的，第一个是中央政府，第二个是地方政府，尤其是瑞丽的地方政府。中国的边境管控其实是分为两个部分的，中央政府管控的是出入境，出入境包括人员的出入境和货物的出入境。人员的出入境归中国边防管，货物的出入境归中国海关管，检验检疫局已经与中国海关合并，现在就是边防和海关这两个部门，这是他们的分工情况，他们都是垂直管理，所以常驻地方的海关和边防不属于瑞丽市政府，但和地方政府有密切的合作。移民进到中国边境城市之后，他们日常生活的管理主体是地方政府。所以移民管制包括出入境和日常生活两方面的管理，分别由不同的主体来实施。最后一个问题是：跨境流动背景下，如何理解缅甸劳工的文化认同？这是希望通过加强文化的研究，来理解边境的一些非政治因素。

我们做的这个项目是港澳与海外合作的前期项目，为期两年，2016年1月开始启动。在云南畹町有一个中华人民共和国政府的界碑，离界碑不到30米的地方是一条界河。在雨季的时候，河水量大概就到齐腰的程度。大家如果有兴趣就可以过河，没人管，你过去就是，也算是出了一趟国。如果你不愿意因过河而弄湿身体的话，那里有人专门背你过去，过去一趟10元，过去再回来一趟20元，也不算很贵。这个地方理论上是很容易过去的。另外也有从镇康县南伞镇到果敢的便道，但我只是告诉大家有一些便道可以过去，并不鼓励大家采取这些不必要的手段跨境。这些事例说明中缅边境的管控有很大的挑战性，我们不可能完全沿着中缅边境建墙，或者实施严密管控，所以必须采取一些弹性管控，以最小的成本来达到边境管控的目的。

瑞丽的龙安村有缅甸人开的小吃店，如果想接触缅甸劳工，就必须跟他们同吃同住，这样你才有机会得到别人的认可，跟他们进行一些交流，他们才愿意跟你分享在中国生活所面临的困难和机遇。我觉得，做"一带一路"的研究，我们要走出去，首先一定要尽量学别人的语言，第二个就是要尽量吃别人正在吃的东西，这样你才可以得到别人的认可，然后才能更好地做一些研究。

我们花了两年时间做这个研究，有三点主要的研究发现。第一点是迁移原因。缅甸北部的毒品、战乱与贫困是促使缅甸劳工跨境进入中国的三个最核心因素。第二点是弹性管控。中国政府采取弹性策略，允许缅甸劳工持缅甸移民当局颁发的边民证进入中国边境城市居住务工，但是严格地将他们限定在中国的边境地州。其实，考虑到七天的时间，绝大部分的跨境缅甸移民都会选择待在边境城市，如瑞丽、南伞，这样他们过境比较方便。他们每七天必须回到缅甸，然后再进入中国，才属于合法的居住。第三点是有限融合。缅甸劳工融入边境地区低水平劳动力市场，但社会融合困难。经济上他们是加入了中国的劳动力市场，但社会上的融合还面临着很大的困难。这个困难来源于中国现行的政治制度与边境管控的措施，当然也包括他们自身的一些因素。

我们花了很长时间就迁移的原因进行探讨，想梳理出缅甸人要来中国的原因。这当然有各种各样的原因，那么，最核心的动力因素是什么？后来我们发现，毒品问题是一个核心的源头。大家可能知道有个叫"金三角"的地方，这个地方的毒品走私问题给中国社会带来了巨大的安全隐患。联合国犯罪禁毒署 2017 年出版的报告里面，谈到了整个缅甸北部的罂粟种植情况。罂粟果实里面的汁凝成块以后就成为鸦片，鸦片是生产海洛因的必需成分。在靠近中国的地方也有大量的罂粟种植，"民地武"（少数民族武装）所控制的地方则比较少罂粟的种植，但在实皆的南部，现在有大量的罂粟种植。据国家禁毒委的初步统计，我们国内的毒品消费有 40% 到 60% 来自金三角，这是很大的一个市场。如何管控这些毒品其实也是一个非常值得关注的问题。我们在云南边境可以看到无数"健康生活，远离毒品"的标语，毒品问题是中缅边境线上一个巨大的挑战。这个挑战包括两个方面，一个是对健康和经济的挑战，另一个是对学者做研究也有很大的挑战，因为存在一定的人身安全隐患。因为今天我们要谈的是移民管制，所以不讲毒品。

缅甸北部前两年发生了大大小小的军事冲突事件，中国过去 60 多年已经承平日久，没有大规模的枪炮战争，但在缅甸北部基本上是持续不断的战火，很危险。其实在距中缅边境线上不远的地方，就经常有战火，有时候还有大炮弹进到中国境内。这也是大批缅甸劳工入境中国的重要原因之一。我们后来进一步梳理出了一个机制：首先是人身安全，因为战乱，他们需要来中国寻求人身安全。其次是工作机会，包括两个方面，一个是有工作，另一个是收入比较高。对绝大部分的缅甸移民来说，与缅甸的工作收入相比，他们在中国边境城市的工作收入一般都是翻一倍的，虽然在我们看来不是特别多。如果做餐馆的小工，月收入是 1600 元到 2000 元，现金直接给本人，可能他们还觉得轻轻松松的。但如果是在缅甸，他们做得再苦再累，可能月收入也只有 500 元到 800 元，经济收入上的差别还是非常明显的。所以他们愿意到中国来，并从事这些体力劳动。最后一个是发展潜力，在我们调查的案例里面，有一些人已经开始自己开店，成为小老板。这之后，他们就可以选择，要么回缅甸开店，要么继续在中国开店，因为他们在经济和管理方面有了一定的积累，就能够做更多的事情。这里摘取了两段访谈内容。

被访谈人 1：在缅甸打工工资不高，我还想学点技术，电焊是好技术，我想学，他（老板）就叫我来。

采访者：你们家那边有打仗吗？

被访谈人 2：前年跟去年有，今年好像没有。因为前年我外婆家住山上嘛，我妈妈就让我过年别回去，因为那边在打仗。她说，要是想回去，过完年再回去。过完年我们也快开学了，就回去了三天。

出入境管控属于边境研究领域，我们如果要跟英文文献进行对话，读一些美墨边境的文章是必不可少的。也就是说，你需要跟主流的文献对话。很遗憾的是，现在主流的文献研究中，边境研究关注最多的一个是美国和墨西哥的边境，另一个就是欧洲的边境。这种学术上的文化霸权表现得非常明显。关于美国的边境管控措施，特朗普总统在上台之后，强力推行修建美墨边境墙。不同公司给出了不同的边境墙样板，一个一个的边境墙样板就像展销会一样，投标成功的公司就可以按照其样板修建边境墙了。这个是特朗普总统提议的，边境线上基本要全部修完，加利福尼亚州、亚利桑那州、新墨西哥州、得克萨斯州基本上都是要修墙的，除了有一段没办法修，即美国与墨西哥的界河。当然，这是巨大的一个投资，钱从哪里来？特朗普总统说，这个钱当然要墨西哥人支付。这听上去其实是无法理解的一种逻辑，就像我们说中国和缅甸要修建墙，然后这个钱要缅甸人支付一样。特朗普总统的逻辑一般都是比较独特。

基于这样的一种逻辑，我们首先要问一个问题：修了墙能不能阻止移民，尤其是无证的移民进入美国？从学术的角度来讲，强化美墨的隔离以及边境管控，能不能阻止移民，尤其是非法移民的进入？事实上，从美国的历史数据可以看出，任何强化管控的措施都没办法达到边境管控的目的。所以，边境管控不是为了管控边境，可能是为了其他的一些目的，这点值得在学术上进行深入挖掘。不是管控的本身，而是管控背后的地缘经济、地缘政治目的。因此，大量关于墨西哥劳动力水平和生产力水平的文献会分析其是如何融入整个北美自由贸易区的生产模式，这个可能就是跟边境管控紧密相关的。现在美国国内最大的政治问题之一，就是如何处理边境危机的问题。

在出入境管控上，中缅边境采取的是不一样的措施。不同于美国以边境墙为核心的高压管控模式，中国政府采取弹性策略，允许缅甸劳工持缅甸移民当局颁发的边民证进入中国边境城市居住务工。也就是说，这些缅甸劳工不需缅甸护照和中国签证就可以进入中国。尤其是不需中国的商务工作签证，这个是要专门经过大使馆才能得到的。持有一个蓝本和一个红本就可以进入中国，合法地待七天时间。在瑞丽口岸可以看到一些穿红衣服戴小白帽的人，他们是属于非法入境的，是从便道进来被抓住了，随后要被遣返回去。对于被遣返回去的人，缅甸政府是不予处理的。有时候，这些人上午被遣返，中午在缅甸吃一顿饭，然后下午又回中国了。这些被遣返的人，很多其实是已经进入了中国的核心区域，即已超越了边境地州，比如在安徽、广东。有些人长得跟云南人比较像，但是你跟他讲云南话他不懂，这些好多都是缅甸人或者越南人。这些人被抓住了之后，由中国当地的派出所派人，一般是两个民警带着一个非法的缅甸劳工去瑞丽，然后到口岸里面集中处理以后，把他们送出去。送出去之后，这些人又跑回来了。送出去之后，我们也不会惩罚他们，只是说现在要录人像、验血，然后下次就进入黑名单，但还是没办法阻止这些人进入中国。

接下来讲有限融合。缅甸劳工融入边境地区低水平劳动力市场，但社会融合困难。具体而言，第一，不同于美墨边境的无证移民，缅甸劳工频繁合法出入境，无须担心被遣返，获得跨境居民—劳动力的新身份，融入中国经济，成为中国弹性边境管控的受益者。他们七天都在中国，随后在缅甸待半天又回到中国，他们其实居住在中国，工作在中国，但他们是频繁往来的，这非常有意思。我们现在正在探讨，他们的身份认同是什么样的？在访谈中，有缅甸人觉得现在待在中国相对来讲是非常舒服的，既安全，又有相对不错的经济收入。如果现在要强制地把他们全部赶回去，这是不可能的，而且事实上也做不到。因为在边境城市里，很多体力工作都是由缅甸人来做的。

第二，高流动性和弹性管控使得目前社会矛盾处于可控的范围，但问题是这么多人接下来该怎么办？这可能是我们现在正在做的延期项目里，需要探讨的一个核心问题。瑞丽餐馆里的小工基本上是缅甸人在做，要么是做早饭的，要么是做晚餐的，包吃包住。女孩子比较多，工资是1600元到2000元；如果会讲中文，工资大概是2400元。这个收入水平对于缅甸人来说是非常不错的。

缅甸劳工同当地人保持适当的距离，与来自同一地方或者具有同一民族背景的缅籍劳工建立紧密的社会网络。从这一方面来讲，缅甸劳工的这个研究与主流的移民研究并没有太大的区别。另一方面，经济嵌入与社会关系的疏离构成了缅甸劳工的日常生活。经济上的嵌入，指他们融入当地的劳动力市场，而社会关系的疏离，可以看到的一种很明显的隔离是，他们开的餐馆很少有中国人去吃，中国人开的餐馆他们也很少去吃，都是各吃各的。同时，日益严格的出入境控制和住宿登记制使得缅甸劳工不得不同边境城市的各执法部门打交道，从而改变他们的日常时空轨迹。现在瑞丽市政府强力推行的暂住证制度，要求缅甸劳工通过这个合法的渠道进入中国。

在瑞丽城内的非正规劳动力市场，劳工可以做建筑工人或餐馆里面的小工。在瑞丽城内的非正规商品市场，商贩开着摩托车进到瑞丽就可以开始卖东西。在一个社区中心里，在同一时间段的同一个篮球场，篮球场的一端是村里的小伙子们在打篮球，而篮球场的另一端是缅甸小伙子们在踢藤球。他们就在同一个篮球场上各玩各的，大家互相不干扰。从地理的角度来讲，这是一种空间的共存，但他们是处于完全分开的状态。

最后一部分是结论,包括两点。一是,边境管控是一个国家政府不断调整机构安排和管制措施以应对全球化带来的机遇和挑战的过程。首先需要强调的是,没有一个统一的、绝对的边境管控模式,尤其是目前美国和墨西哥的边境管控,以及欧洲面向北非难民的边境管控面临着巨大的压力,而且是日益加剧的压力。针对无穷无尽的社会与政治问题,边境管控的研究更需要的是探讨一些新的思维,以及一些新的概念。同时,边境管控也是主权国家通过领土和边境等地理空间来甄选跨国流动,欢迎高端移民和专业人才,而阻止、限定劳工或无证移民的过程。二是,隔离与融合是移民管控的常态,反映了政治控制、社会交往以及经济关系这三者之间的动态关联,也是减少冲突的手段之一。我们做了一个分析的框图:跨境者在跨境后成为移民,也成为工人,还成为居住的租户,他们的身份在改变,打交道的对象也在改变。

问答环节

宋长青:苏晓波教授给我们做了一个精彩的讲座,讲座本身是一个比较前沿的话题,我们有 10 分钟的讨论时间,希望大家踊跃提问。

提问 1:苏老师,您好!我想问一个问题,您提到缅甸劳工的经济融合是很强的,而社会融合是很弱的。我想到其实香港与内地也有类似的问题,两地在经济上有很多的合作,而社会方面现在是提倡融合发展,这种融合的机制应该是什么样的?或者说,让缅甸劳工融入这种社会治理的合理路径应该是什么?

苏晓波:谢谢你的问题。香港和广东的情况更复杂,因为有些东西不是我们能完全控制的。在中缅边境,社会的融合是一个非常漫长的过程。从中国的历史来讲,一般都是花几十年甚至上百年的时间,是在土地扩张后才把那些民族慢慢融合进来的。那么,最快的方法是什么呢?其实很简单,就是通婚。通过这种日常的接触,他们会认可中国的很多东西。华南师范大学朱竑老师的团队里面好像有一些做跨境通婚研究的。通婚是最快的一种方式,也是解决目前中国境内适龄男性结婚困境的一个有效手段。出于对社会稳定的考虑,中国边境的地方政府也做了一些努力。第二种方法,从长远来讲,其实应该是教育。所以在瑞丽的很多地方都有边境小学,教材全是中国的,实施中文教育,是免费的。这是从娃娃抓起,是一个比较漫长的过程。如果只是通过纯粹的经济方式,即我给你工作,然后你待在这里,这是比较难的。最明显的例子就是在德国的土耳其人,从第二次世界大战到现在,已经大半个世纪过去了,土耳其裔的德国人还是没办法,或者说也不愿意完全融入德国社会中。所以我们会看到有一些微观的政治地理研究,这是因为很多宏观的政策最后落地时,会面临很多社会文化因素的干扰,需要学者对这些社会文化因素的干扰进行深入的分析。

提问2:接着刚刚老师提到的一个通婚问题,其实如果从通婚的角度来讲,香港与内地的融合是较高的,因为香港与内地通婚的比例大概是40%。我有一个问题,老师您在讲座中提到,这些缅甸劳工很多是聚族而居的,但聚族而居不见得是隔离,有可能是融合。像周敏教授所做的唐人街研究,她指出,这种移民的飞地有一个分层融合的过程。比如弱势的、低技术的劳动力,通过这个聚居区的庇护作用,其实是可以慢慢地融合到整个社会中的。所以,您说的聚居问题不见得是一种隔离,有可能它内部有一个分层融合的过程。老师您在研究中是否有相关的发现?

苏晓波:第一,这两个村的情况是这样的,缅甸劳工和本地人都在里面住,但他们很少交往,而且他们的这种业态之间不存在太多的互动。第二,政治原因、身份的问题,使他们没办法完全进入中国社会。第三,他们随时都可以返回缅甸。这在美国和墨西哥早期也存在,墨西哥人去美国之后,他们随时可以返回墨西哥。如果他们的出入境活动比较有弹性的话,他们就没有那么多焦虑感。但后来在20世纪70年代末期,新自由主义开始之后,随着边境管控的强化,这些墨西哥人就不愿意回去了,因为回去之后他就来不了美国了。在这样的一种弹性管控下,如果他有选择的话,就不会觉得那么焦虑,那么没有安全感。另外,就是你前面提到的通婚问题,当然我们讲通婚是涉及男女双边的,不是单边的,比如大陆和台湾之间都是女生嫁到男生那边。那为什么说通婚是最快的呢?因为通婚能够建立更加紧密的关系,尤其是有了后代之后,后来的这些缅甸籍女性会真正地在中国生活下来。如果你不让她走,她会学中国话,一直待在这里。另外,目前,这两个村其实也发生了一些大的变化,就是本地人不愿意把房子租给缅甸人,而更愿意租给中国人,因为中国人给的钱多,而且觉得都是中国人会感觉更舒服一点。很明显的例子是,我访问了十多位房东,说我要开一个工厂,有缅甸工人要过来,问他们租不租给缅甸人,他们说不租,我说我给你多一点钱,他们说也不租。这可能折射出一些正在发生的变化。

提问3:苏老师,您好!您谈到的社会治理总是站在中国的角度,那缅方对缅甸劳工是怎么样的一个态度呢?

苏晓波:谢谢你的问题。我们做了很多的访谈,问缅甸人如何看待中国目前实施的管控,他们也有一些不满,这个很正常,但很大一部分还是表示接受、理解。这个研究本身是具有一定的政策导向性，即边境管控该如何实施。接下来我们要做的就是进行更大规模的调研，希望能够了解缅甸人对中国政府的管控措施的反应。

提问4：您提到如果有边民证就可以进入中国，待七天之后再返回去。我的第一个问题是，如果我们的边境管制是松散的，那这个边民证的意义又体现在哪里？另外，持有这种边民证的缅甸劳工，他们的生活模式应该是"7+1"或者是"7+0.5"，就是在中国七天，然后再回去一天或半天。那有多少人是贯彻执行"7+1"的这种生活模式呢？因为如果没有贯彻执行，那么他们可能就是一种非法移民的存在。对此，我的第二个问题是，针对这种非法移民的存在，我们应该怎么处理呢？

苏晓波：当你可以很容易地拿到这个证件，当你能进来也能出去的时候，你为什么不乖乖地走这个渠道呢，为什么要偷偷过来呢？现在有大数据，监控数据一调出来，你真是跑不掉。天堂有路你不走，入地无门你偏行，这个对他们来说是没有必要的。我们做的访谈里面，估计95%以上的人其实是持有合法证件的，地方政府打击"三非"的数据也是简单验证了绝大部分的缅甸劳工持证进入中国。而且这个边民证是很容易获得的，进来之后在中国边境地区居留就可以了。缅甸劳工在瑞丽工作了六天多，他们有这个借口跟老板说要回缅甸，不然就算非法。老板一定会放他半天假的，他有这个借口很重要。如果中国的执法部门发现老板雇用了非法居留的劳工，罚款至少是三万元一个人，对老板来说是不划算的。而且这个人被抓住之后，老板其实很麻烦的，所以老板宁可放员工半天假。他可以错开时间，并非全部劳工都是星期天过去的，有的人星期一去，有的人星期二去，有的人星期三去，所以这种制度性安排是有一定合理性的。那么，绝大部分非法入境的人是哪些职业呢？是走私毒品的，这个其实跟主流的缅甸劳工是完全不同的两件事，走私毒品是要严厉打击的。就目前来看，这种制度性安排具有一定的有效性，我们更多是希望能通过高科技的手段监控到每一个人，我个人觉得建边境墙应该没有太大的效果。

第四部分　博士生论坛摘要集

一、全球化与"一带一路"

1. The Belt and Road Initiative: China's Ambitions to Create a New Economic Order in Global Administrative Law

ZHONG Zhenqiang

(*Shenzhen Graduate School, Peking University, Shenzhen, Guangdong*)

Abstract: The "Silk Road Economic Belt" and "Maritime Silk Road of the 21st Century" were to be reported officially as a combined concept the Belt and Road (B&R) Initiative in 2015, which was used to express the Chinese Government's strategies. the Belt and Road Initiative become the centerpiece of the China's new foreign policy in global economic affairs. B&R Initiative put forward by China have been a part of global governance, and would have great impact on transnational legal order and global administrative law ("GAL"). China is a participant, beneficiary and contributor of globalization at the same time. Though China has much compatibility with the current economic legal orders, China also has some incompatibility with current global economic orders in many aspects. This paper analyzes that B&R Initiative, as a way China wants to shape its leadership in global administrative law in economic aspect, try to create a new financial order globally. Firstly, this paper reviews the backgrounds and contents of B&R Initiative. Secondly, it would describe China's ambitions to change the economic order in global administrative law. Thirdly, this paper would analyze the impact of B&R Initiative on GAL and then would present the global challenges that China has to face with. Finally, this paper would discuss China's project to face challenges and give its conclusions.

Keywords: the Belt and Road; New Economic Order; Global Administrative Law; Challenges

2. The Belt and Road Initiative and China's Trade Considerations

WU Peiyi

(Department of Public Policy, City University of Hong Kong, Tat Chee Avenue, Kowloon, Hong Kong SAR)

Abstract: The B&R initiative has been identified as a basic policy for China's future development and will have an important impact on the international relations, trade, and geopolitics. Trade plays an important role in the B&R initiative. From the perspective of market potential, population, and development status, B&R countries have great potential and broad cooperation space. At the same time, China uses a large number of provinces and cities to establish cooperation with various countries to promote the development of local export trade. But it also needs to avoid risks in B&R trade at the same time.

Keywords: B&R Initiative; Trade; China; Local Government

3. Visualization and Spatio-Temporal Analysis of Political Risks Along the Belt and Road

XIAO Chaowei[1], ZHANG Chuchu[2]

(1. Department of Land Economy, University of Cambridge, Cambridge, UK;
2. Department of Politics and International Studies, University of Cambridge, Cambridge, UK)

Abstract: As many regions along the Belt and Road have long been struggling with terrorist risks, crimes, wars and corruption, political risks pose important challenges for infrastructure projects and transnational investment. The article aims to contribute to the analysis and measurement of varying degree of political risks by mapping the spatial and temporal distribution of political risks along the Silk Road Economic Belt and 21st Century Maritime Silk Road based upon data sets from January 2017 to January 2018.

Keywords: BRI; Visualizing; Spatio-Temporal; Political Risks

4. 澳大利亚对中国加强与太平洋岛国关系的认知与反应

张 亮

(厦门大学台湾研究院,福建 厦门 361005)

摘要: 作为在南太平洋地区具有重要影响力的国家,澳大利亚对中国与太平洋岛国关系的迅速发展保持了密切关注。作者通过考察澳大利亚智库、媒体、学者对中国加强与太平洋岛国关系的基本看法发现,澳大利亚国内的意见存在较大分歧:一方面,不少分析认为中国加强与太平洋岛国的关系主要是出于经济的、发展的目的,有利于地区发展;另一方面,一些分析认为中国的行动具有战略考量,会损害澳大利亚的战略和安全利益。澳大利亚官方的态度则偏消极,这与其近年来对中国整体上的防范态度是一致的。对此,中国应在继续推动与太平洋岛国关系发展的同时,进一步增进中澳之间的交流往来,提升双方的战略互信。

关键词: 太平洋岛国;中国;"一带一路";澳大利亚认知

5. 基于恐袭数据的"一带一路"沿线国家安全态势时空演变分析

韩增林,王雪,彭飞,刘天宝

(辽宁师范大学海洋经济与可持续发展研究中心,辽宁 大连 116029)

摘要: "一带一路"倡议是中国构建贯穿欧亚大陆的全方位、高水平对外开放新格局的重大举措,"一带一路"沿线国家的安全发展环境直接影响到"国家倡议"的顺利实施。本文选取恐怖主义事件发生数、恐怖主义事件死亡人数、恐怖主义事件受伤人数三个指标,构建国家安全态势评价指标体系,运用标准差椭圆和核密度估计法对1970—2016年"一带一路"沿线国家安全态势时空演化特征进行分析。研究表明:①在时间上,1970—2016年,"一带一路"沿线国家安全态势日益严峻,阶段性特征显著,共经历了"兴起—活跃—回落—爆发"四个阶段。②在空间上,国家安全态势指数空间演化向北偏西方向移动,重心偏移方向为西亚北非地区—南亚地区—西亚北非地区;"9·11"前后空间特征发生了由三大"恐怖主义活跃区域"和一个"U形恐怖主义潜伏圈"向两大"动荡核心圈"和三个"动荡次中心"的转化。

关键词: "一带一路";国家安全;时空演化;标准差椭圆;核密度估计法

6. 空间现代性问题探索
——基于中国城乡发展的特殊语境

耿芳兵

(中国人民大学哲学院,北京 100872)

摘要: 改革开放以来,中国现代化进程发展迅速,尤其体现在城乡一体化进程中。中国城乡发展伴随着空间迁移产生,其特殊性在于,一方面,"城市—乡村"的空间迁移进程受国情的影响,另一方面也伴随着诸多现代性问题的困扰。大踏步地"发展"使得一些空间问题更加突出地表现出来,各种关乎人的生存空间的难题层出不穷。本文尝试在空间的语境中分析中国城乡发展中的相关问题,为现代性问题的解决提供可能的出路。

关键词: 空间现代性;空间问题;城乡一体化

7. 澜湄合作智库网络建设进展与未来前景

张 旭

(同济大学经济与管理学院,上海 201804)

摘要: 澜湄合作是"一带一路"倡议的有机组成部分,扮演着旗舰先锋的角色,它标志着中国在次区域治理中,由参与者转变为理念的倡导者、机制的设计者、公共产品的贡献者。智库网络是澜湄合作着力打造的三大支撑体系之一。文章重点探讨了大湄公河次区域复杂的合作格局、澜湄智库网络的建构基础及现实使命、智库网络推进澜湄合作的必要条件与扩展路径。主要观点是,与大湄公河次区域的开发格局实现战略协调是澜湄合作顺利开展的基础。作为澜湄合作的人才保障和智力支撑,智库网络沿着认知共同体、官方政策、国际多边机制的路径,灵活务实地贯穿澜湄合作全过程。然而,湄公河五国的智库起步晚、数量少、发展水平参差不齐,遑论全球议题的话语权和国际影响力,中国对湄公河区域研究也有待提升整合。这就需要澜湄智库网络完善架构,提升网络拓展能力。同时,与官方层面的澜湄合作形成机制化互动,以高质量的综合研判引领公共舆论,共同铸就六水合一的澜湄命运共同体。

关键词: 澜湄合作;"一带一路";次区域治理;智库网络;澜湄命运共同体

8. 美国对"一带一路"倡议的认知及中国的应对

张继荣

(武汉大学,湖北 武汉 430072)

摘要:对于"一带一路"倡议,美国官方迄今没有系统性的应对策略,目前对"一带一路"主要持怀疑和批评态度。美国认为,"一带一路"的相关动机、目标和可能结果都可能转化为地缘政治影响力,中国的有关活动挑战、破坏了美国主导的自由主义国际秩序,并对美国战略利益造成了不利的影响。鉴于美国无法长久忽视"一带一路",并且中美在相关领域存在共同利益,因此,美国未来可能选择性地参与"一带一路"。同时,美国也可能发布其环印度洋及欧亚大陆愿景,提供替代方案,并着力推进"印太战略"。对此,中国应继续坚定积极推进"一带一路"建设,以实际建设成果消解美国的疑虑;建立中美对话协调机制,探讨中美可能合作方案,挖掘利益交汇点,推进中美合作。同时,还应注意加强军事协调,营造安全稳定建设环境。

关键词:"一带一路";美国认知;合作可能性;应对策略

9. "一带一路"背景下斯里兰卡旅游业新现象探析

林清清

(华南师范大学旅游管理学院,广东 广州 510631)

摘要:斯里兰卡是"一带一路"上的重要国家,中斯历史友好关系源远流长。随着中国"一带一路"建设的发展,近年来赴斯里兰卡的中国企业越来越多,例如在科伦坡的中国城。斯里兰卡的美丽风光也吸引了大量中国游客前往。近年来,中国赴斯里兰卡的游客人数越来越多,仅次于印度。与印度不同,中国游客呈现女性数量较多,甚至有些年份女性数量超过男性的情况,而印度则以男性为主导。伴随着中国游客数量的增多、中国企业投资的增多,以及中斯文化(包括佛教文化)交流的深入,斯里兰卡出现不少与中国游客相关的旅游新现象。第一,中国访客或游客向旅游从业者转变。中国访客中的一些有生意头脑的人在旅游中发现商机,比如科伦坡的华穗餐厅老板、尼干布的 Sugar 餐厅和客栈老板、高尔的海鲜餐厅老板和热干面店经营者等。他们中有些试着来找商机,并凭着敏锐的观察力找到了机会;有的纯粹是游客,在旅游的过程中发现一些机会,便顺势留下来。第二,斯里兰卡本地掀起学汉语热潮，不少当地人学习汉语后从景点向导慢慢拓展业务，甚至创办了旅行社，代表人有喜羊羊、灰太狼等。喜羊羊用中国人熟悉的原创动画片中的喜羊羊作为自己的名字，瞬间拉近了与游客的距离。第三，淘宝旅行平台为多元组合旅行提供可能。包车、游玩项目、各种其他旅游产品再加上当地司机的各种灵活组合，使各种自由行产品成为可能。斯里兰卡劳动力工资较为便宜，使得价格实惠的司机加包车的出行方式成为一种不错的选择，既有舒适度又有优惠的价格。第四，随着猛虎组织解体，斯里兰卡的旅游环境得到改善，签证快捷方便也为游客迅速增加提供了方便。第五，随着中国游客的增加，在跨文化背景下，斯里兰卡旅游业出现有趣的旅游行为细分，比如中国游客特别中意博卡拉的滑翔，日本游客喜欢在博卡拉坐直升飞机观光鱼尾峰，而西方游客则喜欢进行徒步活动。

随着"一带一路"建设的推行，中国出境游游客数量大大增加，增加了游客与目的地的互动，并参与共同构建旅游接待产业链。为适应新的游客到来，东道主中适应性强的这部分人迅速脱颖而出，成为文化传播的中介人，并积极参与到旅游业中；中国游客的大量涌入与在线预订电子商务的发展密不可分，二者共同促进多元自由组合产品的开发；同时，跨文化的交流也体现出了地域差异。总之，在"一带一路"背景下，作为"一带一路"国家中位置很好的一个，赴斯里兰卡的游客大大增加，其中，中国游客共同参与了目的地的发展。

关键词："一带一路"；斯里兰卡；旅游业；旅游供给；出境游

10. "一带一路"背景下研究生教育发展的战略思考
——基于宏观政策的视角

姜朝晖[1,2]，郭 瑞[1]

(1. 天津大学教育学院，天津 300354；2. 中国教育科学研究院高等教育研究中心，北京 100088)

摘要：在"一带一路"建设背景下，研究生教育培养创新型人才，释放人口红利，是经济社会发展的"智慧锦囊"。在新时期把握社会发展的时代脉搏，研究生教育已成为高等教育的热点话题。研究生教育的发展、研究生教育学科的构建，必须审视我们所处的历史坐标和时代方位，以战略性的眼光审视其发展脉络，这既需要我们把握研究生教育的本质属性，又需要我们考虑研究生教育发展环境，用国际视野、历史眼光、全局高度、辩证思维进行分析。以宏观政策视角理清研究生教育的发展现状、发展问题，明晰发展的思路和方向，对于研究生教育未来走向具有重要的战略意义。

关键词："一带一路"；研究生；研究生教育；宏观政策

11. "一带一路"背景下中国气候援助问题研究

于雅倩

（中山大学国际关系学院，广东 珠海 519000）

摘要：气候变化问题是目前国际社会的热门话题，应对气候变化进行南南合作是中国对外援助进行国际合作的新内容，也是中国南南合作的新领域。作为负责任的新兴发展中大国，中国于21世纪初开始实施南南合作框架下的气候援助计划，十几年来已经取得了丰硕的成果。这不仅完善了我国的外交政策，还极大地丰富了国际气候援助体系的内涵，推动了南南合作的发展，为全球治理提供了一种新的思路。本文通过进一步查阅文献，并结合"一带一路"，以库克群岛与巴基斯坦的水库项目为例，分析了我国对外气候援助的效果与意义，为其他国家深入参与全球治理、推动全球治理模式的转型提供了借鉴。

关键词：中国；气候援助；"一带一路"；南南合作

12. "一带一路"国家文化安全问题研究
——基于地缘政治学视野

陈永红，谈国新，孙传明

（华中师范大学国家文化产业研究中心，湖北 武汉 430079）

摘要：本文以地缘政治学的独特视角，分析了"一带一路"中的国家文化安全问题，尝试填补相关领域的研究空白。从历史的经度，梳理了古代陆上、海洋丝绸之路以及中国历史上的主要国家文化安全事件。从文化冲突和地缘政治学两大纬度，分析了"一带一路"中的国家文化安全问题。建议根据哈贝马斯的交往与对话理论，用"文化交往与对话"替代"文化走出去"和"文化先行"的提法。将梅花与牡丹作为"一带一路"的中国文化气质与文化身份表达，并借鉴基辛格的世界秩序和均势理论，寻求"一带一路"中国家文化安全的均势格局。

关键词："一带一路"；国家文化安全；地缘政治；交往与对话

13. "一带一路"文化贸易网络结构特征研究

陈乔[1]，程建权[2]

(1. 广西大学商学院，广西 南宁 530004；2. 曼彻斯特城市大学地理与环境管理学院，英国 曼彻斯特)

摘要： 本文基于1990—2016年"一带一路"沿线66国文化贸易数据，利用社会网络分析（SNA）方法对文化贸易空间关联网络结构特征及其效应进行实证研究。研究发现：在样本期内，文化贸易网络空间关联度和网络密度逐步提高，网络抗干扰能力趋于稳定；中国、印度、马来西亚、波兰、俄罗斯、泰国位于网络中心；印度、波兰、中国、泰国、新加坡、马来西亚、斯里兰卡、俄罗斯、阿联酋、捷克等中介中心度较高，对整个网络发挥着强有力的中介和桥梁作用。沿线国家已经从"散兵游勇"状态，逐步形成了六大"朋友圈"。总体而言，当前中国的文化影响力已经走出东亚及南亚地区，拓展海外文化贸易颇有成效。

关键词： "一带一路"；文化贸易；网络结构；社会网络分析；空间关联；网络效应

14. 支点型战略功能区：政策链视角下的国家级新区功能定位

赵 吉

(上海交通大学国际与公共事务学院，上海 200030)

摘要： 随着国家级新区建设与发展的不断完善，需要进一步理清国家级新区在国家发展全局中的功能定位，以谋划新阶段国家级新区的规划与发展。国家级新区的设立紧密围绕"四大板块"协同发展，成为"一带一路"、京津冀协同发展、长江经济带等国家区域发展战略的重要支点。从政策链的视角来看，国家级新区不仅是支撑中心城市、城市群、区域发展战略的机制性载体，还通过积聚其所复合的众多功能区的政策优势与发展动能成为支撑发展的功能性载体。现阶段必须以建设支点型战略功能区为契机，重新调适和优化国家级新区的建设目标和路径。

关键词： 国家级新区；功能区；区域发展；政策链；支点型战略功能区

15. 知识贡献与路径支持：科技发展对中国参与北极治理的意义

杨松霖

（武汉大学中国边界与海洋研究院，湖北 武汉 430072）

摘要：随着北极自然环境变化和地缘政治的加速变迁，科技发展对资源开发和北极治理的推动作用逐步提升。作为地理意义上的北极域外国家，中国通过"低敏感度"的科学研究议题介入北极治理，是参与北极治理最关键和最基础的手段。科技发展为中国参与北极治理提供根本的内在支撑，是其他参与路径不可缺失的前提条件。要进一步加强科学研究与北极政策目标之间的协调发展，为增强中国北极治理能力和争取北极事务话语权提供支持。

关键词：科技发展；北极治理；知识贡献；话语权

16. 中美两国在"一带一路"地区的贸易竞争力比较
——基于"钻石模型"的分析

张 晶

（北京师范大学地理科学学部，北京 100875）

摘要：2018年以来，中美贸易摩擦不断加剧升级。2018年4月，美方发表声明对来自中国的500亿美元商品加征25%的关税，6月又变本加厉，威胁将制定2000亿美元征税清单。2017年中国对美国商品出口额为4316.6亿美元，占中国全部商品出口额的19%。中美贸易摩擦将对中国对外贸易造成较大影响。与此同时，自2016年以来，全球经济低迷，外部需求不振，中国传统制造业产能过剩形势严峻。在此背景下，中国加强与"一带一路"沿线国家的贸易往来，既是推动落实《推动共建丝绸之路经济带和21世纪海上丝绸之路的愿景与行动》的重要措施，也是当前中美贸易战背景下，中国须大力发展与其他国家间贸易的现实需要。"一带一路"沿线地区虽然与中国的贸易关系紧密，但美国在这一地区的贸易地位也不容小觑：中东地区最大的石油出口国沙特阿拉伯是美国的战略盟友；在对中国的问题上，美国与印度是"天然盟友"，与东南亚国家也关系紧密。综上所述，面对美国的不断挑衅，中国要在对外贸易上成功"西进"，就必须准确分析出中美两国与"一带一路"沿线国家间贸易联系的紧密程度，以及两国在"一带一路"地区的贸易竞争形势。"钻石模型"又称"波特菱形理论"或"国家竞争优势理论"，是由美国哈佛商学院著名的战略管理学家迈克尔·波特于

1990年提出的，用于分析一个国家如何形成整体优势，因而在国际上具有较强竞争力。"钻石模型"是分析国家间竞争力的经典基础理论，自提出以来就被多国学者应用于本国国际竞争力的分析。本文以"钻石模型"为理论基础，对中美两国在"一带一路"地区的贸易竞争力进行比较分析。本文首先将"一带一路"沿线地区划分为中亚（CA）、东南亚（SEA）、南亚（SA）、中东（ME）、中东欧（CEE）以及俄罗斯（RU）和蒙古（MN）七大片区，根据国际贸易中心（International Trade Center，ITC）2017年国家间贸易统计数据，将相关贸易产品行业划分为农林牧副渔业、油气生产和加工业、基本金属生产和加工业、非金属矿物生产和加工业、塑料和橡胶生产和加工业、木材及木制品生产和加工业、纺织原料及制品加工业、精密仪器和设备制造业、其他加工制造业，共计九类。其次，以"钻石模型"为理论基础，根据"钻石模型"中最关键的四大要素——竞争状态、生产条件、需求条件、相关产业支持条件，采用专业化系数和一致性系数、进出口额占比、显示性贸易综合比较优势指数（Relative Revealed Comparative Trade Advantage）等指标计算方法，对比中美两国在上述地区此九类行业在四大要素上的产品贸易竞争形势。最后，提出中国与"一带一路"沿线国家在贸易发展的重点地区、重点产业、重点产品以及相关保障措施方面的政策建议。

关键词："一带一路"；中美贸易竞争力；"钻石模型"；政策建议

二、地缘政治与生活空间

1. 朝鲜慈江道、两江道地名景观空间分布特征
——以日本统治时期地名为主

夏 志[1]，金石柱[2]

（1. 延边大学国际研究生学院，吉林 延吉 133002；2. 延边大学东北亚研究院，
吉林 延吉 133002）

摘要：地名是人们赋予某一特定空间位置上自然或人文地理实体的专有名称。本文以日本统治时期的朝鲜慈江道和两江道共1228个地名作为研究对象，从地理学角度，对慈江道和两江道地名进行分类与分布特征分析。将两道地名分为自然地名和人文地名两大类，以及山系、水系、方位、交通、意愿等14个亚类。两道总体地名类型分布为自然地名数量多于人文地名数量。两道在人文地名分布上具有一致性，均以意愿地名、军事地名和交通地名的数量为前三位。在自然地名中，慈江道的方位地名数量最多，两江道的山系地名数量最多。基于ArcGIS软件，对两道地名分别进行核密度、空间自相关、高程、坡度和坡向分析，得出两道地名分布在空间上呈现不均衡性和空间正相关性，两道地名在高程、坡度和坡向上分布具有一致性。两道地名均集中于高程较低，坡度偏小，日照条件和强度良好的地区。通过慈江道和两江道地名的空间分布特征分析，为日后学者研究朝鲜地名文化、历史等方面起到了一定的参考与应用作用。

关键词：慈江道；两江道；地名；空间特征；ArcGIS

2. 第一岛链重点岛屿潜在威胁等级划分及空间分布

魏双建

（信息工程大学地理空间信息学院，河南 郑州 450001）

摘要：我国是个沿海国家，东临太平洋，近海海域有渤海、黄海、东海、南海等，有大约300万平方千米的辽阔海域，但我国并没有得天独厚的地理优势，相反，由于我国处于西太平洋与亚欧大陆交接的边缘地带，岛屿众多，并且南北排列紧凑，国家林立，国家斗争形势复杂，我国的海权现状并不乐观。第一岛链作为美国进可攻退可守的桥头堡，为一条北起日本列岛、琉球

群岛，中连中国台湾岛，南及菲律宾群岛、大巽他群岛的链形岛屿带，南北长约5700千米，横亘在西太平洋边缘，威胁我国海洋权益。对岛屿威胁程度进行评价，对我国制定海洋政策以及维护海洋权益具有重要意义。

采用层次分析法和菲什拜因—罗森伯格综合评价模型，对第一岛链重点岛屿的潜在威胁程度进行等级划分，并运用核密度估计法对威胁等级岛屿的空间分布进行分析。基于层次分析法对第一岛链重点岛屿的潜在威胁进行评估，首先选取合适指标，建立层次结构模型，根据第一岛链重点岛屿的自身条件和外部条件，依据科学性、全面性、相对独立性、典型性、针对性、可度量性等选取指标原则。本文设置三层结构，自上而下分别为目标层、准则层、指标层。目标层为岛屿潜在威胁；准则层包括自然因素、社会因素和政治军事因素；在指标层中，自然因素包括岛屿面积、海岸线长度、最高海拔、近岸水深，社会因素包括人口数量和人口密度，政治军事因素包括控制方与中国的友好程度和机场数量。然后构造判断矩阵，计算各评价指标权重；数据标准化之后根据菲什拜因—罗森伯格综合评价模型计算岛屿综合威胁值。依据自然间距分类法将岛屿威胁程度，划分为较轻威胁、一般威胁、较重威胁、严重威胁四个等级。其中，较轻威胁岛屿22个，占第一岛链重点岛屿的8.40%，主要集中在马来西亚的东北部；一般威胁岛屿213个，占比高达81.30%，主要分布在日本九州岛的西南端附近、中国台湾地区东部、菲律宾北部和西南部；较重威胁岛屿26个，占比9.92%，集中分布在日本九州岛附近；严重威胁岛屿只有1个，为日本本州岛。

为了进一步探究第一岛链各威胁等级岛屿的空间分布情况，利用ArcGIS提取岛屿中心点，采用核密度估计法（KDE）分析岛屿的空间聚集状态。核密度估计法体现地理学的距离衰减规律，距离较近的要素，密度较高，权重较大。核密度估计法可以反映研究对象密度的连续空间变化，客观准确地表达空间分布模式。将岛屿威胁综合评价值作为权重，与岛屿空间位置相结合进行核密度分析，可以发现加权核密度图总体呈现东北—西南走向，与未加权核密度图相比，东南端岛屿核密度向西北方向收缩，并且核密度值减小，显示在第一岛链北段九州岛附近岛屿在岛屿威胁指数加权之后更加聚集，表现出较强的威胁能力。该研究可为我国制定近海防御战略、维护我国海洋权益提供一定的借鉴作用。

关键词：第一岛链；岛屿威胁；层次分析法；核密度估计法

3. 共同崛起下的能源合作：中印战略互信的稳固板块

苏 勇

（武汉大学中国边界与海洋研究院，湖北 武汉 430072）

摘要：地缘上，中印是近邻，合则两利，斗则两伤。两国关系源远流长，不能因一些暂时不能解决的争端就搁置不前，相关问题需要按照先易后难的原则，逐一解决。经贸往来、能源合作是中印关系的两大基点，可以为军事、政治互信创造条件，为解决边界争端、地区争议打下基础。中印能源合作较经贸往来稳定，争议点少，且需求强劲，能源合作可以作为中印互信的首要突破点。无论中印关系是否有所波澜，因共同崛起的需要，都能在此领域稳固而深入地开展合作，能够由此增进双方互信并带动其他领域的合作，最终消除中印关系的障碍。

关键词：能源合作；政治互信；战略对接；共同崛起

4. 贵州长寿人口分布特征研究

樊云龙[1]，龚胜生[2]，邹细霞[3]，刘艳鸿[1]

（1. 贵州师范学院地理与旅游学院，贵州 贵阳 550018；
2. 华中师范大学城市与环境科学学院，湖北 武汉 430079；
3. 贵州工程应用技术学院 毕节循环经济研究院，云南 毕节 551700）

摘要：近年来，随着社会老龄化进程的加快，老龄人口健康与长寿现象已经成为研究热点。第六次全国人口普查显示，2000 年以后贵州老龄化进程加速，并于 2010 年完全进入老龄化社会，65 岁及以上人口占总人口的 8.71%。百岁老人作为一个人口群体正在急速地增长。百岁人口大量增多是环境条件的改善、生活水平和医疗卫生条件改善等多因素综合的结果。为了更为合理地评估性别和区域长寿水平状况，选择多种指标：①90 岁以上老龄人口占 65 岁以上老龄人口的比例（称为 LI%）；②百岁老人占 90 岁以上老龄人口的比例（称为 CI%）；③百岁老人占 65 岁以上老龄人口万分比（称为 UC）。通过对多种长寿指数进行分析可以发现，在全省各市州中，六盘水市显示出较高的长寿水平。在县域水平上也并未显示出社会经济较发达地区长寿水平就高，可见长寿水平较高的地区并非经济发达地区，这也说明长寿水平不仅受到社会经济发展的影响，同时也受到气候、环境以及个人遗传因素的影响。在长寿人口的城乡分布中，乡村 65 岁及以上老年人口的比例最高，而长寿人口比例却是最低的。

关键词：长寿区；百岁老人；分布特征；贵州

5. 基于尺度政治视角下的旅游在国际冲突中的应用逻辑
—— 以中韩为例

李书献[1]，罗 芬[1]，王 英[2]，何嘉文[1]

(1. 中南林业科技大学旅游学院，湖南 长沙 410004；2. 北京联合大学旅游学院，北京 100101)

摘要： 本文基于文本分析法，在 2016 年 2 月到 2018 年 2 月之间搜索数据，检索的数据库包括 CPC leaders、外交部发言以及中韩相关网页，并以时间为轴线进行材料整理。2016 年至今发生的中韩"萨德事件"可划分为四个尺度，即群体尺度、国家尺度、超国家尺度以及作为第三方的媒体舆论尺度。根据事件影响的尺度变化特征，可分为前期（2016 年 2 月之前）、中期（2016 年 2 月至 2017 年 3 月）和后期（2017 年 3 月至今）三个阶段。前期主要是中韩双边政府签署互利合作约定形成尺度下推，激发中国游客赴韩旅游浪潮；中期主要表现为韩国企业和韩国政府强势的尺度上推政治；后期则表现为中国游客、媒体、企业和政府对尺度的争夺，并最终以政府强势的尺度下推政治落幕。

关键词： 尺度政治；萨德；旅游外交；赴韩旅游

6. 联通、交汇与辐射：中巴经济走廊的地缘经济解读

邢 戎

(国防大学政治学院，江苏 南京 210003)

摘要： "一带一路"倡议是区域互利合作的推动器，而中巴经济走廊无疑是攸关战略成败的旗舰项目。本文从路港联通、陆海协同、区域辐射三个层次的地缘视角，对中巴经济走廊作为战略通道和瓜达尔港作为战略支点的地缘经济逻辑进行多层次、多方面阐述。中巴经济走廊的核心地缘要义不仅在于联通西北内陆与阿拉伯海印度洋，更在于同向斯里兰卡、缅甸等国租用的港口一道发挥整体优势和组合效应，对于中国摆脱马六甲困局、经略印度洋有着深远的战略含义。同时，走廊建设面临的地缘挑战也不可忽视，巴国内矛盾对线路规划的制约、南亚恐怖主义威胁的外溢、"印太战略"的针锋相对，都需要我们加以思考和应对。

关键词： 中巴经济走廊；地缘经济；地缘政治；瓜达尔港

7. 美国北极气候资源政策的转向

黄 雯

(武汉大学政治与公共管理学院,湖北 武汉 430072)

摘要:奥巴马政府从国内、国际两个层面加快推进美国北极气候治理。特朗普政府则大幅度修改奥巴马政府的北极资源政策,加快资源开发;同时,单方面退出《巴黎协定》,减少对北极气候问题的关注和投入。其原因是多方面的:阿拉斯加州基础设施建设的客观需求极大地推动该政策制定,同时,如何平衡"气候变化"与"资源开发"在美国北极政策议程中并未取得共识,这也为特朗普调整政策预留了政治空间。毫无疑问,特朗普北极气候资源政策的调整将激化与环保利益集团之间的矛盾,同时,极大地破坏奥巴马政府遗留的北极气候政治遗产。在未来一段时间,特朗普极有可能选择性地参与"冰上丝绸之路"建设的部分项目,以加快北极地区基础设施建设和资源开发进程。

关键词:特朗普政府;资源开发;气候治理;冰上丝绸之路

8. 双语种背景下中日地缘关系演变及影响因素分析
——基于事件分析法

曹 原[1],刘玮鸣[1,2]

(1. 山东师范大学地理与环境学院,山东 济南 250014; 2. 香港科技大学环境与可持续发展学院,香港 999077)

摘要:本研究突破以往用事件分析法对地缘关系分析时单一语种的事件数据来源,利用中英文分别进行事件数据的收集,并进行赋值和计算,得出中日地缘关系 2000 年以来的演变进程。中日地缘关系演变可划分为平稳发展期、过渡发展期、快速发展期和剧烈波动期。通过向心力、离心力两个维度对演变的影响因素进行分析得出:中日地缘关系的向心力包括发迹于中国汉朝时期的友好往来、国际或区域组织内部的交流合作、两国不断增强的经济相互依赖程度以及儒家思想的共同文化内核;离心力包括明朝之后日本对中国的多次侵略、美日同盟对中日地缘关系的影响、能源领域的竞争以及日本西化而对中国文化的抵触。

关键词:中日地缘关系;双语种;事件分析法;向心力;离心力

9. 乌克兰武装冲突时空分布特征及地缘解析

麻洪川

(信息工程大学地理空间信息学院，河南 郑州 450001)

摘要：乌克兰危机爆发至今，已近四年，东部地区武装冲突至今未能平息，乌克兰局势不容乐观。研究乌克兰武装冲突时空分布特征，透过地缘视角对其成因进行解析，可有效分析其时空演变规律。研究表明：①武装冲突数量逐年减少，主要集中发生在 2014 年和 2015 年；持续时间 20 天以上的冲突全部发生在 2014 年和 2015 年。②武装冲突主要集中在顿涅茨克州。武装冲突热点区域主要为顿涅茨克州北部、中部、南部地区，分别围绕斯拉维扬斯克、顿涅茨克、马里乌波尔进行，并且分为争夺战略要地阶段、占领战略要地阶段、形成控制区域阶段、零星武装冲突阶段。③文化要素的空间特征决定了发生武装冲突的空间位置；大国地缘政治博弈影响武装冲突进程；战略要地为武装冲突双方的争夺核心。

关键词：乌克兰武装冲突；军事力量；时空分布特征；地缘解析

10. 乡村振兴背景下农村整治规划实施对策
——以清远市铁坑村为例

蔡超明

(东莞理工学院城市学院，广东 东莞 523000)

摘要：党的十八大以来，面对资源约束趋紧、环境污染严重、生态系统退化的严峻形势，必须树立尊重自然、顺应自然、保护自然的生态文明理念，走可持续发展道路，同时坚持把解决好"三农"问题作为全党工作的重中之重，持续加大强农、惠农、富农政策力度，扎实推进农业现代化和新农村建设，全面深化农村改革，使农业农村发展取得历史性成就，为党和国家事业全面开创新局面提供重要支撑。广东省敢为人先，坚决打赢扶贫攻坚战、推进农村建设的战略部署，联合省委农村工作领导小组办公室、省住房和城乡建设厅等多个部门开展美丽乡村整治规划行动。多个团队深入贫困村，在充分征求村民意见的基础上，因地制宜，帮助贫困村做好乡村整治规划方案，为美丽乡村的建设蓝图提供可靠的依据。但如何将整治规划建设实施成为关键性的问题，笔者以清远市连州县铁坑村为例，提供相应的解决对策。

关键词：乡村振兴；贫困村；整治规划；实施对策

11. 选举参与的空间效应：基于香港 2016 年立法会选举的空间计量研究

霍伟东，何俊志

（中山大学粤港澳发展研究院，广东 广州 510275）

摘要： 一个国家或地区的重要选举的投票率是其公民政治参与的重要指标。高投票率经常作为民主制度生命力的标志。香港立法会选举的投票率发展情况与世界各国存在较大的差异，需要在回顾既有研究的前提下，通过新的空间分析视角，探讨影响香港立法会选举的投票率高低的因素。本文以 2016 年立法会选举投票率的空间分布规律为研究对象，使用香港选举管理委员会提供的 2016 年立法会选举地区直选和功能界别选举中超级区议会的投票率数据。本文通过 GIS 系统与空间计量分析方法，将选举数据汇总到 431 个选区的投票站数据，探讨非空间因素和空间因素对投票率的影响。传统的回归分析证明人口学指标、社会心理指标和选举安排指标对投票率有显著的影响，这种影响存在一定的差异性；空间回归分析的结果显示，在控制好上述非空间因素后，投票率存在显著的空间滞后效应和空间误差效应，证明投票率有显著正向的空间扩散和学习效应。最后讨论投票率的空间分布规律的启示。

关键词： 空间效应；选举政治；政治参与；空间回归模型

12. 中国海洋地缘环境系统脆弱性时空演化

彭　飞，张琦琦

（辽宁师范大学海洋经济与可持续发展研究中心，辽宁 大连 116029）

摘要： 在"加快建设海洋强国"国家战略的实施中，中国仍面临错综复杂的海洋地缘环境。本研究以维护中国海洋权益为基本出发点，将脆弱性研究范式引入我国海洋地缘环境系统，初步定性并定量我国海洋地缘环境系统脆弱性，并运用定量所得结果分析其时序演变及定位分析。研究发现：①时序上，中国海洋地缘环境系统脆弱性呈不断下降态势显著，敏感性变化不明显，应对能力除在 2009 年略有下降，整体呈上升态势。②空间上，脆弱性程度与敏感性程度整体呈现为：东海海域 > 南海海域 > 黄海海域，应对能力程度整体呈现为：黄海海域 > 南海海域 > 东海海域。中国在东海海域长期处于高敏感状态，然而，在该海域的应对能力相对较低，因此，东海海域是脆弱性最高的地区。③在部分国家敏感性相似的前提下，其脆弱性程度不对等，这取决于应对能力。这对我国采取外交政策方面有一定的借鉴意义。

关键词： 海洋地缘环境系统；脆弱性；敏感性；应对性

三、边境管治与跨界发展

1. 国外关于中缅泰老"黄金四角"跨境流域合作区研究进展及近今趋势

张 磊[1]，武友德[2,4]，李 君[3]

(1. 云南师范大学旅游与地理科学学院，云南 昆明 650500；2. 云南师范大学华文学院，云南 昆明 650500；3. 云南师范大学经济与管理学院，云南 昆明 650500；4. 中国西南地缘环境与边疆发展协同创新中心，云南 昆明 650500)

摘要： 自马可·波罗之后，西方人一直想寻求一条从东南亚、缅北进入中国的通道，故中缅泰老"黄金四角"跨境流域合作区（简称"黄金四角"地区）这一中国与东盟接触地带形成的唯一多国地缘经济区一直是西方学者关注的热土，加之该区紧邻东南亚最大的毒品种植和输出基地"金三角"地区，民族问题、武装冲突、边境争端等问题频发，更引起了国外学者的广泛关注。综合已有成果，本文基于民族问题、边境与武装冲突及"Zomic"三个方面，总结当前国外学者对"黄金四角"地区的研究，以期对该区的发展本底、面临问题及研究重点进行梳理，为其未来地缘政治、经济、文化及资源环境等方面的研究提供参考。

关键词： 国外；中缅泰老"黄金四角"；研究进展

2. 基于共生理论的跨界协同发展管治策略研究
——以广西中越边境区域为例

赵四东[1,2]，王辛宇[2]，胡雪峰[1]

[1. 东南大学建筑学院，江苏 南京 210096；2. 华蓝设计（集团）有限公司城乡规划院，广西 南宁 530011]

摘要： "一带一路"倡议和国家新一轮边境开放开发政策指引下，边境区域跨界协同发展成为大势所趋。以广西中越边境区域为例，利用问卷调查和统计分析等方法，解析了广西中越边境区域发展态势与需求图谱，进一步通过全球跨界协同发展管治案例的对标找差分析，利用生态学共生理论确立了边境区域同城化发展的共生单元、共生界面、共生模式、共生环境，据此建构了跨界协同发展管制共生系统，包括"产业—空间—主体"共生管治的核心体解构与再构共生单元、区域性交通基础设施织补和共享性公共服务设施修补及双边性边境空间规制弥补的支撑体供需共生界面、共生体生长和消解视角下全生命周期自组织演化共生模式建构等。

关键词：共生理论；边境管治；跨界发展；边疆治理；广西

3. 全球化背景下中国与邻国边境地区地缘经济变化及其地缘影响

李晓玲

（东北师范大学地理科学学院，吉林 长春 130024）

摘要：边境地区既是国家行政管理的边缘区域，也是地缘空间冲突和地缘合作的重要区域。伴随着世界秩序的变革和跨界力量的凸显，边境地区的经济社会发展和国土安全已日益成为国际关系、人文地理学、经济学和国际政治学研究的热点问题。在综合分析边境地缘经济理论的基础之上，基于地缘经济分析框架，利用 1992—2013 年夜间灯光数据，分析全球化背景下中国与邻国边境地区人口及社会经济变化及其地缘影响，深度探究其形成机制，为搭建适应于中国特色发展现状与趋势的跨境合作平台与机制提出科学性建议。

关键词：全球化；区域收缩；边界效应；中国东北；俄罗斯远东

4. 三阶段尺度政治理论模型视野下的粤港澳大湾区的融合与区隔

张吉星

（华南师范大学地理科学学院，广东 广州 510631）

摘要：当前学界对于尺度政治的讨论方兴未艾，三阶段尺度政治理论模型是在将尺度视为一种方法论进路下，整合已有实证研究和分析视角，厘清尺度和尺度政治概念，提出的一个尺度政治的一般性理论模型的代表。本文以此理论模型为理论框架，探讨新时代粤港澳大湾区融合与区隔中的尺度政治，发现粤港澳大湾区融合与区隔中的尺度化、尺度重构，以及由此引起的权力关系变化。提出粤港澳大湾区在未来发展中增加融合、弱化区隔的进路。

关键词：尺度；三阶段尺度政治理论模型；粤港澳大湾区

5. 我国边境地区非法入境问题研究：发生机制与治理框架

夏海洋

(吉林大学行政学院，吉林 长春 130012)

摘要：随着经济增长，中国对周边国家国民的吸引力逐渐增强。在此背景下，外国人通过中国陆上边界非法入境越来越常见。非法入境与非法移民概念的部分重合为利用移民相关理论解释非法入境提供了依据。通过对既有理论及研究成果的总结提炼，本文兼顾外部环境与个体特质、动机与行为、选择程序与干扰因素，提出非法入境问题发生的解释框架。在此框架的基础上，倡导边境城市政府为解决此类问题应当采用多元主体治理模式，并积极与外界展开互动。

关键词：非法入境；非法移民；移民理论；边境地区；路径选择；多元主体治理

6. 现代皮影戏跨文化传播策略
——以唐山皮影为例

权睿婷[1]，金石柱[1]，刘 畅[2]

(1. 延边大学理学院，吉林 延吉 133000；2. 中国城市规划设计研究院，北京 100044)

摘要：皮影作为世界非物质文化遗产，具有鲜明的中国特色与丰厚的文化底蕴，因其很高的观赏与收藏价值，在国内外广受好评。在当今新媒体的大环境下，传统文化遭受现代流行元素与外来文化的冲击。在跨文化传播过程中，皮影剧本因较为晦涩而不易为外国观众接受，因此，对传播方法与策略的转变升级刻不容缓。本文首先从物质与非物质两方面探讨其文化驱动力，并对中华人民共和国成立以来皮影戏的跨文化传播数据进行分析，总结传播特点。其后通过借鉴优秀非物质文化遗产的跨文化传播经验，对唐山皮影戏跨文化传播策略进行探讨。分析得出，在传播方式上，可通过"明星效应""跨文化剧本"等方法对皮影进行跨文化传播；在传播策略上，可通过网络传播、影视化传播、依托孔子学院传播三种方式，推进皮影海外传播，扩大非物质文化的海外市场。本研究旨在帮助皮影戏这一传统曲艺在当今环境下开辟更加合理的发展道路，焕发出新的活力。

关键词：唐山皮影；跨文化传播；传播策略

7. 中国边境地区外向型经济脆弱性时空分异及影响因素研究

杨 鑫

(辽宁师范大学，辽宁 大连 116029)

摘要：脆弱性研究的最终目的是强化抗扰动能力以实现可持续发展。基于边境城市外向型经济系统脆弱性的内涵，从敏感性与抵抗能力两个层面及对外经济、社会环境、国家因素三个尺度构建指标体系，采用熵值 - TOPSIS 法测算了 45 个边境城市外向型经济系统的脆弱性指数，并利用地理探测器对边境地区经济系统的影响因子进行定量分析。结果表明：①2000—2016 年，中国边境地区外向型经济系统脆弱性经历了整体上先升后降、局部突变的走势；②边境城市脆弱性地区差异极大，高脆弱地区分散分布，较低脆弱地区连片集中，空间分异特征明显，其中西部地区、内蒙古地区整体脆弱性降低幅度大，且内部趋向均衡，东北地区、云广地区脆弱性降低幅度低，东北地区趋向较高脆弱均衡态，云广地区高中低层次分布特征突出；③脆弱性极值点多存在于对外经济活动冷点及热点或本地经济落后、社会建设基础差、经济发展存在突变性的地区；④基于地理探测器分析，发现边境地区外向型经济脆弱性主要受限于外资外贸交流、本地经济水平、国家政策力度以及邻国影响，并针对各地区的因子探测决定力提出国家层面和地区层面的未来发展方向。

8. 中蒙俄地缘经济关系发展研究

杨维旭[1,2]，杨青山[1,2]

(1. 东北师范大学地理科学学院，吉林 长春 130024；2. 吉林省城镇化与区域发展研究中心，吉林 长春 130024)

摘要：地缘经济是政治关系的"稳定器"，是中国推进"一带一路"倡议的重要突破口，中蒙俄三国地缘经济关系发展对推进"中蒙俄经济走廊"建设、落实"东北振兴"战略至关重要。本文运用显性比较优势指数、产业内贸易指数、经济权力评价模型对中蒙俄地缘经济关系展开研究。研究表明：①在国际贸易中，中俄、蒙俄除有少部分商品类别同时具有显性比较优势外，大部分类别各具显性比较优势，竞争较小；中蒙各商品类别各具有显性比较优势，在国际贸易中竞争可能性较小。②中俄双边贸易中大部分商品类别为产业间贸易，以互补合作为主；中蒙、蒙俄在双边贸易中各商品类别均为产业间贸易，表现为互补关系。③中国在蒙古的经济权力较大且稳定，在经济合作中占主导地位，但中国在蒙古经济权力的扩大与俄罗斯在蒙古经济权力的收缩，可能造成两国在与蒙古国合作中存在竞争关系。④在三方合作中，中国既要牢牢把握住地缘经济主导权，制定符合自身发展需求的地缘经济策略，也要进一步增强三国互利互信，消除蒙俄两国的疑虑。

关键词：地缘经济；显性比较优势；产业内贸易指数；经济权力评价模型；中蒙俄

四、文化认同与移民社会

1. 长白山地区地名文化景观研究
——以延边州白山市及通化市为例

郑文丽，朱鹏飞，金 悦，金石柱

(延边大学理学院，吉林 延吉 133000)

摘要：长吉图开发开放先导区是东北亚地区的核心区域，也是"一带一路"建设的重要节点之一。长白山地区位于长吉图开发开放先导区的关键位置，本文选取长白山地区的延边朝鲜族自治州、白山市以及通化市的 2639 个行政地名作为研究对象，利用文化地理学、地名学语言学、历史地理学等理论，并结合已有地名分类经验，将长白山地名分为自然类地名和人文类地名两大类，以及地形类地名、水文类地名、寓意期盼类地名语言类地名等共 11 个亚类。对比发现长白山地区自然类地名多于人文类地名，自然类地名当中地形类地名比重最大，人文类地名当中寓意期盼类地名比重最大。地名丰富区位于延吉市、龙井市、梅河口市。地名丰富区具有地势较低，坡度适宜且水系丰富的优点，适合人类聚居。由于历史以及地理的特殊性，长白山地区的语言类地名具有特殊性，毗邻朝鲜且是满族兴起之地，满语地名和朝鲜语地名较为丰富。在自然条件和人为因素的影响下，地名体现了长白山地区的独特性，具有代表性的有人参文化、渤海国文化等。

关键词：长白山地区；地名景观；空间分布；长白山文化；少数民族地区

2. 大陆赴台游客的情感研究：边界、去边界与再边界

刘丹萍，金 程

(华南理工大学经济与贸易学院，广东 广州 510006)

摘要：台湾地区是大陆游客情感得以展现的一个典型旅游目的地，本文以大陆赴台游客为研究对象，展开对游客情感的细致考察。研究问题有三：①大陆赴台旅游市场的基本特征是怎样的？②不同旅游阶段，大陆游客围绕台湾地区产生了哪些情感？这些情感是否会随着旅游的进行而发生变化？③它们是如何产生、发展并起作用的？游客情感的一般性变化机制是怎样的？本研究通过参与式观察、半结构化日记与深度访谈的方法收集研究资料，然后运用内容分析、重复测量方差分析以及解释现象学分析的方法对研究资料进行

全面深入的分析。研究结论表明：

(1) 对大陆游客而言，台湾地区是一个大众化的旅游目的地。

(2) 中国内地与台湾地区长期的政治、经济、文化与社会的隔离，使得大陆与台湾地区两岸之间建构起显著的边界感，强烈塑造了大陆游客对台湾地区的地方想象，以及到访台湾地区的旅游动机。

(3) 两岸政府之间开放赴台自由行，是一次去边界的典型行为，游客通过亲自到访台湾地区，进一步感知到边界的存在，同时，边界的消解亦随旅游行为而发生。

(4) 旅游过程中，大陆游客产生的主要是积极情感和中性情感，消极情感很少出现。不同的旅游阶段，36种情感的强度呈现动态变化。此外，特定旅游刺激物的出现会打破通常的情感变化趋势，而人口学特征对一些特定情感也有所影响。

(5) 旅游前，各种大众媒介塑造了游客的各种想象性情感以及旅游目的地的初始意象；旅游中，游客对之前的想象进行印证和探索，产生一系列现实性情感，客观条件、人际关系与个人情况均会对这些情感产生影响；旅游后，游客通过回味、思考，产生了追溯性情感，形成对旅游目的地的重构意象，而追溯性情感又会对游客自身、人际关系乃至整个社会产生作用。

关键词：大陆赴台游客；边界；情感；去边界；再边界

3. 基于国家认同的根祖文化空间建构

李 波

（西安外国语大学，陕西 西安 710100）

摘要：根祖文化作为一种独特的文化形式，是对民族、国家先祖的缅怀和纪念。它不仅包含对物质遗产的纪念，更是对历史文化遗产的继承。而根祖文化空间便是承载这些历史、文化和记忆典型的场所。空间被赋予意义后便成为地方，在根祖文化空间建构过程中，不同权利主体相互作用，利用仪式、景观、文本、话语等方式，共同建构了空间独特的根祖文化属性。国家认同是个人一种主观的或内在化的、属于某个国家的感受，是在外界建构下，基于各种策略形成的"想象的共同体"。根祖文化空间被建构为民族、国家开始的端点，与每个个体息息相关，天然具有凝聚力和向心力，是个体建构个人身份和国家认同的重要场所。

关键词：文化空间；空间建构；根祖文化；国家认同

4. 论迦摩缕波国及帕拉国对佛教传播的影响

李 晓

(云南大学历史与档案学院，云南 昆明 650061)

摘要：研究古印度迦摩缕波国及帕拉国的政治、宗教状况，对于认识中国西藏、云南佛教发展以及了解西南丝绸之路佛教交流，有着重要意义。首先，唐代以前中印佛教交流在西南丝绸之路的频繁程度，明显弱于西北丝绸之路和海上丝绸之路，其原因之一很可能是迦摩缕波国婆罗门教势力的阻隔。其次，孟加拉地区佛教密宗的兴起以及帕拉国对佛教密宗的支持和传播，是西南丝绸之路佛教密宗传播的重要原因。

关键词：迦摩缕波国；帕拉国；佛教；西南丝绸之路；阿萨姆；孟加拉地区

5. 美国党派政治和华人网络对中国对美直接投资的影响

张赛赛

(吉林大学经济学院，吉林 长春 130012)

摘要：全球金融危机以来，中国企业对美国的投资深受美国的党派政治和选择性投资保护主义的影响。美国国际投资政策中的这种投资保护主义倾向始于其"外国投资委员会"和外国投资审查制度的建立，并且在20世纪80年代后半期得以巩固，特别是在"9·11"恐怖事件以后被进一步强化。美国政治体系中的党派政治不仅是导致这种投资保护主义产生和发展的主要原因之一，而且也是决定白宫，特别是国会议员对待中国企业态度的关键因素。文章就这种党派政治和华人网络对中国企业对美直接投资的影响路径和方式进行了分析；并分别从总投资、绿地投资以及并购投资三方面，对这一分析进行了实证检验。文章认为，从短期来看，中国企业应该积极探索跨越美国投资壁垒的路径；从长远来看，应该尽快完成中美双边投资协定（BIT）谈判，使该协定成为推动中美双边经济关系健康、稳定发展的制度基础。

关键词：党派政治；华人网络；对外直接投资；选择性投资保护主义；政治利益

6. 西南边疆地区山地多民族聚居区社会空间分异与演变研究
——基于桂西德峨镇的个案研究

许 斌，周智生

（云南师范大学旅游与地理科学学院，云南 昆明 650092）

摘要：在西南腹地诸多地区提出"城镇化上山"和"就地城镇化"等加快少数民族地区社会经济发展战略的背景下，选取在西南山区比较有代表性的滇、黔、桂交界且有壮、彝、苗、瑶、仫佬和汉等多民族杂散居区——广西隆林各族自治县德峨镇为个案研究地点，综合运用地理学、民族学、人类学理论与方法来分析案例地所在地区自然地理环境差异导致的各民族生计方式的垂直差异。各民族在不同的地域环境里形成了特有的劳动分异格局，并形成了地方特色鲜明的民族多元传统文化，经过一定的时空演变形成了西南山地特有的山区和坝区多民族社会空间垂直分异格局。通过研究发现，民族地区的社会空间分异的特征不同于城市社会空间分异，乡土性、族群性、地缘关系和血缘关系是维系山区多民族社会空间的主要因素，现代性和全球化影响下的生计转型与相应人地关系的变化是民族多民族社会空间演变的主要机制。其次，在当下社会科学研究空间转向（space turn）和空间研究文化转向（culture turn）的学术背景下，挖掘了农村和边远山区少数民族文化驱动下社会空间分异的机理、要素和演进趋势，提出了多民族共生空间是新型多民族社会空间建构的新思路，为研究多民族聚居山区和农村社会空间发展提供了新的思路。

关键词：多民族；山区；社会空间；演变

7. 社区类型会影响居民之间的社会融合吗？

方 浩，李东泉

（中国人民大学公共管理学院，北京 100872）

摘要：本文从农转非社区、城市拆迁社区、单位小区三种不同的社区结构出发，分析社区类型是否会对居民之间的社会融合产生差异化影响。首先，以成都市高新区肖家河街道的调研问卷为研究样本，通过方差分析来判别不同类型的社区是否存在显著差异，然后控制人口的社会属性及社区规模，进一步检验社区类型是否会对社会融合产生显著性的影响。研究结果发现：不同社区类型之间的居民社会属性及社会交往机制确实存在较大的差异，而封闭式的院落空间会进一步固化其差异，导致社区类型对社会融合产生显著性的影响。此结论也进一步回应了物质空间隔离会影响社会融合，开放的社区物质空间环境有利于加强社会融合的观点。本文的研究结果有利于启发实践者在未来的存量规划过程中，应该注意如何加强社区的开放性，以及如何通过物质空间设计更好地处理社会—生活空间结构的问题。

关键词：社区类型；社会融合；物质空间；开放性

第五部分　附录

学员简介

(一) 学员名单

姓名	学校	姓名	学校
蔡超明	东莞理工学院	杨鑫	辽宁师范大学
钟振强	北京大学深圳研究生院	张琦琦	辽宁师范大学
王翔宇	北京师范大学	苟廷佳	青海师范大学
袁丽华	北京师范大学	张亮	厦门大学
张晶	北京师范大学	赵吉	上海交通大学
陈小强	北京师范大学	郭瑞	天津大学
梁晓瑶	北京师范大学	张旭	同济大学
杨维旭	东北师范大学	黄雯	武汉大学
樊云龙	贵州师范大学	杨松霖	武汉大学
邢戎	国防大学	张继荣	武汉大学
刘丹萍	华南理工大学	李波	西安外国语大学
林清清	华南师范大学	吴培熠	香港城市大学
张吉星	华南师范大学	麻洪川	信息工程大学
陈永红	华中师范大学	魏双建	信息工程大学
夏海洋	吉林大学	张晶	信息工程大学
张赛赛	吉林大学	朴汉培	延边大学
肖超伟	剑桥大学	韩依明	延边大学
王雪	辽宁师范大学	权睿婷	延边大学
夏志	延边大学	霍伟东	中山大学
郑文丽	延边大学	刘玄宇	中山大学
李晓	云南大学	王韬	中山大学

续表

姓名	学校	姓名	学校
张磊	云南师范大学	张悦	中山大学
沈盈佳	云南师范大学	郑婉卿	中山大学
王文惠	云南师范大学	成婷婷	中山大学
苏东辉	云南师范大学	宋宗员	中山大学
李路	中国地质大学	魏敏莹	中山大学
侯婉	中国科学院	吴寅姗	中山大学
方浩	中国人民大学	许阳贵	中山大学
李书献	中南林业科技大学	姚丹燕	中山大学
张丽屏	中山大学	于雅倩	中山大学
陈慧	中山大学	袁锦标	中山大学
侯璐璐	中山大学	张楚琳	中山大学
汤冬梅	中山大学	杨继荣	中山大学
李瑞	中山大学	牛通	中山大学
李胜超	中山大学	马凌	广州大学
符蓝	广东工业大学	雷清川	中山大学
吴松	中山大学		

（二）同学录

陈永红　华中师范大学

参加此次论坛之前，我一直在准备博士毕业论文，很辛苦，进展却很缓慢。导师说，中山大学有个博士论坛，你去参加一下。一打听，原来是地理学的专业论坛，而我不是这个方向的。导师说，你去开阔一下眼界，也许思路就打开了。中山大学此次论坛的学术规格很高，具有国际视野，国内外顶级学者莅临讲座，让我受益匪浅。优秀的同学登台讲述，精彩纷呈，我也有幸认识了很多新朋友。特别感谢刘云刚教授以及会务筹办工作人员，他们为论坛的圆满成功举办付出了大量心血。

关于论坛感想，我想起一则日本佛教故事：一位叫性一的僧人，从小学

佛，终日打坐诵经，可总无收获。师傅念其辛苦，嘱他离寺远行，说何时见到大路中间有黄花，便可以成佛了。性一走在路上，走一日寻一日，踏破铁鞋无数，唯有尘埃茫茫，始终不见大路中间有黄花。七七四十九天之后，性一困乏极了，便转念想往回走。然而，就在他蓦然回首的一刹那，他看见脚下的大路中间，竟然开出了黄花。再往前，每走一步，都会开出一朵黄花。他一路踩着黄花，回到了寺庙。师傅问，你看见大路中间的黄花了吗？性一说，看见了，大路中间的黄花，就在我脚下。师傅说，你成佛了。

来参加论坛之前，我收集了很多关于国家文化安全的资料，却有许多疑惑。参加了这次论坛，豁然开朗，原来政治地理学的范畴，可以做地缘文化的安全风险评估。导师说："你参加这次论坛，很值。"

陈小强　北京师范大学

十分感谢刘云刚老师能提供这次学习交流的机会，也十分感谢中山大学同学们的热心帮助。作为一个旁听生，我全程听取了各位老师和师兄师姐们的精彩演讲，不敢说收获颇丰，满载而归，但至少让自己对政治地理学这一领域有了更全面的认识和更浓厚的兴趣。除了在专业方面的收获，让我印象最深的便是周尚意老师关于做学问的"洗脸、穿衣、亮剑、格斗"的四步秘诀，十分精辟独到。最后再次感谢主办方，祝愿政治地理学论坛系列活动越办越好！

方浩　中国人民大学

很感谢中山大学给予这个宝贵的机会让我来做这次报告，报告的时间安排很合理，15分钟的汇报，5分钟的问答环节，给予我们充分展示自己的机会。这次报告让我见识到了很多领域的专家，他们的研究拓宽了我的眼界，精彩的报告也让我意识到基础工作的重要性。如果没有深入地、持久地调查与分析，没有扎实地进行基础数据处理，就无法产生一个好的研究。

郭瑞　天津大学

感谢此次论坛让我邂逅百年中大，四年后能够以学生的身份相逢"双鸭山"。看"一带一路"下的沿线国家教育发展，学历互认，通过论坛学习和了解新的理论方法，无形中更增加了我对本学科学习的反思。"政治地理学是否能够联系教育现象""风险研究能否确立教育的评价方向""沿线城镇化进程对教育造成什么影响"……从汇报中的发现和凝结，都为我未来选题和探索打下基础。

"一带一路"下的教育研究同样要"学别人的语言"，"吃别人的东西"，"得到对方的认可"，从而消除感性理解上的无差，建立"度"的概念。"路漫漫其修远兮"，我期待能够与同仁们交流，再会！

侯婉　中国科学院烟台海岸带研究所

我是自然地理学出身，对政治地理学可以说只有浅薄的认知。但通过这为期四天的交流和学习，我有了一些新的感悟：学科有边界，而学习从来没有边界。如何从别的学科中找寻营养来滋养自己是一个说来简单、做来艰难的事情，学科之间合理的交叉可以帮助我们打开思路、开阔视野，从而发现新的热点，为自己的专长注入活力。当然，最让我印象深刻的还是同学们之间的交流——真诚而至真，我也认识了很多与自己专业完全不同的好朋友，这些都值得我珍藏。

霍伟东　中山大学

这是我第二次参加中山大学举办的"一带一路"与政治地理学论坛。上次是一个学术盛宴，这次是一个学习和交流的大平台。我也曾在政务学院帮忙参与一些学术会议的组织工作，想就提高论坛的学术密度和学术强度跟组委会分享。①严格把控好每位发言者的时间，给予每一位发言者充足回应参会者提问和点评人评论的时间。②优化时间安排。例如可以安排两到三名报告者发言后提问一次，这可以减少没有提问的尴尬，又可以给予提问者多一些思考空间；作答时间也可以统一放到一场报告者全部结束之后，这样可以提高回应的效率；或者安排微信群提问方式，让在场听众在微信群定向提问，报告者可在报告结束后查看微信群提问并在全部报告结束后集中回应。③增加半天的会议时间，让学员和报告者能够有更加充分的交流。

再次感谢这次大会能够提供如此好的平台与机会！明年定会再次参加！

李波　西安外国语大学

论坛让我领略了学术大家的风采，看到了他们治学的严谨态度，懂得了学术研究的魅力所在；让我结识了志同道合的同学，钦佩大家的刻苦钻研，知道学术道路上有人并肩而行；同时，也让我明白了地理学的研究对国家、社会和个人的价值所在。我将带着这些收获，踏上自己的学术道路，不断探索脚下的大地和心中的道德律。

李路　中国地质大学

此次论坛让我拓宽了视野，增长了见识，认识了诸多相关方面的学者，同时，关于"一带一路"和政治地理方面的研究角度为我提供了新的思路，让我学到了很多。祝愿活动越办越好，谢谢！

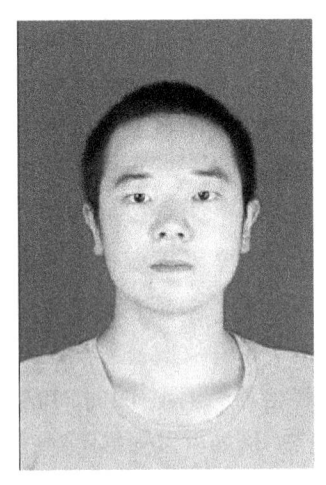

李书献　中南林业科技大学

真的很感谢中山大学，感谢刘云刚老师提供这么好的学习机会。下面我就谈一谈自己的几点感想。

论坛讲座报告内容十分丰富、切题。安排的初衷是好的，但是分论坛从始至终地听下来让我感觉有点吃不消，特别是离酒店较远，又要早起晚归，不如把分论坛分开举行，学员可以根据兴趣选择听讲。

我其实是奔着刘云刚老师来参加论坛的。刘老师非常认真地为我提了三点建议，我很感谢，感觉自己来得很值。

本来我是自己一个人来广州的，没有同学，但是在这短短的几天相处下来，我认识了十几位来自全国各地的优秀硕博士生，而且我们还彼此加了微信，方便后续的交流。而且学长学姐们还鼓励我，让我不懂的尽管咨询他们，我真的很感动。

短短200字表达不了感激之情，衷心地祝愿刘云刚教授及其团队保持现在的高水平，也希望政治地理学蒸蒸日上，自己能够贡献一份绵薄之力。

李晓　云南大学

中山大学之行给我留下了难忘的记忆，让我得到太多的收获。虽然只有短短四天时间，收获的却是满满的感动和打心底的敬佩。本次论坛一些学者关于古典地缘学说的论述给予了我很大的启发，让我认识到了自己在学术领域认知上的不足。总之，美好的时光总是如此短暂，尽管心中感慨万千，但一时又难以言表。感谢刘云刚老师组织这次论坛！欢迎各位中山大学的老师和同学来云南玩！

梁晓瑶　北京师范大学

很荣幸能有机会参与中山大学的这次博士生论坛，这为我的研究生生涯开了一个好头。这次论坛我见到了好多专业的教授，他们的侃侃而谈，让我知道了自己对"一带一路"的认识是多么的肤浅，并由此找到了自己要努力的方向。另外，要感谢中山大学"一带一路"博士生论坛整个会务组对我们的悉心照顾，各个环节都衔接得很好，每个问题都得到耐心的解答，所以整个论坛是很顺心的。最后期待"一带一路"和政治地理可以有更深入的研究，也希望中山大学的博士生论坛可以越办越好！

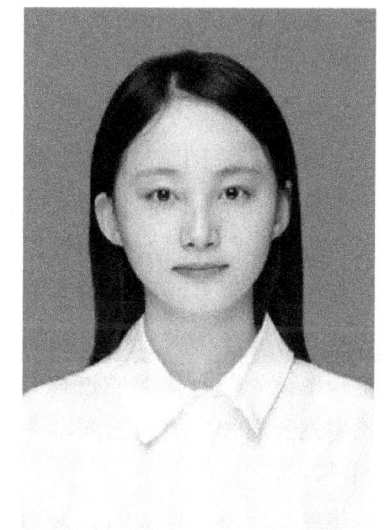

林清清　华南师范大学

非常感谢中山大学刘云刚教授举办政治地理学博士生论坛！在这个博士生论坛上我有幸见到了久闻大名的墨菲教授和弗林特教授，两位专家的演讲深入浅出，让我们这些学习者大开眼界。两位学者不仅学问好，为人也非常谦和。在把讲学与考察过程中拍的照片发给两位学者后，我都收到了他们的谦和的回信。在博士生论坛中还有宋长青教授、周尚意教授、朱竑教授、杜德斌教授、刘云刚教授等,都做出了精彩而让人回味无穷的演讲。

南沙的考察让人印象深刻。去程路上,周尚意老师用四层一体法对南沙自然环境、居民生活和民间信仰等进行了简单而又深刻形象的介绍,让我们对南沙的想象一下子拉到了久远的时代。回程路上,刘云刚老师系统总结了南沙近年来经过的三个历史阶段和不同定位,让我充分感受到政治地理学的魅力。虽然我生活的地方离南沙很近,却从未如  此系统地思考南沙,特别是从政治地理学的视角来看。而会务组的同学们几近偏执的认真使我们的专业考察非常完美,从此,此南沙非彼南沙矣。从理论到实践,才发现原来政治地理学和我们的生活是如此密切相关,又如此有趣。希望来年再有机会参与学习和考察。

麻洪川　信息工程大学

回想起在中山大学参加政治地理博士生论坛的点点滴滴,确实令我难以忘怀。首先,要感谢刘云刚教授为政治地理在中国的发展所做出的不懈努力,因为举办这样一场大规模、高层次的论坛是一个极为费心费力的过程;其次,要感谢刘云刚教授团队的同学为论坛的顺利进行所付出的辛劳,因为在广州如此闷热的环境里,是他们为论坛提供了有效的后勤保障;再次,要感谢与会的各位专家,因为是他们让我们及时触摸到  了政治地理的研究前沿;最后,作为政治地理研究领域的博士研究生,我深感责任重大、使命光荣,因为以地理学综合研究视角分析国际政治、国际关系问题,不仅为研究国际环境拓宽了思路,还驱动着地理学从知识、科学到决策的前进。

权睿婷　延边大学

非常感谢中山大学地理科学与规划学院提供的这次机会，让我们能够参加此次"一带一路"与政治地理学论坛。通过此次论坛，我接触到了很多不同领域的知识，各位专家教授的讲解也令我对政治地理方面有了一个全新的认识，看到了地理学科的趣味性。同时，通过此次论坛会议，我也发现了自身存在许多不足之处，需要向各位前辈学习借鉴。此次论坛真的令我获益匪浅，感谢中山大学地理科学与规划学院能够为我们提供这么好的学习平台，期待下一次有机会还能够相聚。

沈盈佳　云南师范大学

作为一名即将于今年9月份入学的人文地理学专业博士生，我很荣幸在入学前参加了中山大学举办的2018年"一带一路"与政治地理学博士生论坛。这次论坛带给我非常大的收获，留下了难忘的记忆，老师们的谆谆教诲、同学们的热烈讨论与交流开阔了我的学术视野。对广州市南沙区的学术考察，使我对城市规划、城市经济、城市生态和城市治理有了直观而感性的认识。感谢刘云刚教授及其团队组织的这次内容丰富、信息含量巨大、视野开阔、时间紧凑的学术论坛。我认为这次中山大学的学习定会对我今后的学习与研究有很好的助力。

苏东辉　云南师范大学

此次学习非常感谢中山大学老师和同学的热情招待！通过参加"一带一路"与政治地理学博士生论坛的学习，我更深入地理解了"一带一路"与政治地理学的含义。各位专家细心讲解，把最前沿的研究成果、最新的研究理论与方法展现给大家，并指出了今后的发展研究趋势，为本领域接下来的研究打下了夯实的基础。我作为一名年轻学者，本身还有许多不足，希望有机会再一次和大家探讨学习，为本领域做出自己的一份贡献。

王文惠　云南师范大学

8月的广州，闷热多雨。进了中山大学，心情便安定起来。常年在大学校园里的人，大抵如此。中大的论坛安排非常紧凑，内容丰富。不但主题发言十分精彩，同学们的报告也令人耳目一新。课程后的考察更是别具心思，专业性极强。尤其是周尚意老师对南沙四个圈层的分析、刘云刚老师对南沙新区规划的分析、刘玄宇同学的全程专业讲解，令人印象极深。希望明年的论坛继续召开！

王翔宇　北京师范大学

感谢会务组组织的2018年"一带一路"与政治地理学博士生论坛，让我感受到了中山大学刘云刚老师团队对学术的饱满激情和热情的待客之礼。会务组同学一丝不苟的态度为这次论坛的成功举办奠定了坚实的基础。在这次学术盛宴中，我结交到了不同领域的很多朋友，拓宽了我的知识层面。

在论坛报告内容方面，两位西方政治地理学家的精彩演讲是我认为最大的出彩点。在两位教授的报告中，我认识到专业理论概念的学

习理解是非常重要的方面。而同学们的思考提问、教授们的耐心解答,无一不深深触动了我。期待下次的论坛讲座,最后再次感谢刘老师团队的努力!

王雪　辽宁师范大学

我是辽宁师范大学海洋经济与可持续发展研究中心的研三学生王雪,研究方向为地缘政治与世界地理,很荣幸参加此次中山大学举办的"一带一路"与政治地理学博士论坛。去年申请未能进入最终名单,今年终于如愿!为期四天的学习生活,紧张而充实。专家前辈们的讲座内容均是多年研究精华之体现,涉及知识范围广、内容丰富,不仅使我巩固了专业知识,而且拓宽了科研学习的思路。感谢中山大学以及刘云刚老师提供这次宝贵的学习交流机会,同时感谢前辈们的指导以及工作人员的辛勤付出!

魏双建　信息工程大学

感谢中山大学给我们提供了这次学习交流的机会。接受地缘大家的思想沐浴,让我思路视野开阔了不少,受益匪浅。最后一天的地理考察,内容丰富,形式新颖,突破了传统的旅游思想,经过精心的准备和专业知识打造,使得每一个考察点都具有专业气息,在了解现场风貌的同时,结合政治地理

的思考,会带来很多的想法。通过这次论坛,我发现了很多优秀的人才,在欣赏大家思想的同时,我也在自省:如何更好地融合新思想、新技术、新方法?如何在现有的基础上打破常规进行创新?如何将论坛里的知识应用到平常的科研领域?……关键还是扎实积累,深度思考,耐住寂寞,以前辈为榜样,以使命担当为助力,前行前行前行!

吴培熠　香港城市大学

首先感谢中山大学和刘云刚老师及其团队为我提供了这次学习机会，他们精心筹备了会议的各项议程，安排了十分有趣的实地考察活动。对我个人而言，这是一次跨领域的学术之旅，让我对政治地理，乃至整个地理学有了新的认识，学习了新的方法。

正如刘老师说的那样："山中的路虽不同，但是终点都是到达山顶，在不忘记自己原来路的基础上，看看其他的风景，有什么不好呢？"希望以后能有机会，继续追随政治地理的脚步，探索更多的未知，产生更多的思想碰撞和智慧火花。

夏海洋　吉林大学

中山大学是一座具有深厚历史底蕴的高等学府，能够参与此次论坛，我深感荣幸。中山大学地理科学与规划研究院举办的此次活动堪称一场学术盛宴，名家荟萃，大师云集。各路专家的报告让学子们获益匪浅，他们的长远科研计划更是让人心潮澎湃。

天南地北的学生在同一场会议中报告各自取得的科研成果，这是一个绝好的平台。新的思想和观点总是在思维的碰撞中产生，进步来自对自身的否定和坚持。感谢中山大学地理科学与规划学院，周到的安排和耐心的服务令人印象深刻，但获益最深的还是学来的知识，愿大家一起成长进步。

夏志　延边大学

参加此次中山大学举办的2018年"一带一路"与政治地理学博士论坛，我收获颇丰，感触良多！从一开始专家学者的专业讲解到各路博士和硕士的研究成果发表，能吸取到学者们研究的动态和方法，以及最新的研究热点等方面。最后一天的南沙考察，让

我对这个地区的人文、历史等方面加深了了解。再次感谢中山大学地院的刘云刚教授以及他的团队对本次论坛的奉献。以后有机会，我还想继续参加！

邢戎　国防大学

短短四天，却如一场学术盛宴。本次论坛中西合璧的理论碰撞、跨学科的研究方法、专家老师的无私交流，都让我获益良多，也让我发现了自身的不足。论坛中各位严谨的学术素养和许多新概念、新方法都让我对人文地理有了更深的认识。交叉让学科更有趣，交流让生活更美好。感谢刘云刚教授团队的组织，感谢各位专家和前辈们的教导，很高兴认识这么多朋友，祝大家事业学业顺利！

杨松霖　武汉大学

作为非地理学专业的研究生，能够参加此次"一带一路"与政治地理学博士生论坛，聆听地理学名家的精彩点评与讲解，非常幸运！经过老师的点评和指导，我对论文的修改与完善有了更多的想法。此外，在赴广州南沙的野外考察中，专家学者从地理学的角度对南沙区与亚太形势、国家政策、粤港澳发展之间的关系进行了认知和讨论，为我分析问题打开了一个全新的窗口。

衷心祝愿中山大学地理学研究发展越来越好，为国家发展贡献更多智慧！

杨维旭　东北师范大学

顶尖的老师，前沿的课程，满心满脑尽是意犹未尽的学术盛宴，感恩与政治地理再相会于中山大学！一愿学科蓬勃堪大用，二愿谆谆师表桃李芳，三愿同道砥行硕果丰。

"一带一路"与政治地理学
——博士生论坛纪实

杨鑫　辽宁师范大学

十分感谢中山大学此次充满公益性质的论坛，感谢刘云刚老师及其团队给我一个参与的机会，让我见识到了刘老师、周老师、苏老师、宋老师及朱老师的精彩讲解与评述。各位老师除了讲解相关知识外，还向学生传达做事的规矩、做人的道理，最重要的是让我体会到政治地理氛围下的"仪式感"与"生活空间"约束下的空间变动过程。作为学生，对刘老师及其团队的万分感激与自己满身的学习热情，将激励着我更加真切踏实地对待学习，并向各位老师门下优秀的学长学姐看齐，希望以后可以拿出更有意义的研究成果。

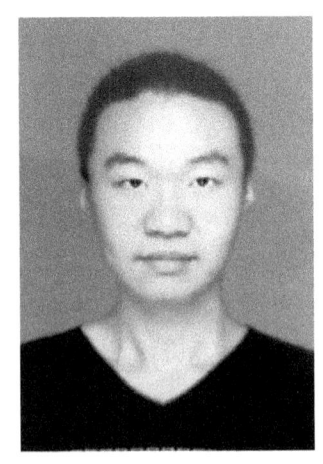

于雅倩　中山大学

很荣幸能够参加本次的学术会议，也非常感谢举办此次会议的老师和会务组的人员，这是一次很棒的学术体验。这次会议让我对政治地理学这门学科有了进一步的认识，了解到了很多专业的名词，比如"地盘政治""生活空间""尺度政治""政治地理"等，这些都丰富了我的学术视野，让我跳出了本专业的限制，开拓了思维。此外，再次感谢本次会议提供的平台。在这个平台上，我认识了很多优秀的老师和同学，拓宽了自己的交际范围，收获颇丰！

袁丽华　北京师范大学

非常感谢刘云刚老师给我们提供这次学习交流的机会，也非常感谢中山大学同学们的会务安排与热心帮助。

本次论坛中各位老师和同学的精彩报告，整体安排得非常好。作为一名政治地理研究方向的博士，这些报告让我加深了对政治地理学理论与研究内容的认识。具体来说，我非常喜欢刘云刚老师、杜德斌老师和刘建忠老师的报告。三位老师分别对整体政治地理学、地缘政治学、地缘经济研究进行了系统讲解，报告内容比较宏观且比较系统，不仅丰富了我们的理论知识，而且能够让我们比较系统地了解和掌握国内政治地理研究现状。但是这些精彩报告的时间太短,不能够让三位老师展开来讲,这点我感觉特别遗憾。举办本次论坛实属不易,所以我建议这些比较系统、比较充实的精彩报告能够多给一些时间,方便让政治地理的博士生和硕士生更好地了解学科概况和动态。

同时,也非常感谢本次论坛能够安排两位国外知名的政治地理研究学者做报告,让我们在国内就能够听到国外知名学者关于政治地理与地缘政治的报告。两位学者的报告一方面十分契合本次论坛主题,另一方面也比较系统,让我们能够较为全面地了解国外地缘政治学和政治地理学的研究概况。

最后,祝本次论坛能够越办越好!谢谢!

张继荣　武汉大学

自广州回汉已经半月,回想在中山大学短暂的四天经历,心里充满感恩与眷恋。感受最深的应当是刘云刚老师对政治地理学的这份责任和担当,以及对广大学生的关爱。

初识"一带一路"与政治地理学是去年中山大学举办的暑期学校。那时候就知道刘云刚教授,但是不知道他长什么样。没成想今年幸蒙不弃,能够参加此次论坛,得以见到刘老师,并且在四天时间内近距离地感受刘老师的魅力。仍然清晰地记得在从南沙区考察回广州的车上,刘老师说这个活动举办了三年,每年

都在变换形式,力求满足不同群体的需要,也在探索如何发展政治地理学这一学科。我想,这是刘老师为人师的责任感和使命感,更是一种广博的胸襟和情怀。这使我颇为感动。而我们这些年轻的学生能够有机会参与这样的论坛,自然是仰赖于刘老师发起这样有意义的活动。也希望刘老师能够将政治地理学的活动继续办下去,而且我也相信活动会越办越好。同时,我更相信未来将有更多的老师和学生能够受到刘老师的感召,去做更多这样的善举。感谢中山大学,感谢珠江美景,感谢刘云刚教授带领的优秀团队的辛勤付出。希望大家都好。

张晶　北京师范大学

参加本次论坛，让我受益颇多。通过四天的学习，我了解到不同专业领域博士生们对"一带一路"的关注焦点和最新研究成果，不仅充实了知识，拓宽了眼界，也认识到自身在研究工作上的不足。再次感谢中山大学能够组织本次论坛，使我们这些关心国家大事的学生能够有畅所欲言的一方天地；感谢刘云刚教授，克服困难阻力，坚持办好每一次论坛；感谢论坛组委会，你们大多都是我的学弟学妹，在你们身上，我看到了自己做事方面还有很多不细致、不周到的地方，我要向你们学习；感谢一起参加论坛的同学们，未来路上，我们一起并肩前进，共同为祖国的发展建设做贡献！

张磊　云南师范大学

非常荣幸能够参加本次"一带一路"与政治地理学博士生论坛。本次论坛严谨的学术氛围及优良的学术环境让我受益良多。诸位老师的精彩讲授使我的思维豁然开朗，各位同学的精彩报告让我感触良多。感谢刘老师给我们搭建这样一个优良的学习平台，感谢中山大学各位同学的热情服务。

张亮　厦门大学

非常感谢中山大学，感谢刘老师为我们提供这样一个跨学科的学习机会，使我大大开阔了视野，受到了很大启发。尤其是在参观虎门炮台时，我对地形地势对于军事实力的影响有了一个更加立体的感受，更加深入地理解了"地缘"两个字的内涵。论坛间隙，我还参观了精致宁静的中大校园，感受到了中大人的从容与开放。祝愿中大地理学科越办越好！

张赛赛　吉林大学

首先感谢刘云刚老师及会务组全体成员！参加此次论坛，我受益匪浅。学科交叉是未来科研的方向，学术无界限。地缘政治、国际关系、世界经济，三大学科相互借鉴、相互补充，才能更好地研究与理解当前的世界经济格局。此外，我还结识了一群来自五湖四海不同学科的朋友，是这次论坛另一大收获。祝愿论坛越办越好，影响力越来越大！

张旭　同济大学

当今时代赋予政治地理学诸多机遇与挑战。知识终会老化，而思维历久弥新。在学科创新融合的背景下，贵学院以专业素养和人文精神为青年学人提供了一场学术交流与思想碰撞的盛宴。全球化与"一带一路"、地缘政治与生活空间、边境管治与跨界发展、文化认同与移民社会——四大专场在时间演进、空间认知、社会治理、文化融合层面各具特色、独具匠心。现场专家富有真知灼见的点评，对于青年学子提升理论涵养和创新能力大有裨益。感谢主办方的精心策划和全心付出！

郑文丽　延边大学

很荣幸能够参加此次"一带一路"与政治地理学博士生论坛。通过此次论坛,我学习到很多相关领域的知识。各个高校教授的讲解让我了解到对于政治地理专业,我需要学习的还有很多;通过其他高校同学的讨论,我也了解到了很多不同的研究方法和研究内容。个人比较感兴趣的部分是地缘政治和全球化等相关内容,希望以后可以更加深入地了解。十分感谢中山大学举办的此次论坛,也希望未来还能有机会向各位教授们学习。

钟振强　北京大学深圳研究生院

我是来自北京大学深圳研究生院的一名硕士研究生,专业是法学,研究领域是科技法律创新和全球治理体系。这次参加中山大学举办的"一带一路"政治地理学论坛,我受益匪浅,打开了新的视野格局。希望在将来,我能够将在这次论坛中学到的知识运用到学术写作以及实际生活之中。

(三) 优秀学员感言

张吉星　华南师范大学

历时四天的学术会议和学术考察在意犹未尽之时已经告一段落了,无论是中美学者精彩纷呈的学术盛宴,还是各位青年学者充满激情的学术成果汇报,抑或一天紧锣密鼓的学术考察,都让我受益匪浅,颇多感慨。

第一,丰富的会议内容让我

对政治地理学的认知从懵懂走向深刻。2017 年的暑期学校打开了一扇门，让我对政治地理学有了一些知识性的认知，比如"边界""尺度""空间"和"选举政治"等政治地理学核心概念和领域。2018 年的学术论坛则让我进入房间里边，看到了政治地理学相关领域各位专家学者在这些领域耕耘的过程与所取得的成果。这使我拓展了研究视野、丰富了研究方法、充实了研究理论体系，对于我的学术之路是非常有助益的。诚如刘云刚教授所言："所有的学科我们都有问题面向，这个好比是山顶，而各个学科则提供了登山的路径，到最后大家殊途同归。"学科之间的这种对话在丰富着我们对现实问题的认知。

第二，紧锣密鼓的学术考察让我从书本到现实。一天的学术考察涉及南沙区政府、明珠湾、临港石化基地、风信子、广汽丰田、南沙客运港以及虎门炮台等地。在这里我们直观感知到历史上南沙区的重要区位优势、南沙区城市定位变化所引来的城市空间形态的变迁、国际资本流动的方式方法等。这样的体验学习不仅加深了我们对书本知识的理解，同时也让我们发现现实中尚存的问题，更具现实面向。

最后，还要发自内心地感谢主办方，特别是论坛负责人刘云刚教授和他的团队。关涉东西方的会议内容与涵盖名家讲座、学术专场和学术考察的形式无不彰显着团队的精心筹划、用心安排和走心服务，期待明年继续相会于中山大学地环大楼。

蔡超明　东莞理工学院

十分高兴能参加此次暑期博士论坛，接下来我想谈谈参与这次活动的收获与感受。

本次论坛层次较高，几乎所有学员均有高层次教育背景，主讲嘉宾水平高，在国内乃至世界有较高的影响力，让学员们能沉醉在知识的海洋中。

讲座专题形式丰富，中西结合，专家学员结合分享，思维碰撞强烈，课堂气氛较为活跃。

这次可谓满载而归，但由于课程安排过于密集，大部分学员较为疲惫，导致影响到学习状态，建议下次举办时可以适当延长学习时间，让专家学员们能有更加充裕的交流时间，同时，可以为学员们提供一些基本生活协助，如提供若干张校园饭卡。

总之，本次博士论坛整体感觉不错，期待下期的活动。

张琦琦　辽宁师范大学

首先，非常感谢中山大学给我再次来学习的机会。由衷地感觉到这次博士生论坛安排依旧非常走心。今年我是第二次来参加中山大学的会议。去年我刚从本科国际经贸专业跨到研究地缘问题，暑期学校成为我的政治地理及地缘政治方面知识的启蒙。今年在我陆陆续续地初步了解到什么是地缘政治、地缘经济等之后，参加这次会议给了我非常大的启发。宋长青老师的地缘关系量化、周尚意老师的"洗脸、穿衣、亮剑、格斗"口诀、刘建忠老师地缘风险基于国际贸易数据研究、骆华松老师的地缘环境见解等，每位老师将自己的知识传授给我们，这一点真的很让我感动。还有刘云刚老师的运筹帷幄，各位工作人员的会前会中会后事无巨细的工作、各司其职认真工作的态度等，都让每位到会学员感动。另外，各位学员扎实的基本功和独到的视角、见解，都深深地启发了我。最后，由衷地祝中山大学厚德载物，更续辉煌誉五洲。

苟廷佳　青海师范大学

首先，我想对组织本次论坛的老师和学生说声感谢。我是第一次参加学会或者论坛，经历了四天的集中学习和参观后，心中充满了学习后的满足感和被照顾的感动。

接下来我将我的感受和建议分别谈一下。

本次活动，让我印象深刻的是以下几个方面。

（1）每期活动的时间安排都非常紧凑，而且更重要的是，比较准时。因为在我的经验中，时间管理是比较难做好的一个点，但是中山大学做到了，并且做得挺不错。

（2）四天时间涵盖了报道、开营、四个专题及考察等内容，作为第一次参加学会的新人，我的感受是非常充实。

（3）最让我惊讶的是组织方工作人员的专业和效率。论坛工作人员均为在校学生，能够组织全国层面的会议，很能说明他们的工作能力和组织能力，并且在这期间能井井有条和照顾周全，是很厉害的。最让我感叹的是，每一个活动和专题结束后，他们能在最快时间完成图文并茂的宣传稿件并发布。这既体现了工作人员的专业性，也反映了组织团队的团队出类拔萃的协作能力。

本次活动我认为从以下几个方面考虑一下，可以锦上添花。

（1）可以在正式开幕式前一天安排报道，同时解决提前到达学员的住宿问题，一方面可以让开幕式在第二天有更好的准备，另一方面，学员在经过较好的休息后，能更有状态地参加后续的会议。

（2）组织方可以考虑额外发放有就餐功能的学员卡证，这样可以在会议延时后，在不耽误课程的同时，也能让学员体验中山大学食堂的美味。另外，学员证也是一份非常珍贵的纪念品。

（3）希望下次会议能够考虑就近选择住宿，哪怕分两间酒店。因为本次的住宿是体验较差的一个环节。首先，接驳车不能同时接送所有学员；其次，报道后需要自行前往；再次，中午没有时间回酒店休息等。

（4）可以组织一个全部人员交流的餐会或者下午茶会。如果因为经费紧张，是否可以考虑用一下午的时间提供学员间交流和沟通的机会。这样，学员在学习专业知识的同时，能够收获很多也许是未来重要的朋友，那将是非常有意义的事情。

以上就是我的个人感受和建议。非常希望能再次参加贵校的学会，祝贵校和贵院的未来蒸蒸日上，顺颂时祺。

采风集

开幕式大合影

刘云刚教授主持开幕式

邓羽副院长致开幕辞

宋长青教授（左）、方创琳教授（右）做学术讲座

弗林特教授（上图中）和墨菲教授（下图左）与青年学者互动

专场一　苏晓波教授（左）、刘建忠教授（右）做学术讲座

专场二　周尚意教授（左）、刘云刚教授（右）做学术讲座

专场三　张虹鸥研究员（左）、骆华松教授（右）做学术讲座

专场四　杜德斌教授（左）、朱竑教授（右）做学术讲座

青年学者积极提问

青年学者优秀论文颁奖

考察南沙明珠湾开发展览中心

学术考察

2018年8月22日,"一带一路"与政治地理学博士生论坛为期一天的广州市南沙区学术考察正式拉开序幕。本次考察的主要目的是通过考察南沙区政府市民广场、明珠湾开发展览中心、临港石化基地、南沙跨境商品直购体验中心、黄阁汽车城的广汽丰田汽车厂、邮轮母港文化展示中心、南沙客运港、虎门炮台之蒲洲台,感受南沙区作为中国新一轮改革开放的重要先行地的风采,了解南沙区作为国家级新区、自贸区试验区以及广州城市副中心的城市规划、城市经济、城市生态和城市治理,思考在粤港澳大湾区深度合作背景下,南沙区如何助力广州南拓突围,与21世纪海上丝绸之路的伟大倡议相衔接。

（一）考察线路及时间安排

时间	目的地	形式	调研重点	停留时间
8:00	中山大学北门	停车点		
9:20—10:00	南沙区政府	停车参观	整体规划	40分钟
10:20—11:10	明珠湾规划展览馆	停车参观	粤港澳大湾区中央商务区	50分钟
11:30—11:45	南沙临港石化基地小虎沥	停车参观	油气战略储备	15分钟
11:55—12:10	南沙货运港	步行参观	南沙水运的历史和愿景	15分钟
12:30—12:50	风信子南沙跨境商品直购体验中心	停车参观	跨境贸易（日常地缘政治学）生活空间论视角	20分钟

续表

时间	目的地	形式	调研重点	停留时间
12：50—14：10	步行返回万达广场用餐80分钟			
14：30—15：30	南沙黄阁汽车城	停车参观	跨国资本与主权边界、世界资本主义经济结构核心-边缘	60分钟
15：55—16：35	南沙客运港+会展中心	停车参观	粤港澳交通一体化、边界与身份、游轮母港经济带	40分钟
16：45—17：05	虎门炮台	停车参观	殖民霸权、领土与主权、海洋文化	30分钟
17：35—17：50	龙穴造船厂	停车参观	舰船战略、海权	15分钟
18：00—18：15	南沙港区	停车参观	港口经济	15分钟
18：15	返回广州			

（二）南沙简介

1. 南沙开发的缘起

南沙的开发，最早始于霍英东，但真正发力则是因为广州自身的发展危机。南沙的开发始于1978年，当年番禺籍香港商人霍英东决心为家乡做些贡献。经过考察之后，霍英东认为位于南沙矿场附近的土地可以作为房地产业兴盛的香港的"后花园"，为其提供建材。一番查阅后，霍英东发现南沙距离香港直线距离短，能联通粤东粤西，并且是难得的"深水港"，自然条件堪比香港岛的中区和九龙半岛的尖东地区。此后，南沙开启了热火朝天的建设，除了政府投资外，还有大量的海外华侨投资捐赠修建基础设施，如洛溪大桥等。

1990年，广州市把南沙定为重点对外开放区域和重点开发区，并成立了南沙经济区管委会。南沙开发初期的规划面积是22平方千米（海岸线长达7.1千米），由霍英东投资建设，被称为"小南沙"。1992年，国务院批准成立"广州南沙经济技术开发区"。

2. 南沙开发大事记

1988年，洛溪大桥通车，霍英东率先提出开发南沙，15年内到访南沙近800次，投放启动资金超25亿元，霍英东因此被称为"南沙开发之父"。

1989 年，有荣、恒基等四大财团合资成立虎门轮渡公司，南沙开发迈出实质性的一步。

1990 年，广东省确定广州南沙，惠州大亚湾，珠海西区为 20 世纪 90 年代三大重点发展区域。

1991 年，虎门轮渡及广珠东线公路正式开通，南沙成为沟通珠三角东西两岸的交通枢纽。

1992 年，国务院批准南沙港成为对外通商口岸，南沙客运港试航。

1993 年，国务院批准设立国家级南沙经济技术开发区，揭开南沙大规模开发的序幕。

1994 年，全球最大企业美国通用落户南沙，南沙招商引资踏上新台阶。

1995 年，东发和南伟码头分别投入使用，南沙对外开放踏上新台阶。

1996 年，万吨外籍船首舶南沙港，千年古镇正式开埠。

1997 年，虎门大桥通车，天堑变通途，南沙跻身全国投资环境优秀开发区 30 强。

1998 年，粤港经济合作座谈会在南沙举行，成为"泛珠三角"合作的始创地。

1999 年，广东省召开"推进南沙开发现场会"，南沙定位升级为珠三角的中心支点城市。

2000 年，番禺撤市建区，林树森倡导广州城市"南拓"战略，将南沙纳入广州城建计划，年投资过百亿，南沙基础设施建设开始突飞猛进。

2001 年，广州市政府提出在南沙"再造一个新广州"，使广州从河港变成一个滨海城市。

2002 年，广州南沙开发区建设指挥部挂牌成立，张广宁任总指挥，统筹南沙的规划及开发，行使广州市一级管理权限。

2002—2003 年，国家开发银行、工行、建行等金融机构授信南沙借款近 1000 亿元进行基建，南沙开发融资，注资规模空前。

2003—2004 年，丰田发动机/整车及配套项目落户南沙，全部投产后产值有望超过 1000 亿元。

2004 年，南沙国际深水港一期及南沙港快速路相继开通，4 个 5 万吨级多用途泊位投产，中远中海首航欧美，南沙初步形成陆通广州市区/机场，海通全世界的立体交通体系。

2005 年 5 月，经国务院民政部批准，南沙成为广州市一个独立的行政区。

2007 年 9 月，广州港南沙港二期工程 3 个深水集装箱泊位宣告建成。

南沙港区现有 18 条国际班轮航线和 10 多条内贸航线，已跻身世界十大港口之列。

2012 年 10 月 11 日，国务院新闻办举办中外记者新闻发布会，介绍国务院新近批复的《广州南沙新区发展规划》，南沙新区成为全国第六个国家级新区。

3. 南沙新区

国家级新区，因有国务院批复体现国家级战略和新区发展需要，所在省按要求须下放省级管理权限，其实质均拥有副省级管理自主权，而与新区所处区域行政级别无关。目前，国家已批复的新区建设模式为：上海浦东新区、天津滨海新区、重庆两江新区依托其所属直辖市，行政级别一般都调整至副省级；而舟山群岛新区、兰州新区和南沙新区其依托的主体城市为地级或副省级，若新区的行政级别同于甚至高于所属主体城市，则意味着脱离相关城市的管辖。广州南沙新区，国家定位立足广州、打造粤港澳全面合作示范区，既不可脱离广州，又因港澳社会制度不同，甚至需要省级以上的权力来管理和协调，所以南沙新区是唯一获得由国家发改委牵头的国家级新区。

南沙新区发展总的战略定位是：立足广州、依托珠三角、连接港澳、服务内地、面向世界，建设成为粤港澳优质生活圈和新型城市化典范、以生产性服务业为主导的现代产业新高地、具有世界先进水平的综合服务枢纽、社会管理服务创新试验区，打造粤港澳全面合作示范区。广东与香港将在南沙自贸区建立"粤港深度合作区"，产业发展将紧紧围绕研发及科技成果转化、国际教育培训、金融服务、专业服务、商贸服务、休闲旅游及健康服务、航运物流服务、资讯科技八大产业。

（三）考察点纪实

1. 南沙区政府市民广场

考察的第一站是南沙区政府的市民广场。学员们沿着南府路一线，体验和观察南沙的城市功能分区，并通过了解南沙区政府行政中心的选址变迁，从时空维度了解南沙主体功能区的规划历程。紧接着，在蕉门河双桥上，南沙区政府国土资源与规划局的骆处长为学员们详细讲解了"一河两岸"的景观格局以及南沙城市功能服务区的未来定位，强调了南沙自贸试验区的创新理念和滨海城市的特色。

2. 南沙明珠湾开发展览中心

考察的第二站是南沙明珠湾开发展览中心,学员们通过图片、沙盘、视频和模型了解南沙区总体规划。南沙区的发展定位是"粤港澳全面合作示范区",而明珠湾正处于南沙新区中部,独占"五水汇湾、山水相连、三江六岸、南海之门"的区位优势,随着明珠湾的建设工程的启动,南沙的新区梦就此启航。

3. 南沙临港石化基地

随后，学员们到达临港油气商业储备基地小虎岛。2017 年，广东省提出建设沿海油气等能源基地，在粤东、粤西和珠三角地区形成了三大能源接受和储运基地。目前，南沙区小虎岛已建成珠三角地区最大的石化专业码头，2018 年第一个百万吨级的 LNG 储气调峰项目将落户在此，南沙区已经成为粤港澳大湾区油气化工中转与储运体系的重要组成部分。

4. 南沙跨境商品直购体验中心

第四站是南沙跨境商品直购体验中心。学员沿双山大道步行从体验中心的一期进入，了解和认识跨境商家的经营模式和商品种类。"风信子"是国内首个集合多商家、线上线下同步运营的跨境电商平台，于 2015 年在南沙自贸区试运营，也是广东自贸区首家大型跨境商品直购中心，极大地推动了金洲—蕉门圈的升级和发展，成为南沙区的标志性名片。

5. 黄阁汽车城的广汽丰田汽车厂

下午考察行程的第一站是位于黄阁汽车城的广汽丰田汽车厂。广州汽车产业集群初步形成了三大组团：东部的广州开发区黄埔组团、北部的花都组团及南部的南沙组团。本次考察点广汽丰田汽车厂就位于黄阁至南沙港一带的南沙汽车城。广汽丰田公司是由广汽集团和丰田汽车携手共赢、共谋发展的重大项目，也是丰田在全球战略布局的重要组成部分。目前，附近的南沙自贸区平行进口车、保税港区、南沙汽车滚装码头等配套设施已与之形成产业联动,产业集聚优势日益突出。

6. 邮轮母港文化展示中心及南沙客运港

随后,学员们到达邮轮母港文化展示中心及南沙客运港,考察客运港片区集邮轮母港、航站楼、公寓以及高端住宅等于一体的大型滨海休闲综合体。南沙新客运港是"小南沙"的重点发展项目之一,是二级国际客运港,为南沙往返港澳的旅客提供水上客运服务。随着粤港澳大湾区概念的提出和逐步落地,作为自贸区配套功能,其客运承载作用不可替代。目前,南沙客运港不断增设往返港澳的航线、班次。特别是南沙至香港机场航线的开通,南沙客运港联通粤港澳地区航运交通枢纽的中心地位更加突出。

7. 虎门炮台之蒲洲台

本次学术考察的最后一站是虎门炮台。虎门是珠江主要入海口之一，一江两岸以主航道为界，东属东莞，西属广州，虎门炮台就分布在这一江两岸和江中的三个岛屿之上。其中，位于南沙区的蒲洲台是虎门炮台体系中最重要的组成部分。学员们沿山路登上蒲洲顶，俯视伶仃洋、虎门大桥，远眺珠江入海的蜿蜒海岸线。回望百年，殖民侵略扣关珠江；时空轮回，"一带一路"高昂起步。至此，南沙区学术考察圆满结束。

工作团队

（一）张丽屏

研究助理

个人简介：

安徽六安人，中山大学城市规划学士学位，美国南加州大学城市规划硕士学位，曾于美国蒙特利公园市担任助理规划师，广东省城乡设计研究院担任规划师，研究方向为区域治理与区域规划。本次博士生论坛主要负责专家联络工作。

总结与感受：

作为2016年政治地理学前沿论坛及2017年"一带一路"与政治地理学研究生暑期学校的延续，"一带一路"与政治地理学博士生论坛给年轻学者们提供了一个很好的学习和锻炼平台。通过这个平台，能够接触到政治地理学领域的国内外知名专家学者，从他们的讲座中学习到多种看待"一带一路"的视角。四天的博士生论坛给学员们提供了紧凑而丰富的学习内容，不仅涵盖了政治地理学的发展历史、学科前沿及主要方法视角，同时，还在理解中国地缘环境的基础上，对"一带一路"倡议做出深入而多面向的分析；通过四个主题专场的博士生汇报、专家点评，博士生们不仅展示了自己研究成果，还听取了专家们的宝贵意见。整个过程中，通过互动式的交流、密集的讲座与课程，学员们丰富并提高了自身的专业知识。最后，很荣幸能够全程参与这个政治地理学领域的盛事，也非常高兴能够通过此次博士生论坛，在学术和工作的道路上收获新知、认识新朋友。

（二）侯璐璐

2015 级博士

个人简介：

山东济南人，中山大学城市规划学士学位，人文地理专业硕博连读，研究方向为生活空间论、生活圈、地盘政治、政治地理学理论、城乡规划等。本次博士生论坛担任总策划，负责论坛组织、日程安排、工作进度管理、随堂及考察采风等工作。

总结与感受：

近三年来，我作为工作人员连续参与了 2016 年国际政治地理学前沿论坛、2017 年"一带一路"与政治地理学研究生暑期学校、2018 年"一带一路"与政治地理学博士生论坛的会务工作，见证了一批又一批对政治地理学感兴趣的青年学者渐渐了解并投入政治地理学的研究中，也见证了中国政治地理学从打开大门、与世界交流，到回归自我、不断反思与成长的过程。这于我是莫大的荣幸，也让我在工作学习中获益良多。本次会议以专家讲座、主题专场、学术考察的形式展开，取得了良好的交流效果，但由于日程紧张，也出现了部分问题，如安排汇报人数有限、考察中讨论不足等。此外，会务组工作细致繁多，在会议进行过程中难免出现疏漏，即使我们已经有过多次办会经验，仍不能保证万无一失，感谢参会学者们的理解与支持。常态化办会是一个不断出现问题、不断反馈提升的过程，希望随着政治地理学主题会议举办的稳定化、学术化，不论是会务工作还是学术交流都能年年有进步、届届有收获。对于个人而言，我不仅得到了工作能力的提升，更在与中外学者交流的过程中逐渐加深了对政治地理研究的认识，学会辩证地思考问题、解决问题。希望这个活动能一直举办下去，为更多青年学者提供平台，也祝福所有参会者能在自己的学术道路上越走越好。

（三）王韬

2016 级博士

个人简介：

来自重庆，中山大学地理科学与规划学院资源环境与城乡规划管理专业学士，人文地理学硕博连读，研究方向为政治地理学、社会地图与社会治理。本次博士生论坛主要负责宣传和国外专家接待工作。

总结与感受：

如果算上 2016 年的"国际政治地理学前沿论坛"，这已经是我们第三年主办政治地理学的相关活动了。头两年的活动，大家更多地是聆听国外国内的专家们的讲座，吸收政治地理学的前沿观点，不仅仅对政治地理学的学科本质有了革命性的理解，也对学科框架有了整体性的认识。今年的活动就更侧重于对政治地理学感兴趣的新一代青年学者们，大家聚焦于某一具体话题，在与专家学者和其他研究生交流探讨的过程中不断碰撞出新的火花。本人也有幸成为其中的一员，并在专场一"全球化与'一带一路'"发表了研究报告，并得到苏晓波教授非常中肯的建议。当然，由于日程的限制，这次博士生论坛仍然留下了不少遗憾，譬如交流时间仍然有限，专场主旨的针对性仍有待进一步提高等。但我相信这仅仅是一个开始，在我们的不懈努力下，将来的"'一带一路'与政治地理学"系列活动必将成为一个学术品牌，成为中国政治地理学发展的重要平台。

（四）陈慧

2016 级博士

个人简介：

吉林人，中山大学硕士毕业，研究方向为城市社会地理、跨国移民。本次博士生论坛主要负责考察及助教工作。

总结与感受：

本次博士生论坛以"一带一路"与政治地理学为主题，邀请了国内外"一带一路"与政治地理领域的专家，为来自全国各地的博士生及青年教授带来了多场学术价值极高的讲座。在论坛举办的过程中，多场高水平的讲座让我有机会进一步梳理相关知识，理清学科发展脉络，并帮助我了解到当前关于"一带一路"与政治地理学相关的前沿研究。通过本次论坛，我得以有机会与不同学科的老师和同学交流、学习，受益匪浅。论坛结束后，我们收到了学员们的学习心得与反馈，无论专家讲座还是南沙考察均得到学员们的高度认可与好评。作为会务工作人员，辛苦的付出得到参会者的认可，这让我们倍感欣慰！

（五）张悦

2017 级博士

个人简介：

山东潍坊人，中山大学经济地理学本科，人文地理学硕博连读，研究方向为政治地理学。本次博士生论坛负责学员报名论文筛选、讲座与发表记录、博士生论坛纪实出版工作。

总结与感受：

本次博士生论坛延续了 2016 年政治地理学前沿论坛和 2017 年暑期学校的传统，拥有政治地理学顶尖的专家阵容，由他们带来体现学科最前沿进展的讲座，在学员中反响很好。与以往不同的是，今年的学员以博士和高年级硕士为主，个人研究成果的分享是一个重要的环节，我自己也在分享和专家的指导与建议中收获很多。因此，本次博士生论坛使中国政治地理学学术共同体中的青年学者得以互相了解研究进展，交流科研心得，共同深入探讨问题，为来自不同高校和机构的青年学者搭建了一个很好的平台。本次博士生论坛的其他环节，例如广州南沙的学术考察的顺利进行，向专家与学员进行的问卷调查，都反馈了本次博士生论坛在工作组织和内容设置上的成功。很开心自己作为工作人员的一员，能够发挥自己的价值，助力博士生论坛这一学术盛会的成功举办。

（六）刘玄宇

2018 级博士

个人简介：

河南商丘人，湖北大学地理科学与心理学双学士，华南师范大学人文地理硕士，中山大学在读博士研究生。研究方向为南海地缘政治、更路簿、非物质文化遗产、选举地理学。本次博士生论坛担任售书事务及会后考察，负责会场秩序和管理、考察策划及讲解等工作。

总结与感受：

本次博士生论坛与 2016 年国家政治地理学前沿论坛、2017 年政治地理学暑期研习班一脉相承，依旧是高效率、高品质、高价值。炎夏 8 月，来自全国各地的莘莘学子齐聚珠江江畔，于讲学厅里聆听国内外政治地理学领域大家的真知灼见。学术殿堂之上不仅有思想、观点的争鸣与交锋，更有相互了解、相互认识的深厚友谊。就我自身而言，前两次我以学员的身份参与会议，理所当然地接受紧凑、明了、细致、体贴的服务。但当我自己成为一名工作人员的时候，才知道背后的复杂、困难与辛苦，才明白从一个参会者转变为会议的工作者,不仅是一种身份的转变,更是一种沉甸甸的责任。为前两次工作人员的辛苦付出致以最诚挚的感谢!也希望在未来的学习和工作中,自己能够做得同他们一样出色。

(七) 姚丹燕

2016 级硕士

个人简介:

安徽六安人,2012 年毕业于北京林业大学资源环境与城乡规划管理专业,现中山大学人文地理学硕士研究生在读,研究方向是政治地理学。本次博士生论坛负责前期报名宣传、报到组织、学员管理和助教工作。

总结与感受:

从 2016 年国际政治地理学前沿论坛、2017 年"一带一路"与政治地理学暑期学校到今年的博士生论坛,政治地理学系列会议已经走到第三年。四天的论坛内容有理论有实践,四个学术专场涵盖了政治地理学的热门议题。作为学生,每年都有机会听到各路专家的最新讲座,和各个相关专业的同学一起学习,真是一件非常幸运的事情。和以往的"会议""暑期学校"不同的是,为保证论坛质量,今年我们招收的成员以博士为主,在报名阶段对学员的研究成果和学术水平就有一定的要求,同时,在每个学术专场都设置了学生报告和点评讨论环节。作为工作人员,可以在一年一年的会务工作中积累经验,从一开始的手忙脚乱到现在的精益求精,不断完善会务服务,让来到中山大学的老师和同学们都可以乘兴而来、满载而归,是一件非常幸福的事情。

（八）成婷婷

2016级硕士

个人简介：

来自山西东南角的晋城，爱家乡，也爱广州。2012级资源环境与城乡规划管理专业本科，2016级人文地理学硕士，研究方向为信息权力。本次博士生论坛中，前期工作相对较少，会中负责跟进专家与学员的住宿等事项，以及联系并提供茶歇，会后负责财务与结项的相关工作。

总结与感受：

本次博士生论坛是2016年国际政治地理学前沿论坛和2017年"一带一路"与政治地理学暑期学校的延续，很荣幸有机会连续参与这三届政治地理学盛事。这三年，我也见证了自己对政治地理学理解的加深和自身工作能力的提高。在短短四天的博士生论坛中，来自国内外高校的12位政治地理学专家和21位青年学者为我们带来了一场政治地理学的盛宴，尤其是朱竑教授所讲的政治生态学。墨菲教授所讲的"政治－土地－人"框架，极大地开拓了我的研究视野，使我重新思考政治地理学的一些核心概念。有学员说，自从高中后就很少体验这种朝八晚十的充实了。而在和其他学员一起学习的同时，工作人员还要完成物资、推送、采风、签到、茶歇、考察等各种各样的任务。紧密的日程安排挑战了我们团队的协作能力，我们在彼此需要的时候主动帮忙，在与其他人配合的时候互相体谅，最后得以顺利完成这次会务工作。看到论坛结束后大家的朋友圈，大段的文字和图片讲述各自的收获和感谢，并且表达对这种活动能够持续办下去的希望，我不禁为自己能够成为这次盛会的工作团队的一分子而感到荣幸和骄傲。

(九)吴寅姗

2016级硕士

个人简介：

广东揭阳人，中山大学人文地理硕士研究生，研究方向为政治地理学、社会文化地理学。本次博士生论坛担任苏晓波老师的助教，并负责"政治地理爱好者"公众平台的资讯编辑工作。

总结与感受：

通过参加本次论坛，我了解了当前"一带一路"与政治地理学相关议题的学术前沿动态，特别是三场东西方政治地理学名家讲座，以及四场学术专场——全球化与"一带一路"、地缘政治与生活空间、边境管治与跨界发展、文化认同与移民社会，极大地开拓了我的研究视野，加深了我对本领域研究问题的认识，培养了我运用理论工具分析解决实际问题的思维能力。此外，我还结识了多位专家学者，通过了解他们的研究方法，不断提高自己的研究能力，为后续学术交流打下了基础。作为研究生，我们应该认识并珍惜学校提供的学术科研和培养的机会和条件，积极思考，广泛交流，以期有更好的研究成果。

（十）许阳贵

2017 级硕士

个人简介：

来自福建泉州，中山大学 2017 级人文地理学硕士研究生。在本次博士生论坛中担任骆华松教授的助教，并负责博士生论坛物资工作。

总结与感受：

"一带一路"与政治地理学博士生论坛在所有授课教授、学员和工作人员的共同努力下圆满落幕，本次博士生论坛既是对去年暑期学校项目的延续和发展，也是推动未来中国政治地理学发展的一次新尝试。课程旨在引导学员在学习政治地理学研究理论体系和研究方法后，开展研究，并进行成果输出。本次博士生论坛为学员们提供了与政治地理学权威教授的对话与交流平台，也为政治地理学青年学者提供了互相学习的机会，是一场非常难得而又充实的学术之旅。作为本次博士生论坛的会务组成员，也感谢会务组全体成员的全力付出以及学员对我们工作的配合与肯定。相信我们积累的经验，能够在今后为政治地理学青年学者与教授们交流分享创造更多的机会！

（十一）宋宗员

2017级硕士

个人简介：

四川宜宾人，本科毕业于暨南大学，现在为中山大学2017级人文地理学硕士研究生。在本次博士生论坛中担任华东师范大学杜德斌教授的助教，并参与了财务相关工作。

总结与感受：

本次博士生论坛生在我们去年举办的"一带一路"与政治地理学暑期学校的基础上，延续且深化了有关内容，为国内外持相关专业背景的教师、博士生和硕士生提供了精彩纷呈的学术盛宴。我们邀请了12位国内外的知名专家做学术报告，报告主题都围绕着"一带一路"，但侧重点各不相同，对我们全面认识"一带一路"起到了很大的推动作用。来自剑桥大学、北京大学、中山大学等国内外一流名校的21位同学也做了学术报告，让我受益匪浅。

作为工作人员，我有幸能够担任杜德斌教授的助教。此外，作为财务组的人员，我主要参与本次博士生论坛的筹备、举办和报销工作，从前期的食宿安排到后期的报销工作，对我的细心和耐心都是一次巨大的挑战。感谢每一位师兄师姐的热心帮助，让我懂得了团队合作的重要性。希望这样的学术盛宴能够延续下去，推动地理学的发展。

（十二）张楚琳

2018 级硕士

个人简介：

来自广东惠州，是 2018 级城市与区域规划专业硕士新生。本次博士论坛前期主要负责学员网上报名事项，论坛期间协助管理学员报到与签到，论坛后期协助开展学员报销工作，并全程担任刘建忠老师的助教。

总结与感受：

这是我第一次以工作人员的身份参与学术论坛，它让我深刻认识到了会务事项的细致、严谨与烦琐。前期，我与师姐共同负责网上报名工作，与所有学员线上联系，收发材料、直接解答或转达各学员的疑问、请求、行程变动、材料改动等各类细碎事项，更深切地感受到各种突发状况带来的小麻烦。由此，我也就更加感激师兄师姐对我的耐心指导和帮助，以及学员的配合与理解。庆幸的是，在过去两年论坛经验的指引下，在全体小伙伴的通力合作下，我们一步一步走来，化解了各种因主观或客观因素带来的小困难，换来论坛的圆满落幕。

同时，我也作为论坛学员的一分子参与论坛学习。在四天的紧张日程中，我聆听到了来自国内外的知名专家学者精彩的学术分享。尽管作为硕士新生，我并不能在短时间内完全吸收学者们数十年来的学术积淀，但广阔知识面的初步积累、零散的思想启发已经是不小的收获。此外，硕士与博士前辈们的优秀汇报也让我看到了各领域的思想碰撞；在南沙考察中，我更深刻感知了"身边的政治地理学"。总的说来，无论在办事经验还是专业学习上，我在本次论坛中都收获颇丰，也希望所有学员同样获益匪浅，不虚此行。

后 记

以政治地理学为主题的学术论坛活动已经连续举办了三年。相比于前两年的举办过程，今年团队对于各项事务更加熟悉，论坛举办过程更加顺利。这本纪实成果的出版也是对2018年"一带一路"与政治地理学博士生论坛的总结。

通过连续的学术研讨会的举行以及在人文地理学年会等全国性重要会议中设立政治地理学专场，国内的青年学者对政治地理研究的关注度日益提高，研究深度和广度都有明显提升，聚集了一批致力于理论创新与实证研究的青年学者。我们的微信群、公众号等也得到了越来越多的关注，年轻人的学术热情让我们看到未来中国政治地理学的发展值得期待。

在此要特别感谢我的团队，感谢辛勤工作的会务组成员，正是他们认真负责、兢兢业业的工作态度确保了系列活动的有序开展。感谢负责中外联络工作的张丽屏助理，负责论坛日程及组织的侯璐璐博士，负责会议手册制作的王韬博士，负责学术考察工作的陈慧博士及刘玄宇博士，负责成果整理的张悦博士，负责招生工作的姚丹燕硕士、张楚琳硕士，负责推送工作的吴寅姗硕士，负责物资准备的许阳贵硕士，以及负责财务工作的成婷婷硕士、宋宗员硕士。

最后，感谢中山大学研究生院、中山大学地理科学与规划学院的大力支持，感谢各位莅临论坛的专家和学员的支持与参与。今后会继续举办相关活动，希望有志于这一领域研究的学者继续给予关注、支持和指导。

刘云刚

2018年8月